日本の遺跡30

多賀城跡

高倉敏明 著

同成社

多賀城跡全景

政庁正殿跡から平野を見渡す

多賀城廃寺跡全景

整備された境内

南門・政庁間の道路下に設
置されていた石組みの暗渠

南北大路跡（上）と東西大路跡（下）

多賀城跡・多賀城廃寺跡遠景

多賀城を中心とした古代都市のイメージ

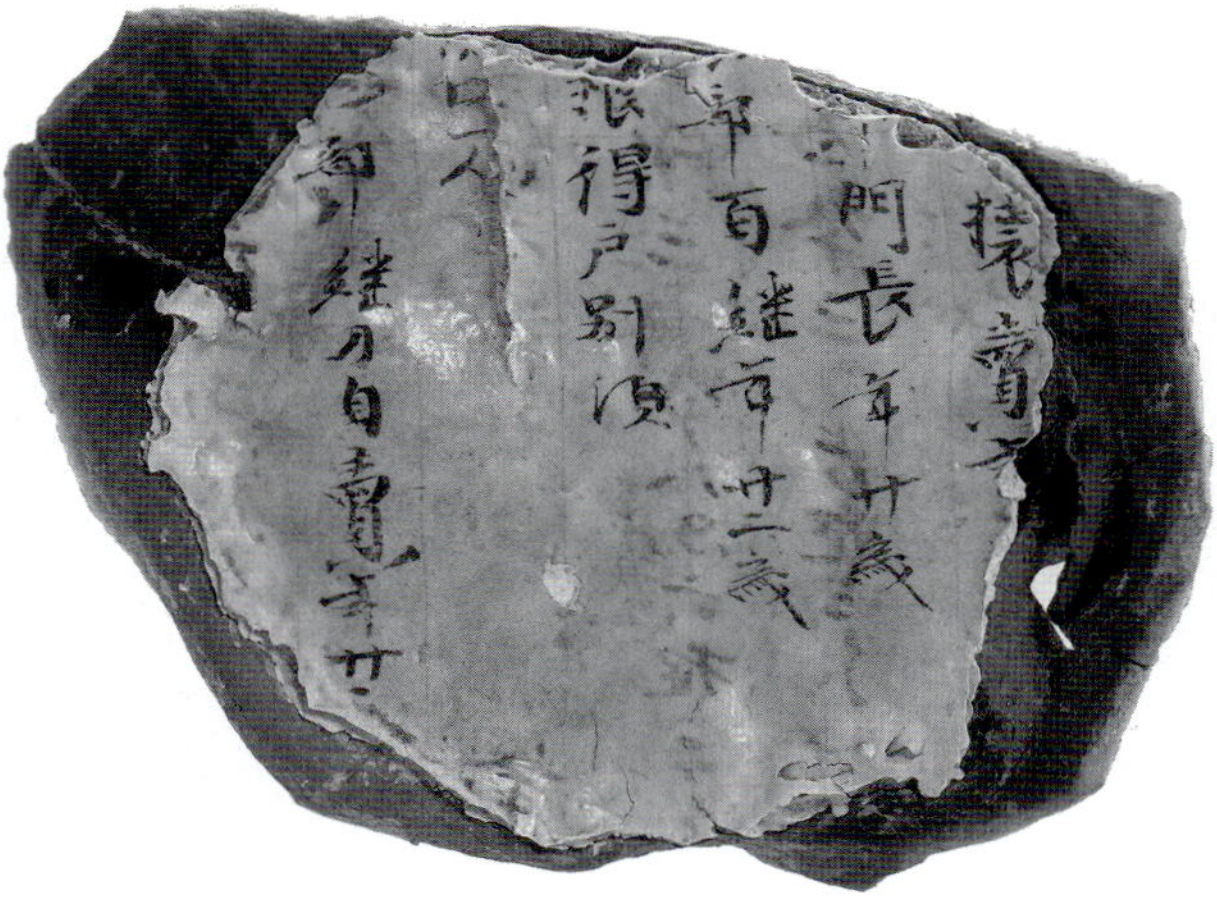

日本で初めて発見された漆紙文書

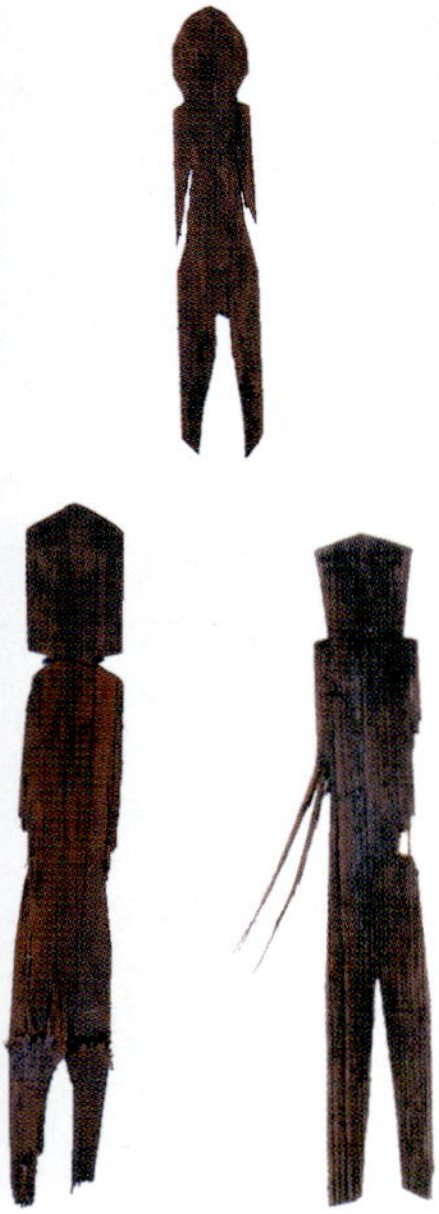

多種出土した人形代

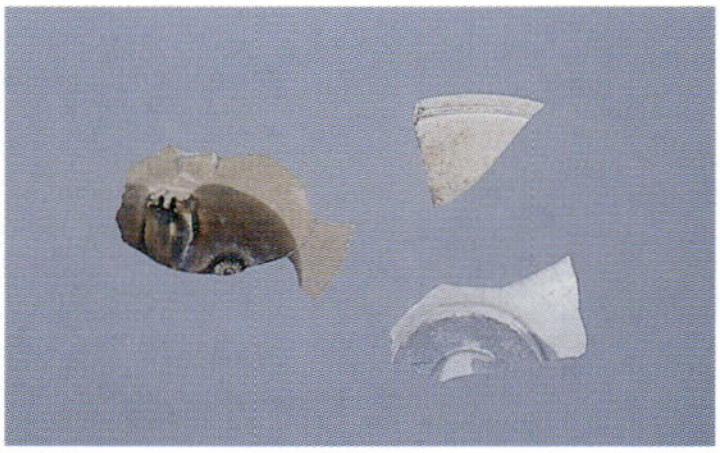

黄釉陶器水注と白磁椀

人面墨書土器（右：全身、左：顔）

目　次

カバー写真 多賀城政庁跡
装丁 吉永聖児

多賀城跡

I　多賀城跡の位置と環境

1　多賀城の位置と立地

多賀城が造られた丘陵から南の方を見渡すと、眼下に新しい住宅地が広がり、その先には仙台新港の工場地帯の建物や煙突、そして遠く西には政令指定都市仙台の街が見える。かつては、多賀城跡の南面一体は水田地帯で、遺跡の裾を流れる砂《すな》押《おし》川や仙台市との行政境になっている七北田《ななきた》川によって堆積した肥沃な沖積地であったが、年々都市化の波が押し寄せてきて宅地化が進行してきている。

多賀城跡は、宮城県のほぼ中央、海岸寄りの多賀城市に所在する。多賀城市は、東西七・八キロ、南北四・二キロで総面積は一九・六五平方キロの狭い市域で、南西部は仙台市、北西部は利府町、北東部は塩竈市、南東部は七ヶ浜町と接している。

多賀城市の地形は、北西から南東にかけて貫流する砂押川によって大きく二分されている。北部は松島丘陵の南隣の塩竈丘陵とよばれる台地状の丘陵であり、南部は宮城野海岸平野とよばれる沖積平野である。

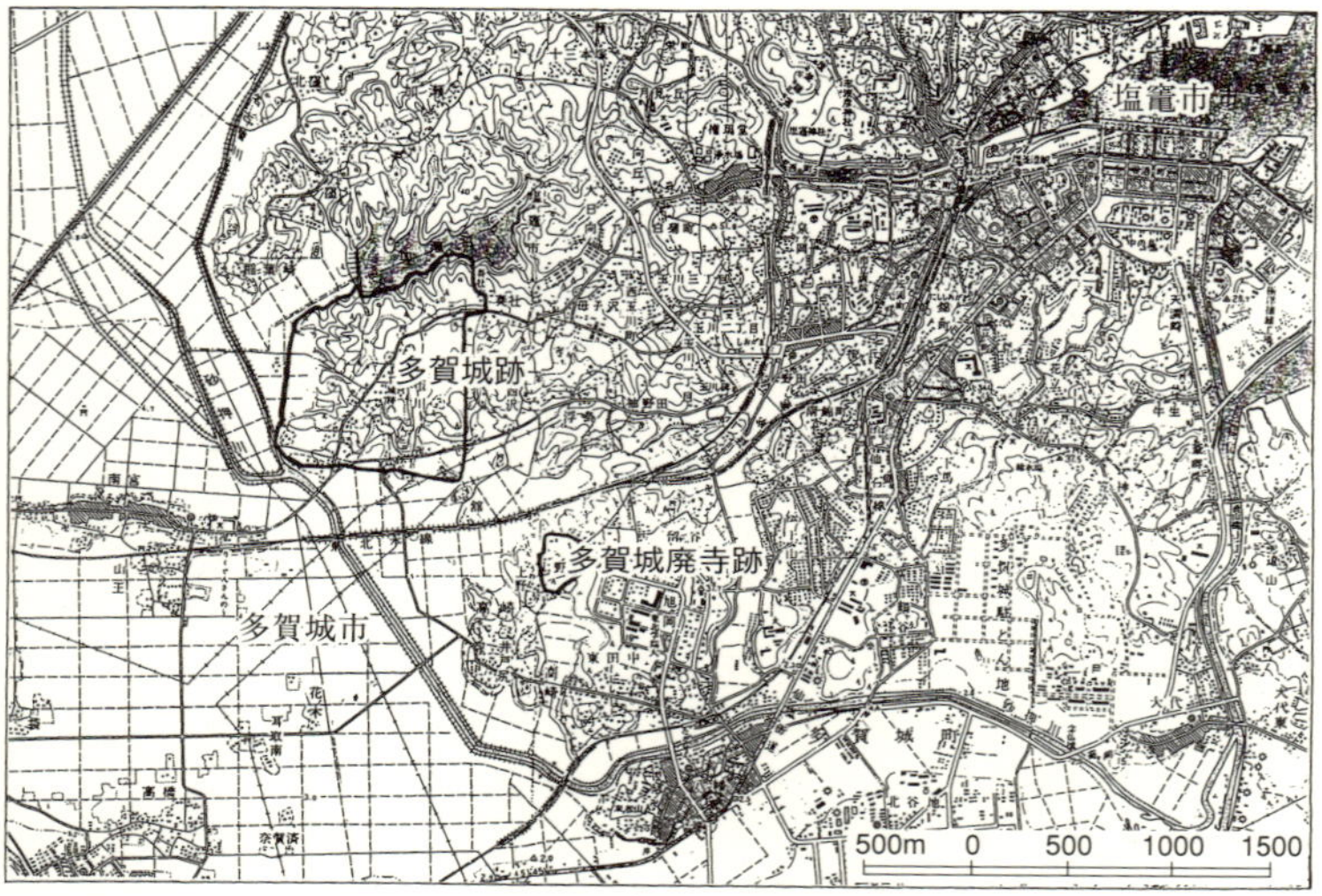

図1　多賀城の位置（1970年製の地図）

さて、多賀城跡が立地する丘陵は、塩竈市方面から西に延びる低丘陵の先端部分にあたる。丘陵は先に行くにしたがって低くなり、その先端部は砂押川によって画されている。遺跡の大部分は丘陵上にあるが、南辺や西辺の一部は沖積平地にあることから、多賀城は起伏に富んだ地形を取り込んで立地しているといえる。

2　多賀城考—新たな多賀城像を探る

多賀城は、奈良・平安時代の陸奥国府であり、奈良時代には鎮守府《ちんじゅふ》も併置されるなど古代東北の政治・軍事の中心的な官衙《かんが》（役所）である。さらに、出羽国《でわのくに》も管轄しながら陸奥・出羽両国の北にある蝦夷《えみし》の地をも支配する役割をもって設置された律令政府の中枢機関であった。このような遺跡認識が確立したのも、近世に始まる多賀城跡への関心や近代の現地調査と研究を通して遺跡の内容が次第に明らかにされ、そして戦後の長年にわたる発掘調査により実態が解明されてきたからにほかならない。

多賀城に対する認識は、戦前戦後を通じて「蝦夷征討の軍事基地」とするのが大方のイメージであったと思われる。それが一変したのは、昭和三十年代から始まった発掘調査の成果によるものであった。その第一は、土塁とみられていた外郭施設が築地《ついじ》であったこと、第二は土塁をめぐらした内城《ないじょう》は、築地をめぐらした政庁《せいちょう》であること、といわれている。この事実は、防禦施設としてとらえられていた外郭、内郭の区画施設が都城や国府に見られるものと同様、政治の場を囲む施設であったことを示すものである。そして内城は宮《きゅう》城《じょう》の朝堂院式《ちょうどういんしき》の政庁であることから、東北地方の城柵《じょうさく》に「政庁」すなわち政治を司る中心施設の存在が初めて確認されたのである。ここに、多賀城の性格が軍事的なものというよりは役所的なものであったと考えられるに至ったのである。

一九六九（昭和四十四）年から宮城県多賀城跡調査研究所による多賀城跡の継続調査が開始され、城内各地の遺構が次第に明らかになった。その概要は後に詳しく述べることにするが、多賀城のイメージを変えるもう一つの事実は、多賀城の城外の調査によって明らかになったまち並みの存在である。

一九七九（昭和五十四）年四月、多賀城市に文化財専門職員が配属されてから特別史跡以外の遺跡の発掘調査が市単独調査として始まった。最初に発掘調査が行われたのは、館前《たてまえ》遺跡である。それ以来毎年市内の遺跡の調査が行われてきた。そして、これまでに館前遺跡、市川橋遺跡の一部、柏木遺跡、山王《さんのう》遺跡千刈田《せんがりた》地区が特別史跡に追加指定されるなど、多賀城跡に関連する遺跡が相次いで確認されている。さらに、近世の偽作であるとされて近年まで真偽論争のあった多賀城碑が一九九八（平成十）年に国の重要文化財に指定され、晴れて真碑であることが明らかとなった。このような多賀城を取り巻く歴史的環境は、それまで考えられていた多賀城跡と付属寺院である多賀城廃寺跡だけではなく、その周辺地域の「国府《こくふ》域《いき》」ととらえられる広い地域にまで及んでいることが明らかになったのである。したがって、本稿では、多賀城跡本体だけに限定しないでいわゆる国府域までを含んだ新たな多賀城の実体について述べることとしたい。

Ⅱ　多賀城の遺跡認識と保存の歴史

1　遺跡の研究史

近世の認識

多賀城跡について記述された最初の文献は、一六七七（延宝五）年ごろに成立した『仙台領《せんだいりょう》古城《こじょう》書立《かきたて》之覚《のおぼえ》』（図2）である。それには、多賀城の規模を東西五〇間、南北五六間と記している。この数値は政庁跡の規模にほぼ匹敵することから、この当時は、多賀城跡を政庁地区のみの狭い範囲でとらえていたと理解される。さらに、この遺跡と「壺碑《つぼのいしぶみ》」（多賀城碑）の記載内容を結びつけ、大野東人《おおののあずまひと》の居城と位置づけている。

仙台藩の儒学者佐久間洞巌《さくまどうがん》が一七一九（享保四）年に刊行した『奥羽観蹟聞老志《おううかんせきもんろうし》』では、古瓦と礎石の存在を記載しており、多賀城を古代に限定して多賀城碑の記載から大野東人が築いたものであると理解した。

一七七四（安永三）年に書かれた「市川村《いちかわむら》風土《ふど》記《き》御用《ごよう》書出《かきだし》」では、かなり広い範囲が多賀城跡として認識されており、本丸（竪五〇間、横五〇間）、二の丸（竪五〇間、横三〇間）、三の丸（竪

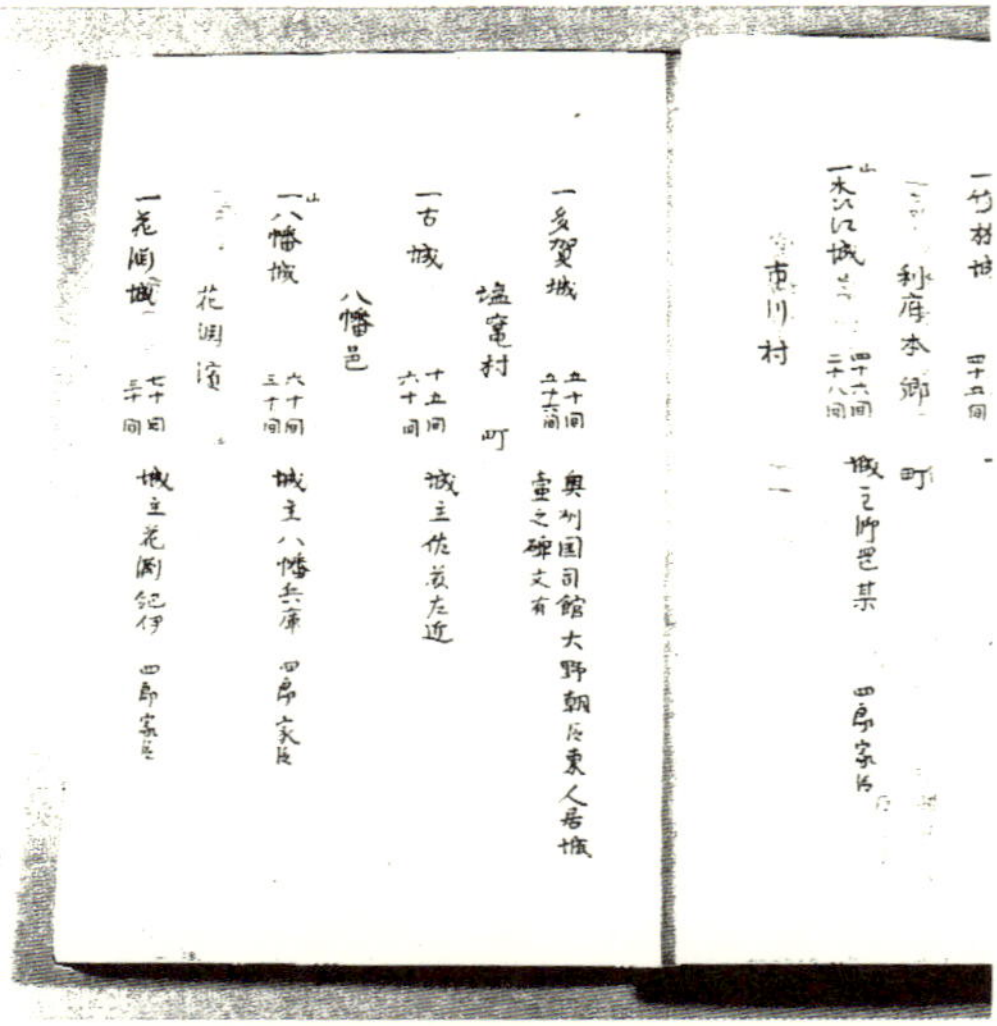

図2　『仙台領古城書立之覚』

四百間、横四百間）に区別して記載していることから、遺跡の構造を中世以降の城館と同様にとらえていたものと思われる。四百間四方と記載した三の丸が多賀城の外郭を指しているものとみられる。また、同年に書かれた「高崎村風土記御用書出」にある多賀城廃寺跡とみられる「塔の越原」についての記述は、すでに多賀城と関連する寺院の跡ととらえていたことを示している。

近代の研究

明治から大正時代にかけては、絵図や図面が作られる。初めて作られたのは、「多賀城古趾《こし》の図」と題する絵図で、木版により一八八九（明治二十二）年に刊行された。この絵図は、地元の菊地蔵之助と菊地甚助によって印刷・刊行されたものであるが、その経緯については、一八七六（明治九）年の明治天皇東北巡行の際に「数十年城趾ノ境界捜索ノ事ニ従事」した成果にもとづき図面を作成、提出したものに増補を加えて刊行したものである。「多賀城古趾の図」では、地形の上に築地や礎石の様子を記すなど多賀城跡をわかりやすく紹介しており、遺跡としての研究に大きく貢献したといえよう。

一九一一（明治四十四）年には、大槻文彦が

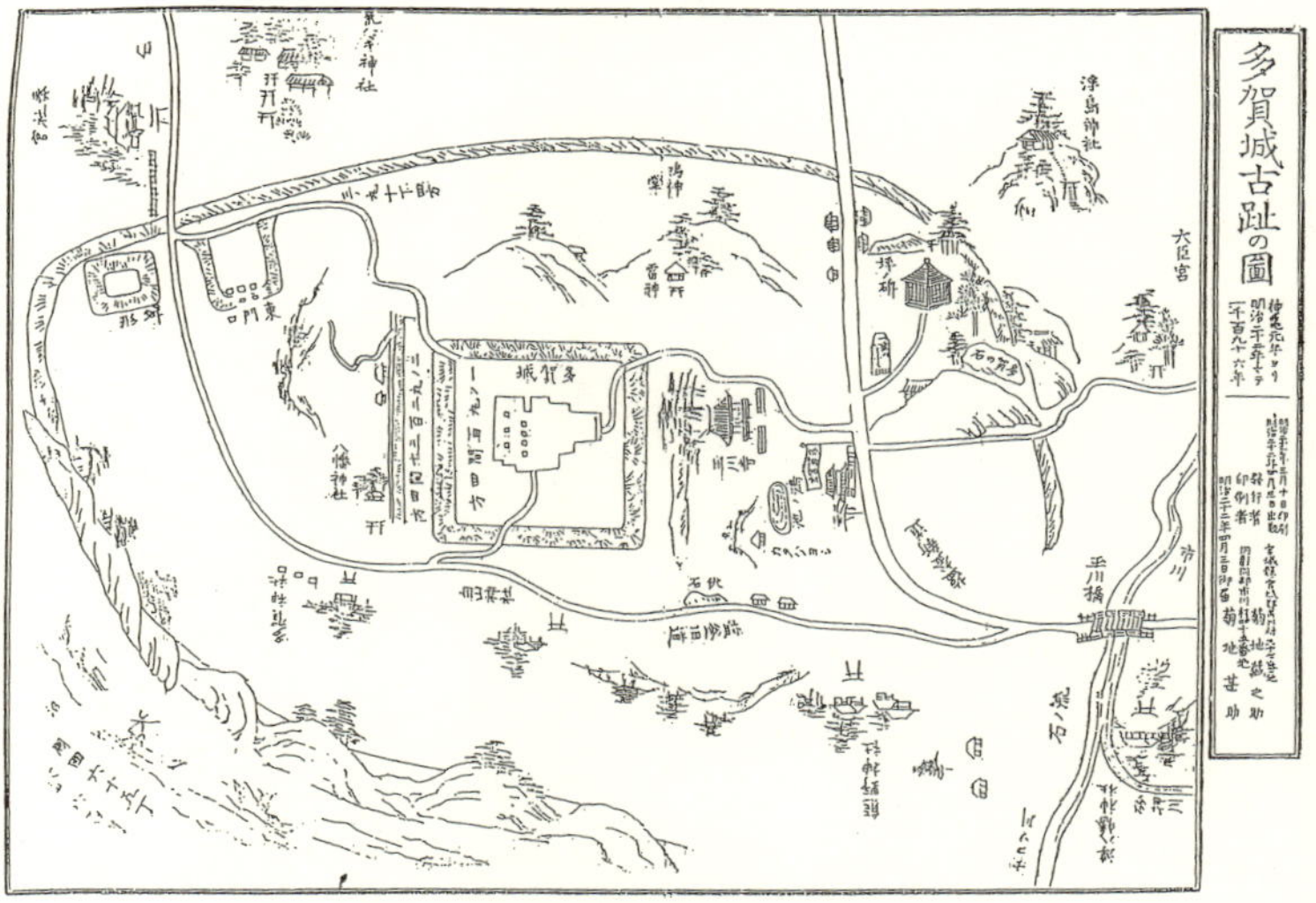

図3　「多賀城古趾の図」

「多賀城多賀国府遺蹟」を発表し、その中に「多賀城古趾実測平面図」を掲載した。この地形図は、スタジア測量法で作成されたもので、当時としてはかなり正確なものである。同時に作成された「多賀城本城土台石配布図」は、政庁地区の正殿とその付近の礎石配置図で、縮尺五百七十分の一で記録されている。また、大槻は一八九九（明治三十二）年に「陸奥多賀国府所在地考」、一九〇二（明治三十五）年に「多賀国府考」を発表して従来の説を批判し、多賀国府が南北朝期まで多賀城の地に存続していたと主張した。さらに、多賀城跡を積極的に「聖蹟《せいせき》」として位置づけようとする意識がみられ、近世以来「御座《ござ》の間《ま》」と称されている地について義良《のりよし》親王（後村上天皇）と結びつけ、福島県の霊山《りょうぜん》に対抗して聖蹟としての正統性をも主張している。

　この当時の国家主義的な社会環境は、多賀城跡を単なる遺跡としてだけではなく、南北朝期の多賀国府＝義良親王（後村上天皇）の「聖蹟」として位置づけ、国策に利用することになるのである。

史跡指定

一九一九（大正八）年に史蹟名勝天然紀念物保存法が成立すると、多賀城跡も史蹟指定の候補に上げられ、その事前調査が内務省および宮城県によって行われた。調査は、一九二〇（大正九）年に始まり、翌年から内務省の柴《しば》田常恵《たじょうえ》と榎本半重《えのもとなかしげ》によって実地測量が行われた。その成果は、「多賀城址地形平面図」・「内城礎石綴在見取図」として史蹟指定の関係書類に添付された。そして、一九二二（大正十一）年十月十二日、内務省告示第二七〇号で国の史蹟に指定されたのである。指定の名称は「多《た》賀城《がじょう》跡附寺跡《あとつけたりてらあと》」とされ、高崎にある廃寺跡も含めて同時に指定されている。

一九二五年には、この地形平面図に若干の補訂を加えた「多賀城阯平面図」が刊行され、さらに「内城礎石綴在見取図」を基にして「多賀城正庁阯礎石図」が作られた。それには、正殿の土壇状の高まりも図面に示されており、残存する礎石の配置から東西七間・南北四間の四面庇付建物を想定している。未発掘の段階としては、かなりレベルの高い見解であると評価できよう。

一九二七（昭和二）年に刊行された『宮城県史蹟名勝天然紀念物調査報告』第三輯の中に、委員会会長清水東四郎調査として「多賀城址」が掲載されている。これは、内務省および宮城県の調査成果を含めた多賀城址のこれまでの研究を集成しており、これ以降の多賀城に関する研究に大きな役割を果たしたといえる。

発掘調査

東北の古代城柵官衙遺跡における、初めての発掘調査は、文部省嘱託の

図４　上田三平による払田柵外郭線の調査

上田三平によって行われた。一九三〇（昭和五）年に秋田県の「払田柵《ほったのさく》」、その翌年には山形県の「城輪柵《きのわのさく》」の調査が実施されたのである。両遺跡ともに、外郭線の材木列が発見されたことから、上田三平は、奥羽地方の古代史に散見する柵は、材木を立てて築いた一種の城郭と考えた。そして、古代の文献に出てくる東北の「柵」は、軍事的施設であるという考えが考古学的に検証されたと理解したのである。これによって、東北地方の古代城柵は、蝦夷征討のための軍事的施設であるという考えが一般的になり、以後戦前戦後を通じて多賀城は、先に述べたように「蝦夷征討の軍事拠点」であるというイメージが定着することになったのである。

　多賀城跡の本格的な発掘調査は、昭和三十年代になってから始められた。調査の指揮を執ったのは東北大学教授の伊東信雄である。伊東は、それまでにも利府町春日の大沢瓦窯跡（一九三六年）、加美郡中新田町の菜切谷廃寺跡《なぎりやはいじ》（一九五五年）、仙台市の陸奥国分寺跡（一九五五～五九年）、遠田郡涌谷町の天平産金《てんぴょうさんきん》遺跡（一九五七年）等の歴史時代の遺跡を次々と発掘調査し、遺跡の研究を科学的に行うため、考古学的方法によって実体解明に取り組んだのである。

図 5　伊東信雄による大沢瓦窯跡の調査

多賀城は、奈良時代に陸奥国府および鎮守府の置かれたところで、古代における日本国家の東北経営の拠点であり、九州の大宰府と並び称され政治上・軍事上の要地として早くから世に知られていたにもかかわらず、その構造や規模などについては不明な点が少なくなかった。一九二二年に国史跡に指定はされたが、広大な面積を占めているため、維持管理が困難であると同時に、戦後の農地解放による開墾の進捗や仙塩開発にともなう人家の増加によって、この貴重な史跡が不用意のうちに破壊されていく実情にあったことから、緊急に学術調査を行って適切な保存方法を講ずる必要性が生じてきた。

一九六〇（昭和三十五）年、宮城県教育委員会は地元多賀城町（当時）と発掘調査を企画し、河北文化事業団の参加を得て「史跡多賀城跡発掘調査委員会」を組織して、多賀城の付属寺院である

図6　調査前の多賀城政庁跡　中央部に野蒜石で囲まれた正殿跡がみえる

多賀城廃寺跡と当時「内城跡《ないじょう》」とよばれていた多賀城政庁跡の発掘調査に着手した。さらに、一九六六（昭和四十一）年には多賀城町が主体となって設置した「特別史跡多賀城付属寺院環境整備委員会」による調査が行われている。そして、一九六九（昭和四十四）年からは、宮城県多賀城跡調査研究所による調査が開始され、現在まで継続している。

特別史跡指定　一九六〇（昭和三十五）年に開始された発掘調査委員会による調査では、はじめに航空写真測量による多賀城跡および廃寺跡の地形図を作製し、一九六一（昭和三十六）年から発掘調査を実施した。発掘は、まず住宅地に近接し破壊の恐れがある廃寺跡から始められた。調査は、翌年の一九六二（昭和三十七）年まで行われ、塔、金堂、講堂等の主要伽藍配置が確認され、その伽藍配置が大宰府観世音寺と酷似することなどが明らかにされた。

一九六三（昭和三十八）年からは多賀城政庁跡の調査に入った。これが多賀城跡についての初めての発掘調査である。一九六五（昭和四十）年までの調査で、正殿、脇殿をはじめとする政庁地区の主要な建物跡が明らかとなり、正殿を中心とする政庁の建物配置が朝堂院的配置をとることなどの成果を上げたのである。この発掘調査によって、学術的に重要な遺跡であることが明らかになったことから、一九六六（昭和四十一）年四月十一日、特別史跡に指定された。

この特別史跡指定にともなって、多賀城廃寺跡の環境整備事業が一九六六年から三カ年事業で行われた。遺跡の補足調査も行われて、主要伽藍の整備が一九六九（昭和四十四）年三月に完了した。これは史跡の環境整備事業としては、枚方市にある百済寺《くだらでら》跡につづく全国で二番目の事例で、現在も歴史公園として活用されている。

2　保存の歴史

多賀城跡や廃寺跡は、全国の遺跡の中でもきわめて遺構の保存状態が良好な遺跡の一つであるということができる。律令制支配体制が衰退し、廃絶して以降長い年月が経過してきてはいるが、今日まで地形の改変を受けずに時代の荒波を越えて保存されてきた過程の中で、地元住民の果たしてきた役割を無視することはできない。ここでは、多賀城跡の遺跡保存の経緯について簡単に述べておきたい。

政庁地区の保存

多賀城跡の指定地域内には国有地が所在している。場所は、政庁地区の正殿跡周辺と多賀城南門地区の多賀城碑覆堂周辺である（ほかに、政庁跡南側の道路跡階段付近の一部にもあるが、元々所管が異なるので除外する）。政庁地区の北西部にはかつて民家があり、その南側は畑として耕作されていた。この様子が近世末の『仙台金石志』の記録にも残されている。しかし、正殿がある場所は、「御座の間」と称されて耕作されることなく削平をまぬがれたようである。

一八七六（明治九）年、佐藤孫四郎は政庁正殿跡付近の土地を国に献上した。面積は、一反七畝十四歩（五二四坪）で、そのきっかけは明治天皇の東北巡幸で多賀城跡に来跡されることになったことから、「そのような古城跡を私有地としていることは甚だ恐れ多い事であり、且つ多賀城跡を永世に保存するため献納」したものであったといわれている。こうして正殿跡を含む政庁地区のおよそ七分の一の土地が官有地として保存されることになったのである。また、多賀城碑付近の土地も官有地として、その上に建つ多賀城碑とともに早くから保護されている。

さらに、この献上した土地に対して一八九八（明治三十一）年には、地元の佐藤文助と佐藤孫十郎の両名が、私費で管理することを願い出て許可されている。

このように、政庁地区の保存をはじめ多賀城跡の保護についてその中心的役割を果たしたのは、地元の人々であったといえよう。

一九二二（大正十一）年には、史蹟名勝天然紀年物保存法により、「史蹟」に指定され多賀城跡の大部分が法的に保護されることになった。

多賀城神社について

政庁跡に隣接する北西部に、多賀城神社が建立されている。この神社はもともと政庁域内の北東部にあったもので、社殿は、国から払い下げを受けた旧海軍工廠《こうしょう》の奉安殿《ほうあんでん》を、一九五二（昭和二十七）

年に地元有志の手で移設したものである。そのきっかけになったのは、一九三三（昭和八）年の明治天皇の「聖蹟」指定である。この時代の国家主義的・天皇中心主義的国家体制の影響を受けて、多賀城跡も南北朝の義良親王（後村上天皇）と結びつけられ、「聖蹟」としての性格を付与されて象徴の一つとして利用されることになったものと思われる。

このような状勢のなか、一九三四（昭和九）年に「多賀城村史蹟名勝保存会」が組織され、翌年には同会の手で「後村上天皇御坐之處」の碑が正殿跡の北西隅に建立され、御霊祭が挙行されて神社創建の機運が一気に高まったのである。それを裏付ける出来事として、この年の宮城県議会に「多賀城神宮創建要望の件」という意見書が議題として提案され採択されている。しかし、この計画は戦争によって中止となり、さらに敗戦後の一九四八（昭和二十三）年にはＧＨＱによって「聖蹟」の指定解除が行われた。現在の多賀城神社は、一九七三（昭和四十八）年に政庁地区を史跡公園として環境整備するに当たり、現在地へ遷したものである。

Ⅲ　古代律令国家と多賀城

1　律令制国家の建設

律令制国家の創建

古代の日本国内は、およそ六十の「国」に分かれており、陸奥国はその最も東に位置している。

陸奥国の成立は、「乙巳《いつし》の変《へん》」後に即位した孝徳天皇の頃と考えられている。律令制国家建設が強力に押し進められたのは天武天皇の頃からといわれているが、その胎動は大化の改新に求められよう。

六四五年六月十二日、中大兄皇子《なかのおおえのおうじ》と中臣鎌足《なかとみのかまたり》らによって起こされたクーデターは、時の権力者蘇我入鹿《そがのいるか》を飛鳥板蓋宮《あすかいたぶきのみや》で暗殺し、その父蝦夷《えみし》を自殺に追いやった。三代にわたって権勢を誇ってきた蘇我本宗家は、ここに滅亡することになったのである。このクーデター事件は、その年の干支が乙巳《いつし》であることから「乙巳の変」ともよばれ、その後に行われた一連の政治改革を「大化改新」とよんでいる。

新政権は、都を百年以上もつづいた飛鳥の地から難波に遷した。そして、翌六四六（大化二）年に大化改新の詔を発した。改新の詔は、次の四カ条からなっている。第一条では、天皇や豪族の所有する部民《べみん》・屯倉《みやけ》・田荘《たどころ》を廃して公地・公民とする。第二条では、京および地方の行政組織と交通・軍事の制を定める。第三条では戸籍・計帳・班田収受の法を作る。第四条では、古い税制を改めて新しい税制に切り替えることなどが記されている。それは隋・唐の律令制を手本にして作られた制度であり、地方支配のあり方に関しては、それまでの地方豪族固有の支配権であった国造制を廃止して、中央集権的な政策を強力に押し進めるために大きな権限をもった地方官を派遣し、国々の境界を定め、評《こおり》を設置するという地方制度の再編成、いわゆる国評制という新しい地方支配の仕組みを全国的に整えていくようになる。

六六三（天智二）年、新羅が朝鮮半島を統一する過程で百済を救うために二万七千人の兵で構成される遠征軍を派遣した「白村江《はくそんこう》の戦い」や、六七二（天武元）年に起こった「壬申《じんしん》の乱」による兵力の動員の様子からも、国評制による地方制度がかなり整備されていたものと思われる。その一例として、「白村江の戦い」の時に兵士が陸奥国からも動員されたことを示す史料がある。それは、『続日本紀』慶雲四年（七〇七）五月癸亥条の記事で、百済救援の際、唐軍の捕虜となっていたもののうちに「陸奥国信太《しだ》郡」出身の人物が記載されているのである。この「陸奥国信太郡」については、「陸奥国信夫《しのぶ》郡」または「常陸国信太郡」の誤りとされていたが、「陸奥国志太《しだ》郡」である可能性が高まった。最近の考古学的調査によって宮城県北部の大崎地方に七世紀にさかのぼる官衙遺跡が存在することからも、史料にみられる時期に大崎の「志太郡」にまで律令支配が及んでいたとみることができよう。

律令制国家建設の展開

「壬申の乱」後に即位した天武天皇は、大きな権力を握ると、それを背景にして律令制国家の建設を強力に押し進めた。その具体的な改革は、官僚制の整備とそれを運営する役人の給与、勤務評定制度の導入、鋳造貨幣や富本銭の発行などである。さらに、律令の制定や『古事記』『日本書紀』の編纂作業にも着手している。都城造営の計画は、後の藤原京建設の足掛かりとなった。また、律令的な七道制や国等の地方制度が確立するのも天武朝と考えられている。

天武朝とそれを引き継いだ持統朝では、陸奥国や越後国の蝦夷に対する品物の供与、もてなしをたびたび行ったことが『日本書紀』に記載されている。このことは、律令政府にとって蝦夷の存在は、重大な関心事だったことを示している。六七六（天武天皇五）年、畿内、長門とともに陸奥国は他国よりも位の高い者が国司に任じられるように定められた。『日本書紀』持統天皇三年（六八九）正月三日条に、「陸奥国優嗜曇《うきたむ》（置賜）郡」の城養《きこう》の蝦夷が出家することを許されたことが記されている。

孝徳朝に始まった政治改革は、東北地方も巻き込みながら律令制にもとづく支配体制を徐々に造り上げてきた。そして、六八九（持統三）年の飛鳥浄御原令の施行を経て、七〇一（大宝元）年の大宝律令の制定・施行を迎えた。ここに律令国家が完成したといわれている。律令では、陸奥・出羽・越後など東北地方の国には、多くの特例が設けられている。なかでも「職員令《しきいんりょう》」大国条の国守の職掌を規定したところで、通常の任務以外に「饗給《きょうごう》」「征討」「斥候」の三つが課せられている。「饗給」は、食を饗し禄を給して蝦夷を帰順させることであり、「征討」は、字のごとく蝦夷

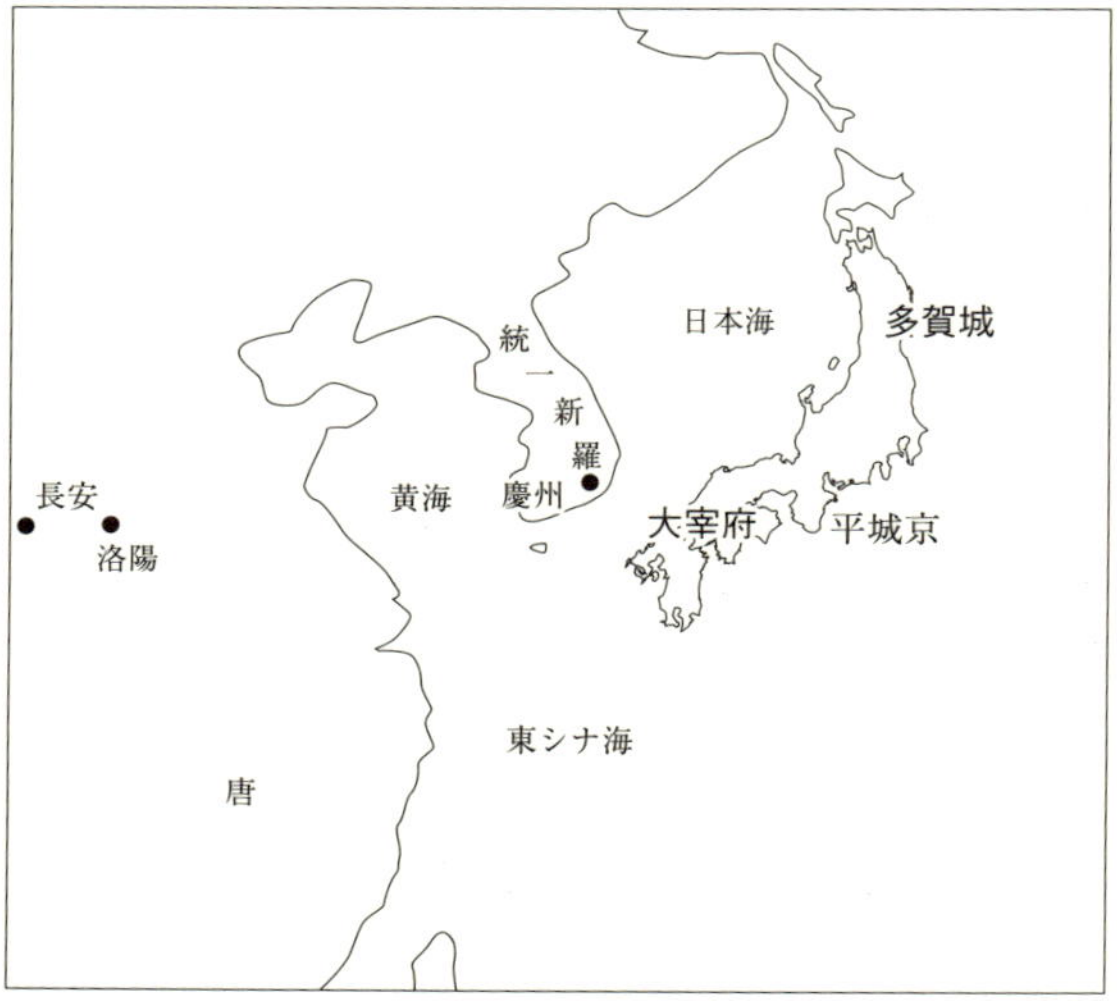

図７　大宰府・多賀城と東アジア

を討つことである。「斥候」は、蝦夷の様子をうかがうことである。これらのことからも、蝦夷への対応が律令政府の大きな課題であったことがうかがえる。

２　古代陸奥国のようす

西と東の要

古代律令政府は、支配の強化と拡大を図るため、西海道《さいかいどう》地域（九州）と陸奥・出羽地域（東北）に大宰府と多賀城を設置し、中央から最も遠い西と東の辺境政策を行った。

大宰府に水城《みずき》（防塁）と大野・椽《き》（基肄《きい》）の二城が建設されたのは、白村江の敗戦から間もない頃で、さらに政府は対馬国に金田城《かなたのき》、讃岐国に屋《や》島城《しまのき》、大和国に高安城《たかやすのき》などを築いて唐と新羅の侵攻に備えたのである。大宰府防衛の任に当たった防人は坂東をはじめとする東国諸国出身の兵士たちであった。また、大宰府は中国や朝鮮からの使節を迎える重要な職務をもった機関でもあり、外交・交易の拠点であった。国内的には、九州全域の統括と化外の地である南海諸島を掌握する役割をもっていた。

一方、多賀城は、古代日本国家の東北統治の中枢機関として設置されたもので、八世紀前半の奈良時代から平安時代にわたっての陸奥国の国府であり、奈良時代には鎮守府も併置されていた。また、広域の行政監察官である按察使《あぜち》が陸奥国府に常駐していたことから、出羽国をも管轄していた。さらに、蝦夷の地とされた東北の北部地域を国内に取り込む役割をもっていた。

このように、大宰府と多賀城は、古代日本の西と東に置かれた朝廷の出先機関であり、それぞれの辺境地域の中心官衙（役所）として、重要な役割を担っていたのである。

多賀城創建前の陸奥国

近年の考古学的調査によって、多賀城創建の時期をさかのぼる遺跡が発見されており、七世紀代の陸奥国の様子を知る上できわめて重要な資料となるので、簡単に述べておきたい。その遺跡は、仙台市郡山遺跡と大崎市名生館《みょうだて》遺跡である。

郡山遺跡

仙台平野のほぼ中央部、名取川と広瀬川に挟まれた低位段丘上に立地する官衙遺跡である。遺跡の時期は、大きく二時期に分けられる。

古い方のⅠ期官衙は、区画施設の材木列や建物跡等の遺構の基準方位が、北で六〇度西に振れた方向で造られている。全体の規模は、東西二九五・四メートル、南北六〇四メートル以上の広がりをもっている。官衙の外側は材木列で区画されているが、各辺のあり方が一様でない。中枢部とみられる区域は、東西一一八・五～一二〇・三メートル、南北九一・六メートルの範囲を一本柱列か板塀で区画され、東辺に門があり総柱建物から側柱建物への変遷がある。この周辺部には倉庫群、雑舎群、武器関連の工房

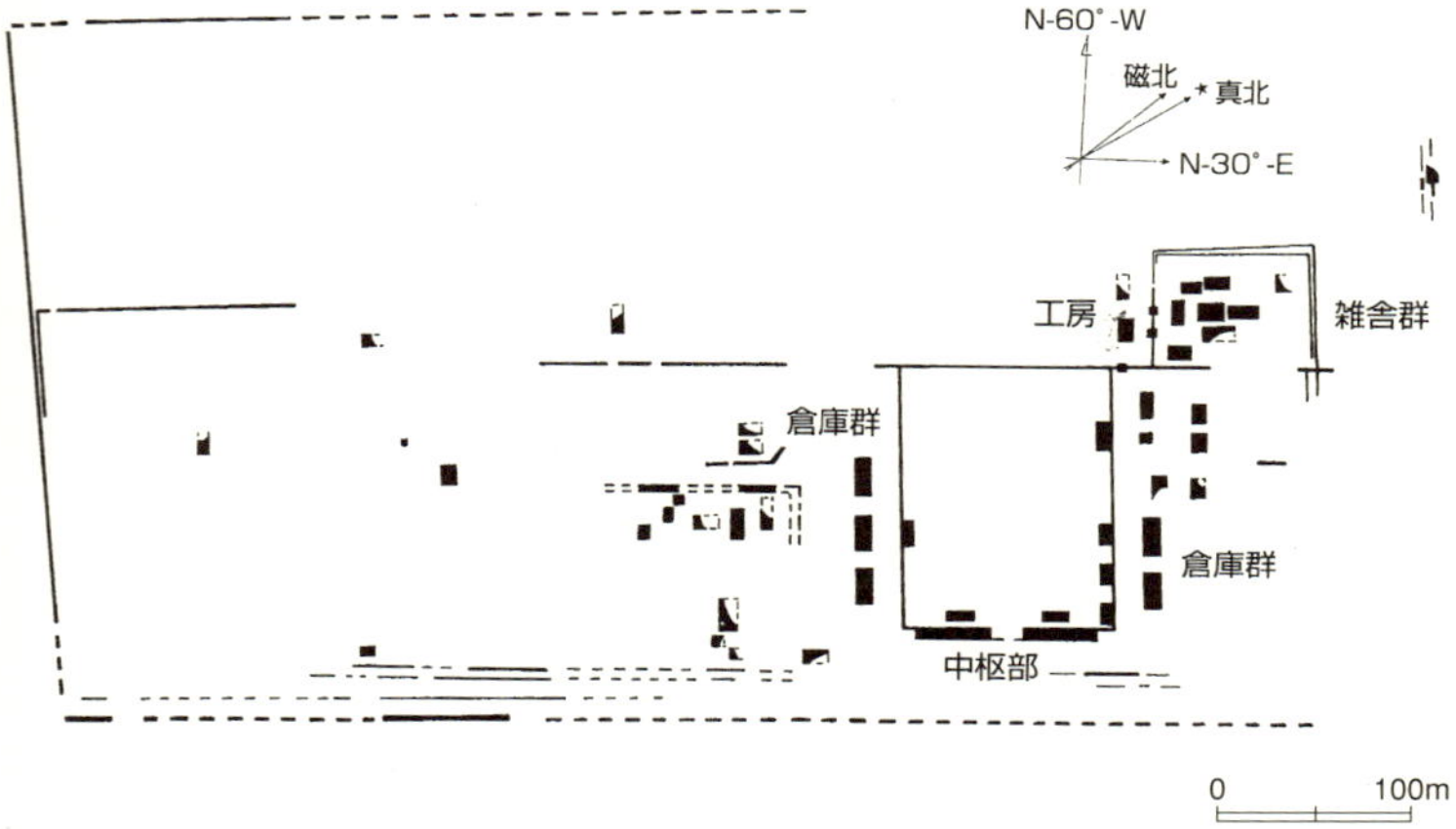

図 8　郡山遺跡Ⅰ期官衙

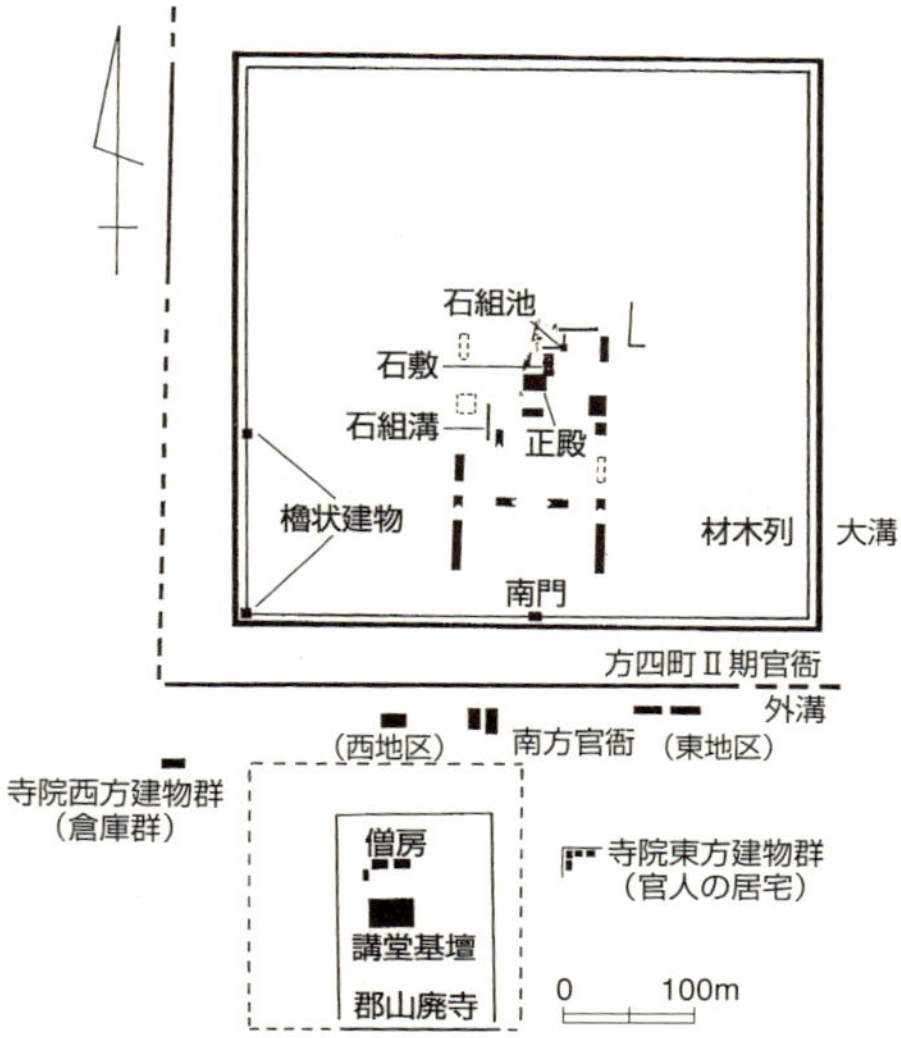

図 9　郡山遺跡Ⅱ期官衙

群、竪穴群などが機能ごとに院を形成していたととらえられるが、その区画は明確ではない。それぞれ三〜四時期の変遷がありそうである。Ⅰ期の年代については、七世紀の中葉〜末葉と推定されている。

Ⅱ期官衙はⅠ期官衙を撤去して造られており、

基準方位は真北である。外周施設は材木塀とその外側に大溝を巡らしており、規模は、東西四二八・四メートル、南北四二二・七メートルの方形で方四町の広さを有する。材木塀は直径三〇センチ程のクリの丸太を密に立て並べたもので、南辺の中央に南門が発見されている。門は、正面三間側面二間の八脚門である。外周の材木塀を跨いで南西隅部と西辺の三等分の位置に櫓を設置している。大溝は材木塀から九メートルの距離をもち、幅は三〜五メートル、深さは一メートル程である。さらに、この外側約五〇メートル離れた位置に幅約三メートル、深さ一・二メートル程の外溝があり、この間は遺構が希薄であることから、広場状となっている。

　方四町区画内の中央部南寄りに政庁域がある。正殿とみられる建物は桁行八間、梁行五間の四面庇付建物で、この建物の北には石敷き広場と石組みの方形池、石組溝がある。さらに、この石組池や溝の東に桁行七間、梁行二間の床張りの南北棟建物があり、他の多くの建物の構造と異なることから、石組池や石敷き広場と一体になって使用された特殊な性格が考えられる。正殿の南側に対になる南北棟が並んでおり、政庁域を構成する建物と思われるが、区画施設が見つかっておらず広さは不明である。建物の方位が真北方位をもつもの（A期）からやや西に偏するもの（B期）に変遷するようであるが、正殿と床張りの建物は建て替えられずに維持されていたと考えられている。

　このⅡ期官衙の南に「郡山廃寺」が所在している。材木列によって東西一二〇〜一二五メートル、南北一六七メートルの範囲を区画しており、その区画内の中央西寄りに講堂跡とみられる基壇建物跡が検出されている。この北側に僧坊とみられる建物や講堂跡の南側には多量の瓦が出土した区画溝、巨石出土の伝承地点が位置していることから、金堂や塔

図10　郡山廃寺出土の瓦

の存在が推定されているが、詳細は不明である。講堂跡とみられる建物跡や区画溝から出土した瓦についてみると、軒瓦は八葉の弁が配された単弁蓮華文軒丸瓦とロクロ挽き重弧文軒平瓦で、いずれも多賀城創建瓦よりも古く位置づけられており、この郡山廃寺はⅡ期官衙に付属する寺院跡と考えられている。Ⅱ期官衙の年代については、七世紀末葉～八世紀初頭頃と位置づけられている。

郡山遺跡の性格

次に、Ⅰ・Ⅱ期官衙の性格について述べることにしたい。まず、Ⅰ期官衙の構造についてみると、官衙の中心的施設とみられる中枢区とその周辺に倉庫群や雑舎群、工房群、竪穴群などが機能ごとに院を形成している。さらに、中枢区では、板塀等で長方形に区画された区画施設に取り付いて、細長い建物が各辺に配置されている。これは、各地で発掘されている郡家遺跡の郡庁跡に類例を求めることができる。

Ⅰ期官衙の特徴の一つに、主軸が北で約六〇度西に振れた方向を基準にして建物跡や区画施設が造られていることがあげられる。正面が南東方向を向いているからである（正面が北西方向であれば、主軸方位は北で三〇度東に振れることになる）。古代の官衙遺跡においては、主軸を真北方位に合わせて造営されているものが多い中にあって、郡山Ⅰ期官衙は、きわめて特異な方位をもっていることになる。これと同じ例は、福岡県小《お》郡《ごおり》官衙遺跡や滋賀県岡遺跡等に求められる。小郡官衙遺跡は筑紫国御原郡衙跡、岡遺跡は近江国栗太郡衙の遺跡とされている。また、陸奥国内の同時期の行方《なめかた》郡家とされる、福島県南相馬市にあ

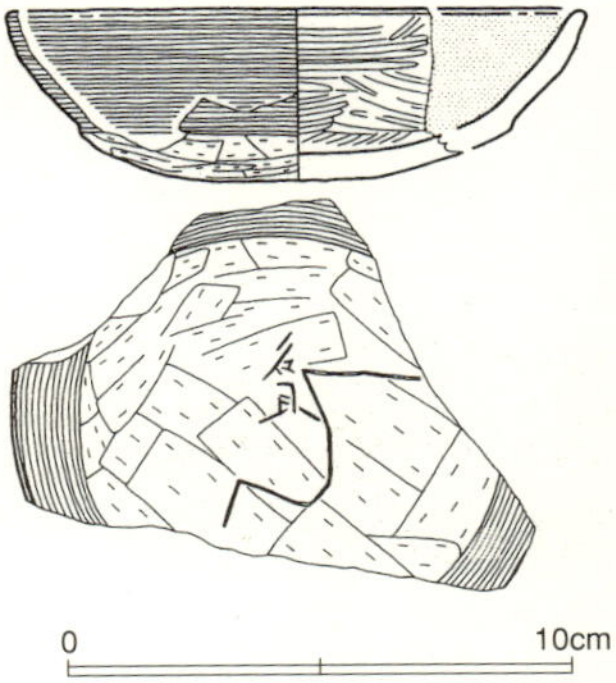

図11　「名取」の刻字がある土師器

る泉廃寺跡の第Ⅰ期郡庁院の主軸方位は、北で一六・五度東に偏しているなど、共通性をみることができる。

以上のことから、Ⅰ期官衙は郡家の遺構の特徴を色濃く有しているといえる。Ⅰ期官衙の土壙から「名取」と刻字した土師器が出土している。「名取」の文字が示すように、この地域一帯が名取郡に含まれることから、Ⅰ期官衙は「名取評家」（この時期はまだ評の段階）の遺跡であると考えられる。

次にⅡ期官衙については、Ⅰ期官衙と同じ場所に建設されたものであるが、真北方向を主軸とし、方四町の外周を材木塀で区画しその外側に大溝を巡らす外郭施設をもつ官衙に変貌している。この官衙の中央部南寄りに正殿とみられる四面庇付建物を中心とする中枢部（政庁）がある。このような構造は明らかに「城柵」である。しかし、多賀城跡をはじめとする八世紀代の城柵にみられる政庁を区画する施設は確認されていない。このことから、Ⅱ期官衙は単郭構造の城柵であり、多賀城にみられる二重構造をもつ城柵が出現する前段階の官衙構造とも解し得る。

一方、正殿の北に接して石敷広場と石組池が造られており、給排水用の石組溝も付設されている。このような石組施設が政庁地区につくられた例は、多賀城をはじめこれまで発掘調査が行われた国府や地方官衙の遺跡では皆無である。これは、飛鳥《あすか》の石神《いしがみ》遺跡などにみられる七世紀後半代の宮廷庭園に造られた施設との関連を想起させ

図12　郡山遺跡の石組池跡

図13　石神遺跡の方形石組池跡

る。また、正殿とみられる建物の周辺に南北棟の建物が東西に列をなす様相は、都城の朝堂院の建物配置に類似しており、規模や遺構内容の点から陸奥国の中心的な官衙であったものと考えられる。

　これまでの調査によって、Ⅱ期官衙の年代は七世紀末葉～八世紀初頭頃と位置づけられていることから、この頃の「陸奥国府」としての役割、機能を有していたとみられる。

　ところで、先にⅠ期官衙は名取評家と考えられるとしたが、規模の点からみると、Ⅰ期官衙については郡家あるいは評家とみるには大きすぎる。発掘調査によって規模が明らかにされている諸国の郡庁院の共通点として、郡庁域の規模は、方五四メートル程が平均的な規模とされていることからすれば、東西約一二〇メートル、南北約九〇メートルと通常の郡庁規模の四倍の面積を有するⅠ期官衙の中枢区は、単なる郡家政庁とはかけ離れた規模をもっている。郡山Ⅱ期官衙は、城柵の構造をもちながらも多賀城以前の陸奥国府の性格を有していることから、郡山Ⅰ期官衙についても、郡家の形態をもちながら、「国府」が併置された可能性はないだろうか。

　郡家に国府が併置された例として、出雲国府がある。『出雲国風土記』の中に「国庁意宇《おう》郡家」という記載があり、これを「国庁たる意宇郡家」と読み、「風土記」が進上された七三四（天平六）年の頃には、国庁が郡家とまだ同居していたと解されていることから、意宇郡家に出雲国庁が併置されていたととらえられている。

図14　名生館官衙遺跡政庁復元図

　したがって、七世紀後半に建設された郡山Ⅰ期官衙は、古代国家によって新たな統治体制として配置された「評《こおり》」（名取評家）であり、陸奥国府も兼ねていたものと思われ、その役割はⅡ期官衙に受け継がれたと考えられる。

名生館官衙遺跡

　次に、県北部の大崎平野について述べる。遺跡は、旧古川市大崎に所在する中世大崎氏の居城である「名生城《みょうじょう》（館）」と重複している。玉造柵《たまつくりのさく》の有力な擬定地として一九八〇（昭和五十五）年から発掘調査が行われている。この遺跡では、北の城内地区と南の小館《こだて》地区の調査が進んでおり、遺構の変遷が明らかにされてきている。

　Ⅰ期は、七世紀後半～末頃にかけての時期で、官衙成立前の遺構群が発見されており、竪穴住居と小型の掘立柱建物で構成されている。Ⅱ期は七世紀末～八世紀初頭の時期で、城内地区に官衙の中枢部とみられる遺構が発見されている。全体の規模は、南北六〇・六メートル、東西五二・五メートルで柱を連ねた塀で区画している。北辺の中央やや西寄り

図15　名生館官衙遺跡の軒瓦

に東西七間、南北五間の正殿が位置し、西には南北一〇間、東西二間の細長い建物二棟が南北に並んでおり、それが西辺を区画している。正殿は、四面庇付建物で瓦が葺かれていたとみられる。出土している軒瓦は、単子葉弁文軒丸瓦とロクロ挽重弧文軒平瓦の組合せであり、飛鳥山田寺の系統を引くものである。

このことから、Ⅱ期の遺構は、官衙の中枢である政庁に当たるとみられ、大崎平野の玉造郡内に位置することから「玉造評家」と考えられる。多賀城創建以前の七世紀末～八世紀初頭の時期に、宮城県北の大崎地域にはすでに律令政府の支配が及んでいたことが明らかになったのである。

多賀城時代の陸奥国

八世紀の時代は、律令政府による陸奥・出羽両国の北部地域に対する領域の面的拡大が進められ、その結果たびたび蝦夷の強い反発を招くことになった。奈良時代は、「青丹よし奈良の都は咲く花の……」と謳われ、万葉の情緒豊かな、さらには聖武天皇の発願による大仏建立と仏教による国家安寧の願いとは裏腹に、政府の東北経営に対する厳しい政策は、蝦夷との間に緊張関係をもたらし、激しい戦いを繰り広げることになる。

郡山Ⅱ期官衙に置かれていた国府が、多賀城に移される背景について、陸奥・出羽の社会的変革と蝦夷の征討政策の両面から述べてみたい。

まず蝦夷の反乱の誘因は何だったのか。それは、おそらく七一二（和銅五）年に行われた出羽国の建国を前提とする出羽郡の設置にあるとみられる。七〇八（和銅元）年、越後国に出羽郡を設置すると、それに対し即応的に蝦夷の反発を生み、翌年の七〇九年には越後国蝦夷が反乱を起こした。律令政府は、越国側の支配強化として出羽国を建国し、それまで陸奥国に含まれていた最上・置賜二郡を出羽国に移管して国としての体裁を整えるとともに、七一四（和銅七）年には尾張・上野・信濃・越後の国の民二〇〇戸、七一六（霊亀二）年には信濃・上野・越前・越後の四カ国の百姓各一〇〇戸を出羽柵戸として移住させた。ここに、律令政府の辺境政策に対する強い意志が感じ取れる。

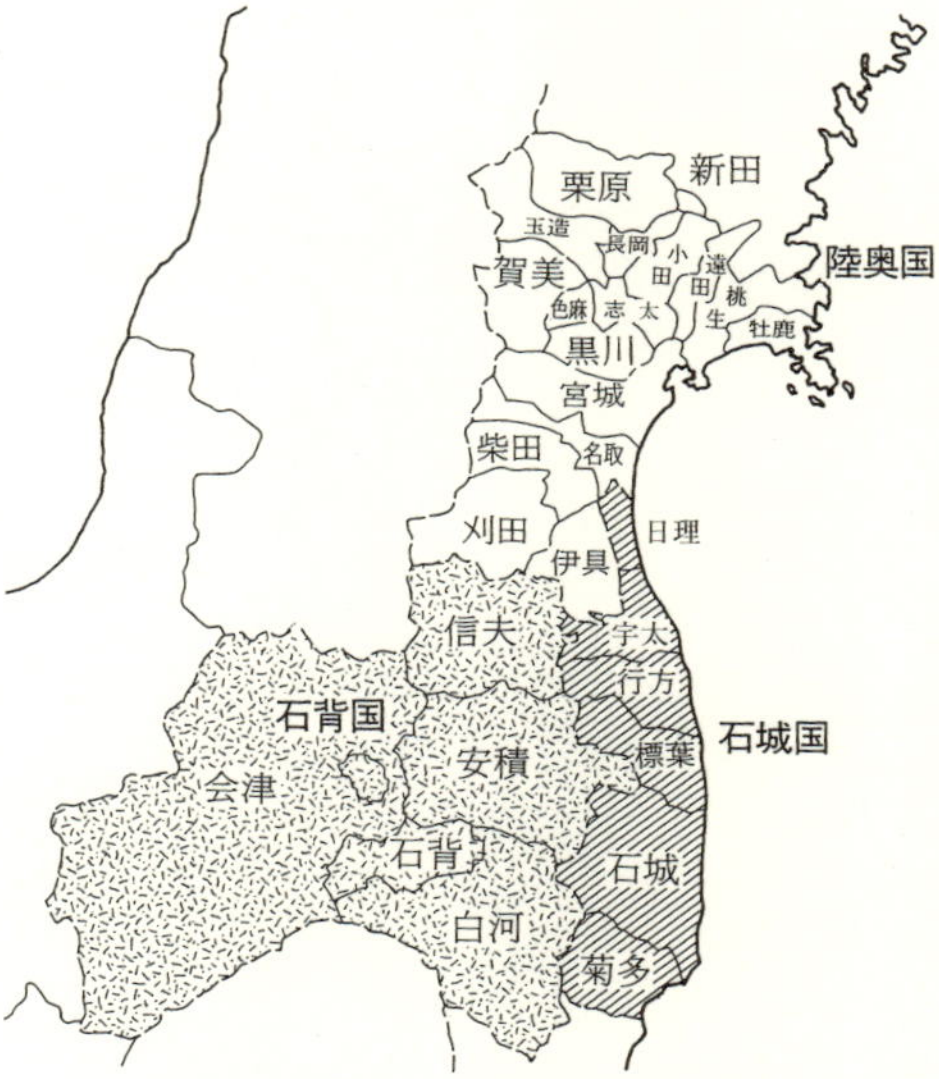

図16　陸奥国・石城国・石背国の範囲

陸奥国への移民と石城・石背国の分国

一方陸奥国側の動きについてみると、最上・置賜二郡の出羽国への移管と連動するように、七一三（和銅六）年、新たに陸奥国丹取《にとり》郡が建郡された。丹取郡の位置については、七二八（神亀五）年に「陸奥国に白河軍団を新置し、丹取軍団を玉作軍団と改める」という記事から、宮城県北部の大崎地方の玉造郡（現在の大崎市一帯）に当たる。

このような状況のなか、七一五（霊亀元）年に相模・上総・常陸・上野・武蔵・下野の六カ国の富民一〇〇〇戸が陸奥国に移配されたのである。移配の単位は、五〇戸＝一里（郷）であるから一

○○○戸は、二〇郷分に当たる。陸奥・出羽国の移民による郡内の郷名には、移民を出した国や郡の名が付けられることがあり、このことから移民が行われた地域を想定することができる。

そこで、当時の陸奥国北部の郡の状況についてみてみると、古代においては「黒川以北十郡」として一括して扱われている。この十郡とは、牡《お》鹿《しか》・小田・新田・長岡・志太・玉造・富田・色《しか》麻《ま》・加美・黒川郡を指すことが、『続日本紀』七八九（延暦八）年の記録にみえる。それ以前にも七四二（天平十四）年条に「黒川郡以北一一郡に赤雪ふれり」とみえる。この一一郡は、黒川以北十郡と遠田郡を指すといわれており、黒川以北一〇郡はこの時期までにはすでに成立していたといえよう。

『和名類聚抄』によれば、黒川以北の一〇郡の郷数は三三郷で、一郡平均三・三郷となり小規模な郡であった。『和名抄』にみられる郷名は、七一五年の坂東六国の富民移配を反映しているとみられている。

黒川郡新田郷←上野国新田郡
黒川郡白川郷←陸奥国白河郡
加美郡磐瀬郷←陸奥国磐瀬郡
色麻郡相模郷←相模国
色麻郡安蘇郷←下野国安蘇郡
玉造郡信太郷←常陸国信太郡
志太郡志太郷←常陸国信太郡
栗原郡会津郷←陸奥国会津郡
小田郡茂賀（賀茂）郷←伊豆国賀茂郡
登米郡行方郷←陸奥国行方郡
桃生郡磐城郷←陸奥国磐城郡
牡鹿郡賀美郷←武蔵国賀美郡

右のうち、八世紀後半以降に成立した栗原郡、登《と》米《め》郡、桃生《ものう》郡の三郡の郷名を除くと、坂東諸国の

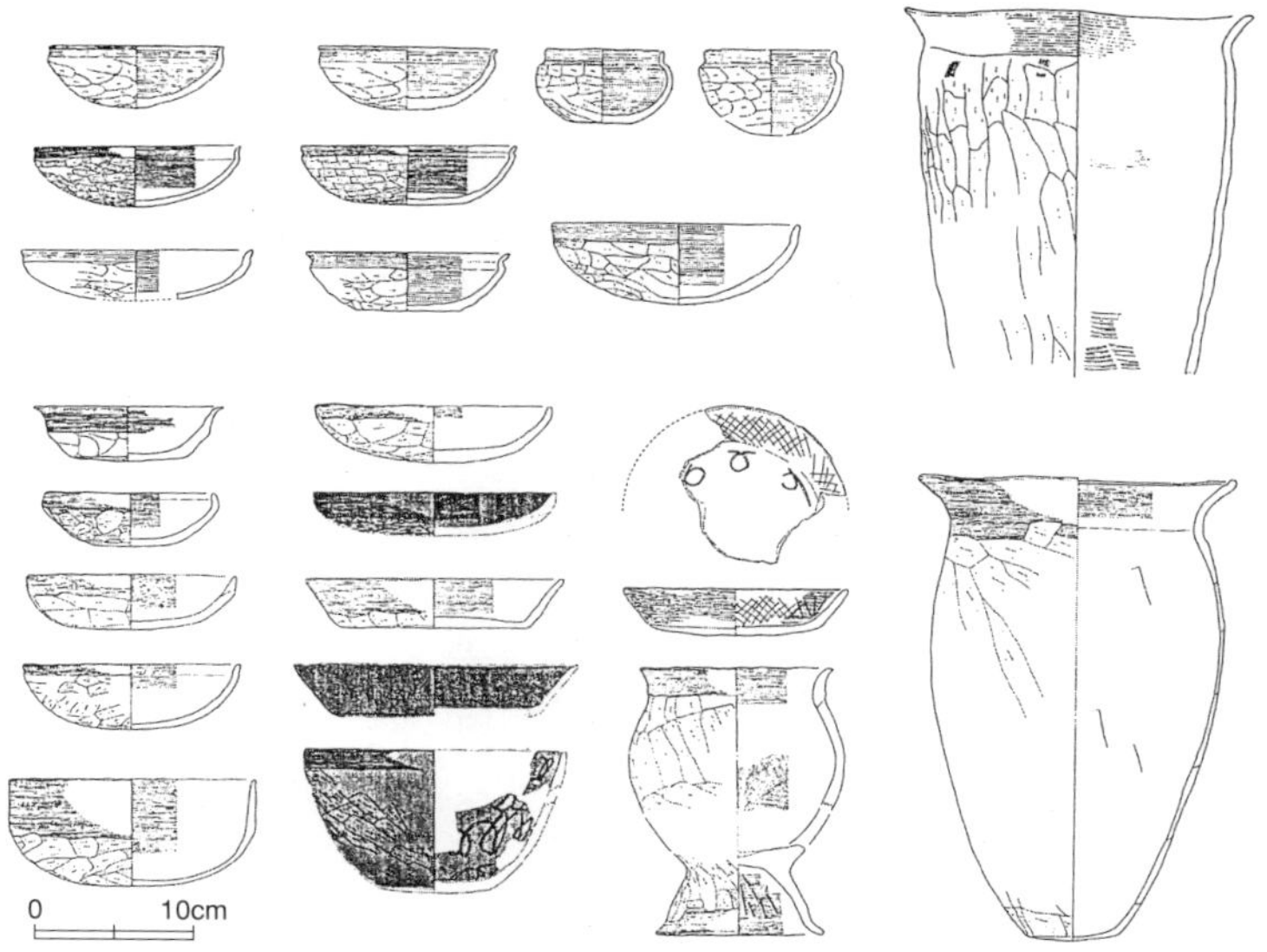

図17　陸奥国から出土する関東系土師器

郡名または国名が付けられており、八世紀前半の陸奥国北部には坂東諸国から多量の移民が行われたことが推測されている。

このことを裏付ける考古学的成果として、「関東系土師器」の出土がある。この土器は、東北地方在来の内黒《うちぐろ》土師器とは異なり、関東地方で製作された土器の製作技法や器形が類似する土師器で、集落や墳墓、官衙遺跡から発見されている。年代は、七世紀中葉〜八世紀前半に集中しており、仙台平野の郡山遺跡の周辺と大崎平野の北辺部に数多く分布している。

七一八（養老二）年には陸奥国から石城《いわき》・石背《いわせ》国の二国が分国された。石城国は、陸奥国の石城・標葉《しめは》・行方・宇太・曰理《わたり》と常陸国の菊多郡のあわせて六郡で構成され、福島県の浜通り地方と宮城県の亘理郡にあたる。石背国は、陸奥国の白河・石背・会津・安積《あさか》・信夫《しのぶ》郡の五郡から成り、福島県中通り・会津地方に当たる。

したがって、この時点での陸奥国の範囲は、阿武隈川以北から栗原・登米《とめ》・桃生《ものう》郡を除いた宮城県北部までの地域であったのである。

このように、八世紀初めの和銅〜養老年間に行われた出羽国設置、最上・置賜郡の出羽国への移管、丹取郡の建郡、出羽・陸奥両国への移民、石城・石背国の分国等の諸施策は、それぞれ密接に関連しており、律令政府が東北支配を強化させる目的をもって実行されたものと考えられる。


蝦夷の反乱　このような律令制支配の拡大による辺境政策は、地域の本来の住民である蝦夷の生活環境を大きく変えることになり、長年培われてきた社会・経済的基盤を根底から崩すことになったのであろう。

七二〇（養老四）年、陸奥の蝦夷が反乱を起こし、按察使上毛野朝臣広人《かみつけののあそんひろひと》が殺害される事件が起きた。政府は、すぐさま持節征夷将軍多治比県守《たじひのあがたもり》等を任命し、さらに、出羽国側へも持節鎮狄将軍阿倍駿河《あべのするが》等を派遣して、反乱の波及を防ぐ方策をとったのである。

同じ年の二月には、隼人が反乱を起こし大隅国守陽侯史麻呂《やこのふひとまろ》を殺害するという事件が起こる。これに対しては、大伴旅人《おおとものたびと》を征隼人《せいはやと》持節大将軍とする征討軍を派遣している。このように、この年は、奇しくも隼人と蝦夷の反乱が律令国家の西辺と東辺で相次いで起こった動乱の年であった。

3　多賀城の創建

このような社会状況のなか、多賀城が築造される。多賀城の創建に関して、『続日本紀』などの古代史料にはまったく記録が残っていない。「多賀城」の初見記事は、七八〇（宝亀十一）年の伊治《これ》

表1　多賀城創建までの陸奥国関係年表

年号	西暦	月	事項
慶雲2	705		陸奥国蝦夷の反乱
4	707	5	陸奥国信太郡(志太郡)がみえる
和銅元	708	9	越後国に出羽郡を建置
2	709	3	陸奥・越後両国に征夷軍を派遣、蝦夷を討つ。
		7	出羽柵初見
5	712	9	出羽国を建置
		10	陸奥国の最上・置賜二郡を出羽国に移管する。
6	713	12	陸奥国に丹取郡を建置
7	714	10	尾張・上野・信濃・越後等の国の民200戸を出羽柵戸に配す。
霊亀元	715	5	相模・上総・常陸・上野・武蔵・下野六カ国の富民1000戸を陸奥に配す。
		10	蝦夷の申請により香河村、閉村に郡家を建てる。
2	716	9	陸奥国最上・置賜二郡と信濃・上野・越前・越後四カ国の百姓各100戸とを出羽国に移管する。(前半、和銅5年10と重複)
養老元	717	2	信濃・上野・越前・越後の四カ国の百姓各100戸を出羽柵戸に移管する(霊亀2年9の後半部分と重複)
2	718	5	陸奥国の石城・標葉・行方・宇太・日理、常陸国菊多の六郡を割いて石城国を置き、白河・石背・会津・安積・信夫の五郡を割いて石背国を置く。
3	719	7	東海・東山・北陸三道の民200戸を出羽柵に配す。
4	720	9	陸奥の蝦夷、反乱を起こして按察使上毛野広人を殺す。征夷将軍・鎮狄将軍派遣。
		11	陸奥・石背・石城三国の租庸調を免除。
5	721	4	征夷将軍・鎮狄将軍帰還。
		8	出羽を陸奥按察使に移管する。
6	722	4	征夷軍の将軍以下、有功の蝦夷・訳語人までに勲位を授ける。
		閏4	陸奥按察使管内の百姓の庸調を免除し、かわりに税(更税)を輸させて夷禄に当てることにする。鎮所へ運穀したものには位を授ける。
		8	陸奥鎮所に柵戸1000人を移配する。
7	723	2	陸奥鎮所に私穀を献じた常陸国那賀郡の大領に叙位。
神亀元	724	1	海道の蝦夷反乱を起こし、陸奥大掾の佐伯児屋麻呂を殺す。
		4	征夷持節大将軍任命
		5	鎮狄将軍任命
		11	征夷持節大使・鎮狄将軍ら帰還。
			この年多賀城を建置。
5	728	4	陸奥国に白河軍団を新置し、丹取軍団を玉作軍団と改める。

治公呰麻呂《はりのきみあざまろ》の乱に関する記録のなかに登場するが、それ以前は、「多賀柵」の名前で七三七（天平九）年の陸奥出羽連絡路建設の記事に「玉造等の五柵」とともに記されるのが初見である。これは、多賀柵と玉造等五柵の関係を示唆していると思われるので、少し詳しく述べることにする。

記事の内容は、陸奥国から出羽柵への直路を開くために雄勝村を征討しようとするもので、要約すると次のとおりである。

二月十九日陸奥国に派遣された持節大使藤原麻呂は多賀柵において鎮守将軍大野東人《おおののあずまひと》とよく相談し対策を練った。坂東六国の騎兵総勢千人を召集した。勇敢でたくましい者一九六人を選んで将軍東人に委ね、四五九人を玉造等の五柵に配属し麻呂らは残りの三四五人を率いて多賀柵を守備した。副使坂本宇頭《さかもとのうづ》麻佐《まさ》は玉造柵を守備し、判官大伴美濃麻呂は新田柵を、陸奥国大掾《だいじょう》日下部大麻呂《くさかべのおおまろ》は牡鹿柵を守備し、その他の柵は従来どおり守らせた。二十五日将軍東人が多賀柵を発進し三月一日持節大使の部下である判官紀武良士《きのむらじ》らと騎兵一九六人、鎮兵四九九人、陸奥国の兵五千人、帰順した狄俘《てきふ》二四九人を率いて管内の色麻柵を発し、出羽国大室駅《おおむろのえき》で待機していた出羽国守田辺難波《たなべのなにわ》の軍六四〇人とその日のうちに合流した。賊地を征圧しながら新道を開いていったが、雪が深く雪解けを待って進むことに作戦を変更し、将軍東人は引き返して多賀柵に帰還した。

以上が陸奥・出羽連絡路の開削に関する多賀柵と陸奥北部の五柵について記された内容である。玉造等五柵は玉造柵・新田柵・牡鹿柵・色麻柵および名称不詳の柵と考えられており、「多賀柵」は含まれないとし、この大事業の作戦は、終始多

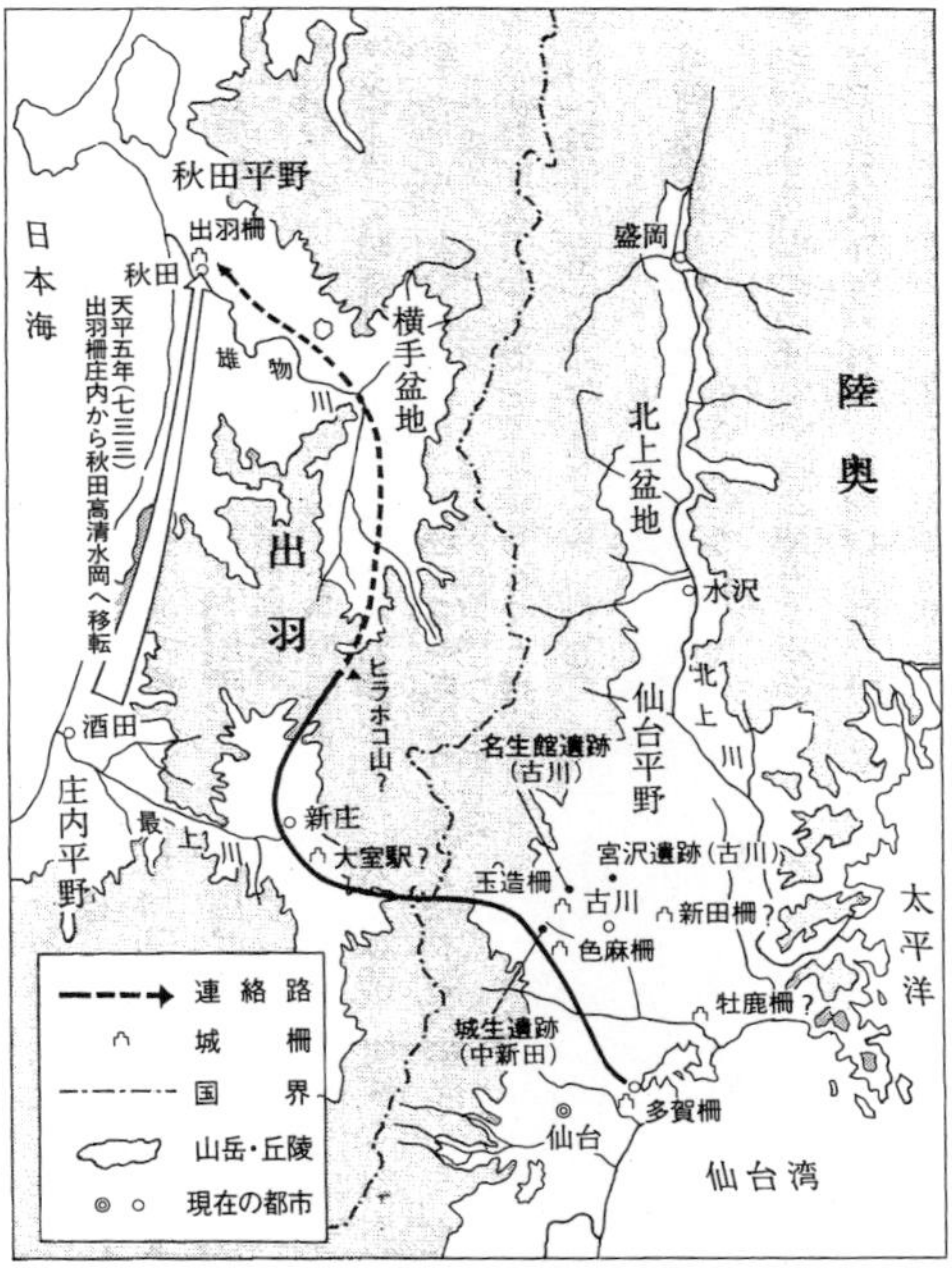

図18　陸奥・出羽連絡路の建設

賀柵が中心となって展開されていることからも「多賀柵」＝「多賀城」が定説となっている。

ここで、唯一多賀城の創建について記録されている多賀城碑をみると、碑面の右上部に「多賀城」の文字がひときわ大きく刻まれている。碑文中央部の「此城神亀元年…（略）…大野朝臣東人之所置也」の碑文に見られるように、「此城」は、もちろん「多賀城」のことを指しており、多賀城は七二四（神亀元）年に大野東人によって設置されたことが明確に記されているのである。さらに、その後段の三行には七六二（天平宝字六）年に藤原恵美朝臣《えみのあそん》朝獦《あさかり》が多賀城を改修したことを記しており、碑文は全体として多賀城の修造に力点が置かれているとされている。したがって、この碑の性格は「多賀城修造記念碑」ひいては「朝獦顕彰碑」と考えられている。

ところで、この碑文の「修造《しゅうぞう》」二文字の義について、再検討された論文が発表された。「多賀城碑に関する２・３の疑問」と題するこの論文は、これまで長い間多賀城跡の発掘調査研究を一筋に取り組んできた桑原滋郎によって発表されたもので、それまで多賀城の変遷の根拠の一つにされてきたことにか

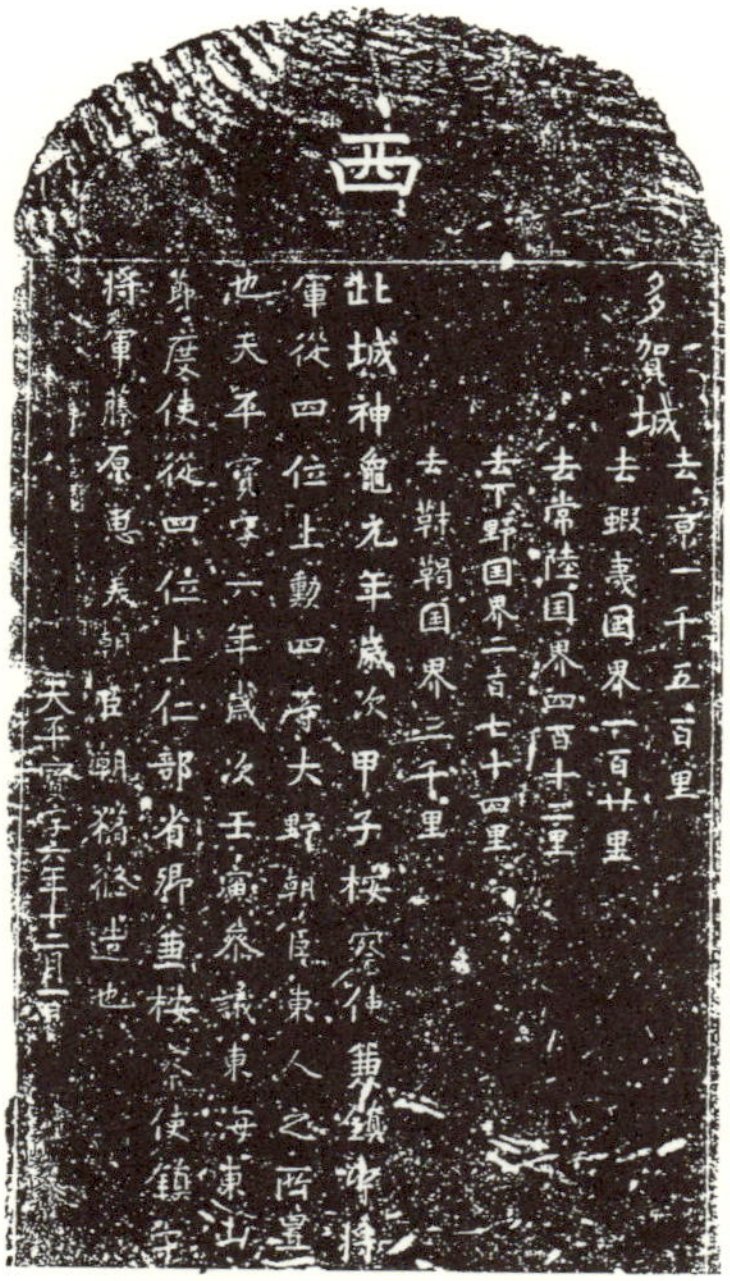

（碑文）

多賀城　去京一千五百里
　　　去蝦夷国界一百廿里
　　　去常陸国界四百十二里
　　　去下野国界二百七十四里
　　　去靺鞨国界三千里

西
此城神亀元年歳次甲子按察使兼鎮守将
軍従四位上勲四等大野朝臣東人之所置
也天平宝字六年歳次壬寅参議東海東山
節度使従四位上仁部省卿兼按察使鎮守
将軍藤原恵美朝臣朝獦修造也
　　天平宝字六年十二月一日

（釈文）

多賀城、京を去ること一千五百里、蝦夷国界《えみしのくにのさかい》を去ること一百二十里、常陸《ひたち》国界を去ること四百十二里、下野《しもつけ》国界を去ること二百七十四里、靺鞨《まつかつ》国界を去ること三千里。此城は神亀《しんき》元年歳《ほし》は甲子《きのえね》に次《やど》る、按察《あぜち》使兼鎮守将軍従四位上勲四等大野朝臣東人《おおのあそんあずまひと》の置く所也。天平宝字《てんぴょうほうじ》六年歳は壬寅《みずのえとら》に次る、東海東山節度使《せつどし》従四位上仁部省《じんぶしょう》卿《きょう》兼按察使鎮守将軍藤原恵美朝臣朝獦《ふじわらのえみのあそんあさかり》修造する也。天平宝字六年十二月一日。

図19　多賀城碑（拓本）

かわるため、きわめて重大な内容を含んでいると思われる。筆者は、この「修造」は、「朝獦がこの碑を建立した」とする碑文の解釈に関心をもった。碑文の後段の文章をよく見ると、二つの文からなっていることがわかる。前半は、「此城」から「之所置也」までで（文①とよぶ）、後半は「天平宝字六年」から最後の「修造也」までである（文②とよぶ）。文①と②は明らかに構成が異なっており、文①の主語である「此城」は、述語である「之所置也」で完結している文章ととらえられる。文②は、文頭に主語がなく文末の述語である「修造也」に対する説明書きのような性格の文章であるとみられる。したがって、「此城」＝「多賀城」は、文①のみに当てはまるものであるといえる。一〇行目の「藤原恵美朝臣朝獦修造也」と一一行目「天平宝字六年十二月一日」については、朝獦がこの碑を「修造」した、いわゆる設置（建立）したのであり、この碑を建立した日が天平宝字六年十二月一日である。とすると、「此城」は当初から「多賀城」とよばれていたと解せないであろうか。

4　城柵の設置

古代日本の西と東の辺境地域には、「城」や「柵」が置かれ、古代国家としての両極の支配強化と地域拡大を意図とした辺境政策を展開してきた。したがって、城柵は、七世紀中葉～九世紀前半までの期間に設置されており、数の面からは東の陸奥・出羽が圧倒的に多い。史料にみられる城柵施設名称には、「城」「柵」の他に「塞」などもみられるが、これらの用語は、施設の性格や、構造のちがいを反映しているともとらえられる。「柵」は「竹木を結びたてたる垣、しがらみ、とりで」。「城」は「みやこ（都邑）、くに（国土）。防禦の為に築きたるとりで」。「塞」は「ふさぐ、国境に設けて敵を防ぐとりで」の意とされており、「とりで」の共通性をみる。「柵」と「城」はともに「キ」と訓まれるが、本来「柵」は施設の外囲いの施設そのものを表しており、「城」は施設全体を示すとともに堅固な区画施設をもつものに使われたと解せることから、異なる性格をもっていると考えた。したがって、「多賀柵」と「多賀城」は、別の施設であり、多賀城碑に記されているように、此城（多賀城）は、七二四（神亀元）年に創建された城柵であり、七三七（天平九）年初見の多賀柵は、陸奥国北辺の玉造等五柵とともに存在した城柵であると思われる。

表2　城柵一覧表

城柵名	設置（初見）時期	
渟足柵	大化 3	647年
磐舟柵	〃 4	648年
都岐沙羅柵	斉明 4	658年（初見）
出羽柵	和銅 2	709年（初見）
多賀城	神亀元	724年
多賀柵	天平 9	737年（初見）
玉造柵	〃	737年（初見）
新田柵	〃	737年（初見）
牡鹿柵	〃	737年（初見）
色麻柵	〃	737年（初見）
桃生城	天平宝字 3	759年
雄勝城	〃	759年
秋田城（阿支太城）	〃 4	760年（初見）
伊治城	神護景雲元	767年
覚鱉城	宝亀11	780年（計画）
由理柵	〃	780年（初見）
大室塞	〃	780年（初見）
玉造塞	延暦 8	789年（初見）
胆沢城	〃 21	802年
志波城	〃 22	803年
中山柵	〃 23	804年（初見）
徳丹城	弘仁 5	814年（初見）

ここで、七世紀中葉~九世紀前半にかけて設置された東北の城柵についてみると、表2のとおりである。城柵として初めて設置された渟足柵《ぬたりのさく》は、新潟市内の信濃川河口付近、磐舟柵《いわふねのさく》は新潟県村上市岩船に築造されたと考えられているが、両柵ともに遺跡の所在地は不明である。都岐沙羅柵《つきさらのさく》や出羽柵についても、現段階まで遺跡は明らかになっていない。したがって、八世紀前半代で遺跡が明確にされているのは、多賀城だけである。七三七（天平九）年初見の五柵については、玉造柵は大崎市名生館官衙遺跡、新田柵は大崎市（旧田尻町大嶺八幡《おおみねはちまん》遺跡）新田柵跡推定地、牡鹿柵は東松島市（旧矢本《やもと》町）赤井遺跡、色麻柵は加美《かみ》町《まち》城生《じょうう》遺跡にそれぞれ比定されるが、決定までに至っていない遺跡もある。

八世紀後半代の城柵遺跡についてみると、七五九（天平宝字三）年に藤原朝獦によって建設された桃生《ものう》城と雄勝《おかち》城、七六〇（天平宝字四）年に「阿支太城《あきたじょう》」の名前で登場する秋田城、七六七（神護景雲元）年に築かれた伊治《これはり》城、七八〇（宝亀十一）年に造営計画された覚鱉《かくべつ》城など、律令政府の手によって設置された施設名称には「城」が付けられている。この施設名称は、坂上田村麻呂によって平定された胆沢・志波地域に

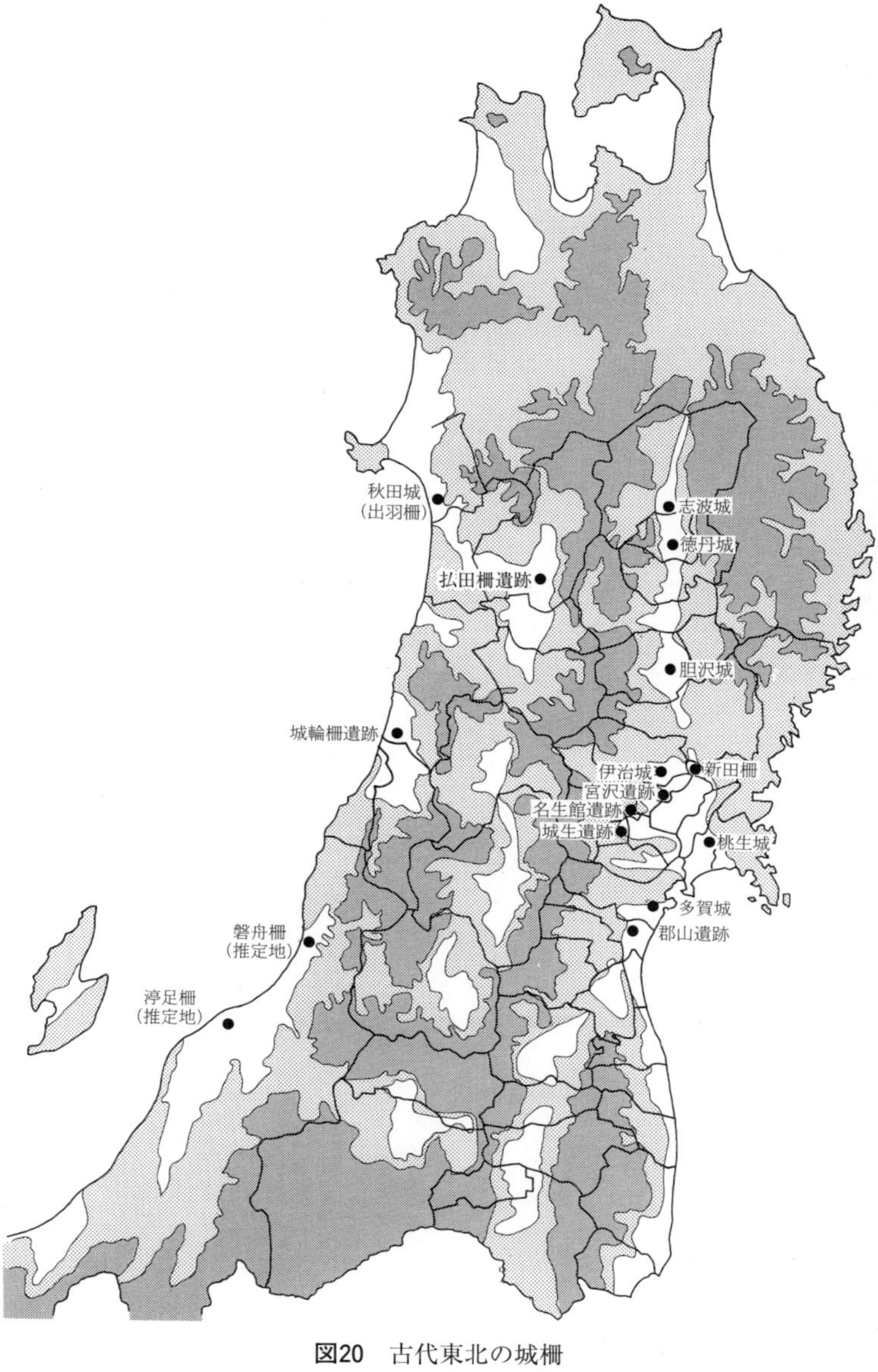
秋田城
(出羽柵)
志波城
徳丹城
払田柵遺跡
胆沢城
城輪柵遺跡
伊治城
新田柵
宮沢遺跡
名生館遺跡
城生遺跡
桃生城
多賀城
郡山遺跡
磐舟柵
(推定地)
渟足柵
(推定地)

図20　古代東北の城柵

造営された「胆沢城《いさわじょう》」、「志波城《しわじょう》」さらには「徳丹城《とくたんじょう》」にも受け継がれている。しかし、この時期においても「由理柵《ゆりのさく》」や「中山柵《なかやまのさく》」のように「柵」の名称をもつ施設や「大室塞《おおむろのさい》」や「玉造塞《たまつくりのさい》」などのように新たに「塞」の名称も見えるが、これらはおそらく「城」とは性格が異なる施設であったものと思われる。

律令政府による辺境政策は、八世紀の前半代に多賀城を設置し、陸奥国北辺の黒川以北十郡の地域を安定させるために坂東諸国からの移民政策に連動して柵戸を受け入れるため、玉造等五柵をおいて支配強化を図ったのである。その結果、それまで培われてきた蝦夷社会は急激に変質し、変化することになったのである。この時期の辺境政策を推し進めるための中枢機関としてその役割を果たしたのが「多賀城」であった。したがって、多賀城は、他の「柵」施設とは異なる、特別な存在であった。

この多賀城を中核とする律令政府の蝦夷支配は、懐柔政策が中心であったため、しばらくは平穏な状況であった。

しかし、八世紀後半代になって藤原仲麻呂が政権を握ると、その父の絶大な力を背景にして陸奥守、按察使《あぜち》、鎮守将軍を兼任した朝獦は、陸奥側に桃生城、出羽側に雄勝城を造営し、さらに多賀城と秋田城の大規模な改修に着手する。このような新たな律令政府の積極的な政策は、蝦夷側の不安を煽る結果となり、ついに七七四（宝亀五）年の海道の蝦夷による桃生城襲撃事件や、七八〇（宝亀十一）年の伊治公呰麻呂《これはりのきみあざまろ》の乱によって多賀城が炎上するという最悪の事態を生みだしたのである。そして政府は律令制支配の拡充と定着を進めるために、要地に城柵の施設を造営して度重なる蝦夷征討政策を展開したのである。

Ⅳ 多賀城跡の発掘調査成果

多賀城は、奈良時代前半の七二四（神亀元）年に創建されたことが「多賀城碑」に記されている。これ以外に多賀城の創建年代について記録されているものはなく、『続日本紀』などの古代史料にもまったく見ることはできない。したがって、多賀城碑の碑文が多賀城の創建を記した唯一の史料である。

しかし、この碑は、碑文の内容に対する疑問に端を発し、長いこと偽作の汚名を着せられ、歴史史料として扱われてこなかった。しかし、一八九二（明治二十五）年に本格的な偽作説が出されてからおよそ一世紀が経過した一九九八（平成十）年、多賀城碑は国の重要文化財に指定され、晴れて真碑として評価されたのである。その最大の功績は、多賀城跡の発掘調査であるといっても決して過言ではない。碑文に記された七二四（神亀元）年の創建年代と七六二（天平宝字六）年の大規模改修の年代が、考古学的調査成果と符合することからだけでもその信憑性は疑いのないものであろう。そして、この発掘調査成果がきっかけとなって多賀城碑の見直しが行われ、様々な角度から偽作説を再検討した結果、多賀城碑を真作とする見解が出された。したがって、多賀城跡の発掘調査において全体の時期変遷を設定する上で、多賀城碑は重要な史料となるものである。

1　政庁跡の発掘調査

政庁跡の発掘調査は、一九六三（昭和三十八）年に始まった。この時期の調査は、東北大学文学部の伊東信雄教授を委員長とする多賀城跡発掘調査委員会によって行われたもので、第一次調査（一九六三年）では、南北中軸線上で正殿、後殿、中門（後の南門）を発掘調査することを主な目的とし、さらに政庁地区東半部の建物を把握するため中軸線の東側四三メートル《メートル》の位置に長さ一〇〇メートル《メートル》のトレンチを設定した。第二次調査（一九六四年）は、西半部を対象として行い、第三次調査（一九六五年）は、南西部と南門前方地区、後殿地区とその北方地区を対象に行われている。

これらの調査によって正殿跡、石敷広場跡、南門跡と西翼廊《よくろう》跡、東門跡、西門跡、東第一殿跡、西第一殿跡、西第二殿跡、後殿跡のほか石組溝や築地跡等の遺構が発見された。正殿跡は、従来露出していた一〇個の礎石のほかに、新たに礎石五個と根石《ねいし》八カ所が発見され、凝灰岩切石積基壇の上に桁行七間（二二・八メートル《メートル》）梁行四間（一二メートル《メートル》）の瓦葺きの堂々たる建物で、これを中心として南北中軸線上、あるいはその東西対称に建物が配されていた。さらに、従来「砦」としての性格をよく表すものとしてとらえられていた内城の土塁は、奈良の都の宮殿や古代寺院の周囲をめぐる築地であることが明らかになった。この三年間の政庁跡の発掘調査の結果は、図23の復元図に表されている。今から見ると誤っているところもあるが、その成果によって一九六六（昭和四十一）年

同成社の考古学書

102-0072 東京都千代田区飯田橋４－４－８　東京中央ビル
Tel 03-3239-1467　Fax 03-3239-1466　振替 00140-0-20618
E-mail:douseisha@nifty.com
http://homepage3.nifty.com/douseisha/

◎ここには最新のもののみ掲載しております（価格の下に記した数字は発行年月を示します）。さらに詳しくお知りになりたい方は、図書目録をご請求下さい。無料にてお送りいたします。

ご注文のてびき

▶最寄りの書店にご注文いただければ送料は不要です。
▶小社へ直接ご注文下さる場合は、代金引き替えの着払いでお願いいたします。その場合はお買い上げの合計金額に応じて下記の荷造送料をご負担いただきます。

お買い上げ金額（本体価格）	10,000円未満	380円
	10,000円以上	無 料

▶お買い求めの図書に、万一落丁・乱丁のある場合はただちにお取り替えいたします。
▶価格は変更することがあります。表示価格は税込です。

08.4

縄文時代の考古学⑤ **なりわい** ―食料生産の技術―
小杉康・谷口康浩・西田泰民・水ノ江和同・矢野健一編
B5判・二七四頁・五二五〇円 (07・11)

狩猟・漁撈・植物食など、人類が全世界に広がるきっかけとなった「食糧生産」を主題として、多角的に考察。人類を人類たらしめたこの新しい手段の獲得・拡散の根本要因を徹底的に追究する。

市民の考古学③ **ホモ・サピエンスの誕生**
河合信和著
四六判・二一〇頁・一九九五円 (07・11)

ホモ・サピエンスのアフリカ単一起源説を中心に、人類発生の故地やネアンデルタールの実態など最近の調査で明らかになってきた人類像をわかりやすく紹介する。

縄紋時代の社会考古学
安斎正人・高橋龍三郎編
A5判・二五八頁・四六二〇円 (07・12)

集落構成や環状列石の変遷、森林資源利用、さらにはヒスイ、タカラガイといった遺物の流通に関する研究をとりあげながら、縄文時代の社会構造を考え、その変容や文化変化のありようを探る。

ゼミナール旧石器考古学
佐藤宏之編
B5判・二三四頁・三九九〇円 (07・12)

世界における最新の研究方法に連動した旧石器の研究成果も視野に入れつつ、これからの研究に不可欠な資源構造、社会生態学、年代論などをふまえ、基礎的な理論を学ぶためのテキストブック。

尾羽廃寺跡の研究
大川敬夫著
A5判・三〇四頁・八四〇〇円 (08・1)

東海の古代寺院・尾羽廃寺跡の調査に携わってきた著者が、伽藍の検証や出土瓦とその瓦窯跡等を詳細に分析、廃寺をめぐる古代史像を追究。各地の古代寺院データも豊富に収録した渾身の論考。

市民の考古学④ **考古学でつづる日本史**
藤本強著
四六判・一九二頁・一八九〇円 (08・1)

発掘調査で得られた考古資料を時系列に分析するとともにその本質を探ることで、旧石器時代から江戸時代までの日本列島史を考古学的に構築。平易な語り口をもって列島文化の本質を解説する。

縄文時代の考古学②歴史のものさし―縄文時代研究の編年体系―

小杉康・谷口康浩・西田泰民・水ノ江和同・矢野健一編

B5判・二八二頁・六三〇〇円（08・2）

縄文土器の編年基礎理論、概念の再構築を試み、現在の研究水準を示す事例研究・地域研究や型式学的方法の紹介とともに実態に即した方法論を提示し、また最新の年代測定についても紹介する。

王権と武器と信仰

菅谷文則編

B5判・一一二〇頁・二五二〇〇円（08・3）

王権・武器・信仰という古代王権解明に必須のテーマにかかわるさまざまな事象を網羅。一〇〇人を超える執筆者が参集し、研究の現状を総括しつつ多様な論を展開、日本古代史解明に挑む大著。

ものが語る歴史⑮古代馬具からみた韓半島と日本

張允禎著

A5判・二二四頁・三九九〇円（08・4）

古代韓半島と日本の馬具技術や特徴を詳細に分析。馬具技術の伝播や製作集団の動向を総合的に検討することにより両地域間交流の様相と社会変容、地域間格差やその特徴などにも言及。

ものが語る歴史⑯壺屋焼が語る琉球外史

小田静夫著

A5判・二五八頁・四七二五円（08・4）

沖縄を発し、東京や八丈島、遠くは南の島々でも発見される壺屋焼の足跡からその歴史をたどり、壺屋焼きが運んだ泡盛や知られざる沖縄の漁業・農業移民がたどった壮大な軌跡を探る。

縄文時代の考古学⑩人と社会―人骨情報と社会組織―

小杉康・谷口康浩・西田泰民・水ノ江和同・矢野健一編

B5判・二三四頁・五二五〇円（08・4）

個体の情報、縄文人の起源から生活の復元まで、情報の宝庫と言われる縄文人骨。その研究から浮かび上がる人骨と、人間集団や階層などといった社会構造との関わりを幅広く紹介する。

出羽の古代土器

利部修著

A5判・三二二頁・八四〇〇円（08・4）

在地性の強い土師器と律令体制の枠内で発展した須恵器の分析を通して出羽の古代土器の性格を見つめ、古代東北史の特性を論ずる上で必須の資料を抽出した、著者渾身の力作。

郵便はがき

料金受取人払郵便

麹町支店承認

9146

差出有効期限
平成22年９月
５日まで

102-8790

10

東京都千代田区飯田橋4-4-8
東京中央ビル406

株式会社 同成社

読者カード係 行

ご購読ありがとうございます。このハガキをお送りくださった方には今後小社の出版案内を差し上げます。また、出版案内の送付を希望されない場合は右記□欄にチェックを入れてご返送ください。 □

お名前《ふりがな》　　歳　　男・女

〒　　TEL

ご住所

ご職業

お読みになっている新聞・雑誌名

〔新聞名〕　　〔雑誌名〕

お買上げ書店名

〔市町村〕　　〔書店名〕

愛読者カード

買上の
イトル

書の出版を何でお知りになりましたか？

イ．書店で　　ロ．新聞・雑誌の広告で（誌名　　）
ハ．人に勧められて　　ニ．書評・紹介記事をみて（誌名　　）
ホ．その他（　　）

の本についてのご感想・ご意見をお書き下さい。

注文書

年　月　日

書　名	税込価格	冊　数

お支払いは代金引き替えの着払いでお願いいたします。また、注文書籍の合計金額（税込価格）が10,000円未満のときは荷造送料として380円をご負担いただき、10,000円を越える場合は無料です。

図21　発掘調査時の政庁正殿跡

四月に特別史跡に昇格し、それにともなって史跡公園としての環境整備が行われることになったのである。

第四次調査は、多賀城町が組織した特別史跡多賀城跡附寺跡環境整備委員会によって、一九六八（昭和四十三）年に実施された。この調査の目的は、西第二殿に対称する建物跡の確認と、併せて建物の規模等の問題点を解決することにあった。さらに、南門の東翼廊と築地の状況についても調査が行われている。

これまでの四次にわたる政庁跡の発掘調査によって、「内城」とよばれてきた東西約一〇〇《メートル》、南北約一二〇《メートル》の区域は、その中心となる基壇上にたつ礎石建物の正殿を中心とする整然とした建物配置をもち、平城宮などの宮城の儀式の場に当たる朝堂院式の「政庁」であること、この区域をめぐる土手状の高まりは「土塁」ではなく、宮城

図22　発掘調査時の正殿前面石敷き

や国府にみられる「築地」であることが判明し、しかも、建物や築地は同じ場所で何度か建て替えられていることなども明らかにされたのである。

このような伊東信雄教授を団長とする調査委員会による調査成果を受け継いで、本格的な調査は宮城県の多賀城跡調査研究所が行うことになっ

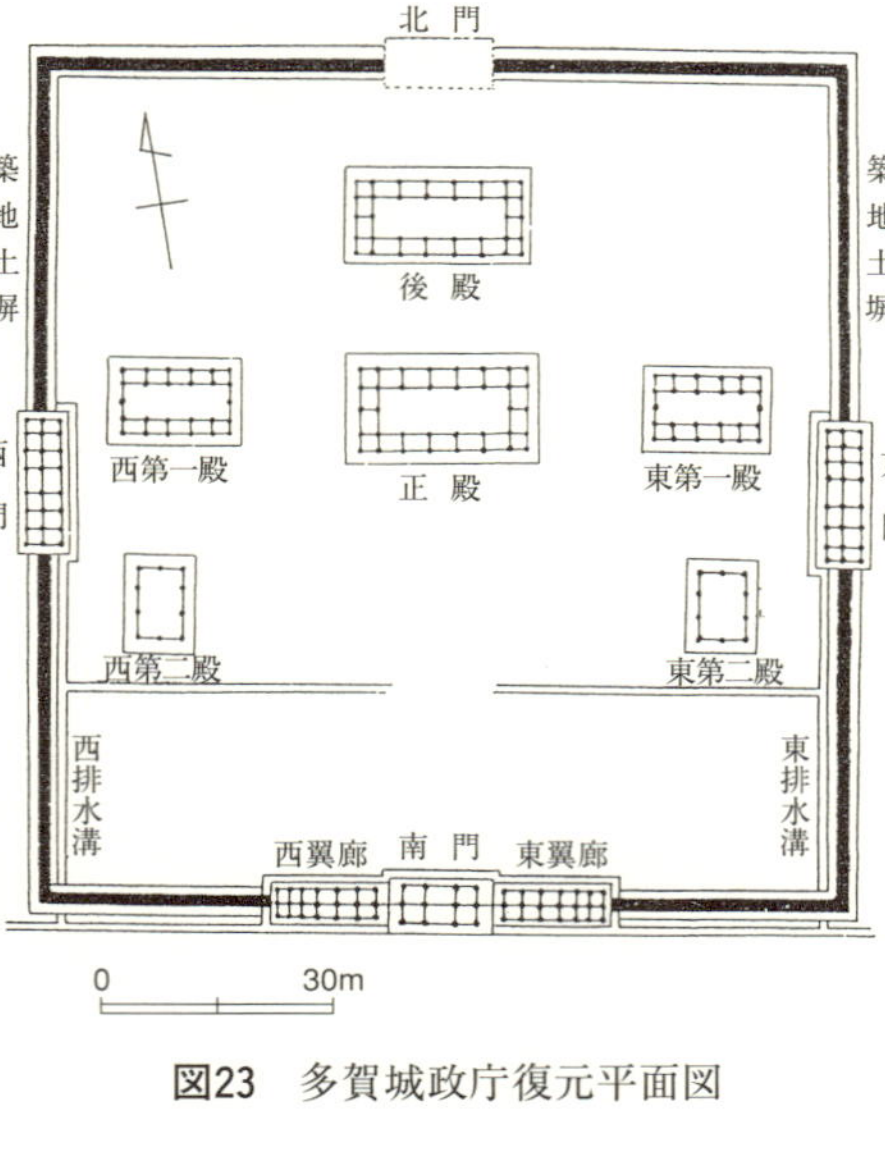

図23　多賀城政庁復元平面図

図24　政庁南門跡（発掘時、西より）

図25　政庁西辺築地南半部（発掘時）

図26　政庁Ⅲ期東脇殿跡（発掘時）

た。一九六九（昭和四十四）年の第五次調査が研究所による最初の調査である。これ以降政庁跡の調査は、十数次に及んでおり、政庁の建物配置などの変遷や整地層、出土遺物などの検討から、政庁はⅠ期からⅣ期まで大きく四時期の変遷があることが明らかになっている。次に、政庁各期の様相について概要を記すことにしたい。

Ⅰ期　七二四（神亀元）年～八世紀中頃。政庁の創建期で、この期に造営された建物は、正殿、東西両脇殿、南門、東西両南門前殿および築地等で、建物はいずれも掘立式である。

政庁の造営にあたり、大規模に造成されていることが地形図から読み取ることができる。政庁が立地するのは、もともと北西から南東に延びる尾根から南西に張り出した緩斜面で、そこに敷地を確保するため、地形的に低い南西部に盛土造成することによって南北一五〇メートル、東西一四〇メートルの範囲に平坦な面を造り出している。この創建の造成時に正殿の基壇も同時に削り出されている。

正殿は桁行五間、梁行三間の南庇付建物である。東西両脇殿は桁行七間、梁行二間の床張りの建物で、北二間目に間仕切りのある二室構造となっている。南門は東西三間、南北二間の八脚門で、扉が付く中央間が一四尺、両脇間が九尺、梁間が一〇尺等間である。また、門の東と西六メートルの

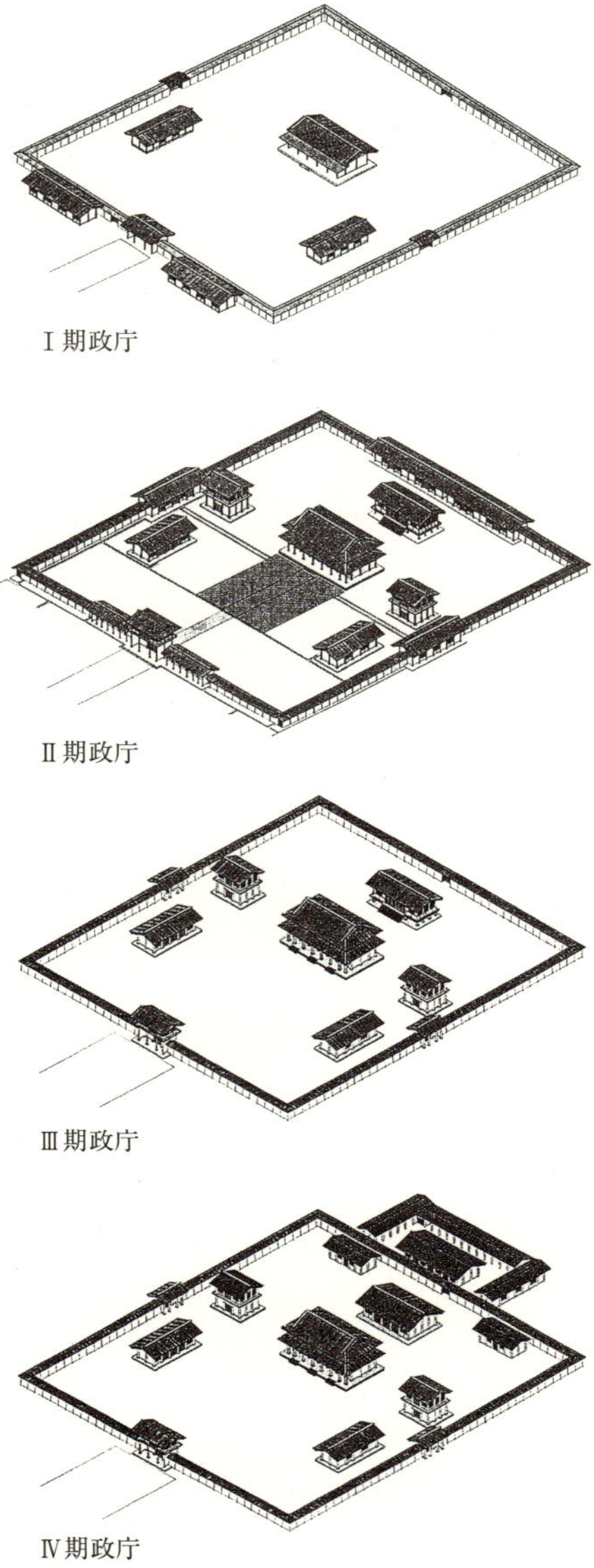

図27　政庁の変遷図（第Ⅰ～Ⅳ期）

ところに間口九尺の通用門がある。南門の前方両側には東西棟の前殿があり、桁行七間、梁行二間のほぼ同規模の建物である。政庁全体を基底幅約二・一《メートル》、桁行柱間寸法が三・〇《メートル》の築地で区画している。築地で区画された政庁の範囲は、心々距離で南北一一六・四《メートル》、東西一〇三・一《メートル》である。創建の政庁の建物や築地はすべて掘立式で、建物は瓦葺きであるが、築地には瓦が葺かれなかったようである。Ⅰ期の各建物は、正殿中軸線および南入側柱筋を基準とする約一八《メートル》（六〇尺）の方眼により計画的に配置されている。

Ⅱ期

八世紀中頃〜七八〇（宝亀十一）年。

Ⅰ期の掘立柱建物から全面的に礎石建物に造り替えられている。この期に属する主要な建物としては正殿、東西両脇殿、南門、築地に加えⅠ期にはなかった後殿、東翼廊、西翼廊、北辺築地に北殿が新設され、さらに石敷広場と石組排水溝が新たに設けられていることが知られていた。しかし、二〇〇四・〇五年の再調査でⅡ期の脇殿と楼について新たな知見が加わり、これまで東西両築地に取り付く桁行七間、梁行二間の礎石建物を脇殿ととらえていたが、Ⅰ期東脇殿とほぼ同位置にⅡ期脇殿が存在し、七八〇年の火災に遭った可能性が高くなった。このことから、後に述べるようにⅢ期第2小期の礎石建物はⅡ期までさかのぼると考えられている。

正殿は桁行七間、梁行四間の四面庇付建物に規模を拡大して建て替えられている。さらに、基壇も同様に東西二六・四《メートル》、南北一五・六《メートル》、高さ〇・八五《メートル》の玉石積基壇に造り替えられている。基壇の南縁には中央間に合わせて幅五・四《メートル》の階段が付設する。正殿の南正面には基壇幅に合わせて東西二六・四《メートル》、南北三二・五《メートル》の石敷広場が設けられている。また、東殿と西殿から南に延び

図28　政庁西脇殿（発掘時）

る東辺・西辺築地の内側には石組溝が設置され、石敷広場の南を画する石組溝と接続している。正殿の東にある東楼《ろう》は桁行三間、梁行三間の総柱建物で、西楼とともに新たに建設されたものである。後殿は、二カ所の根石の位置からⅢ期後殿と同様に東西四間、南北四間の総柱建物とみられる。その北には築地北辺上に北殿が置かれる。桁行五四メートルと長大な建物である。北殿の東端から四六メートル程の範囲に焼け面が認められ、直径二〇センチ程の炭化した柱材や小杭列が確認されている。南門は、平面形はⅠ期のものと変わらないが、東西両側に複廊《ふくろう》形式の翼廊《よくろう》が付けられる。この翼廊は桁行六間、梁行二間で、東西に地形が傾斜しているため南門両妻から離れる程に柱間の寸法を減らしていくなどの意匠上の特徴がうかがえる。この期の南門の構造は、楼門《ろうもん》と考えられている。

Ⅲ　期　七八〇（宝亀十一）年～八六九（貞観十一）年。呰麻呂の乱による火災で焼失したⅡ期の建物を復興した政庁で、第1小期と第2小期に分かれる。第1小期はすべてが比較的小規模な掘立柱建物で、築地の造営をともなわないものであり、第2小期はいずれも礎石建物で同時に築地の全面的な造り替えがなされている。このことから、第1小期は火災後の暫定的な復興であり、第2小期は政庁の本格的な復興ととらえられる。

第1小期に造営された建物は東西両脇殿、後殿、西楼、西南門前殿と北門で、いずれも掘立柱建物である。東西両脇殿は桁行五間、梁行二間の南北棟で、築地の南東隅部と南西隅部の対称となる位置に造られている。後殿は桁行三間、梁行二間の東西棟でⅡ期後殿の北側に建てられ、西楼は桁行三間、梁行二間の南北棟で西辺築地寄りに建てられている。なお、東楼については未検出ではあるが、おそらく西楼と対称位置に存在していたものと思われる。西南門前殿は桁行五間、梁行三間の東西棟で北と東に庇が付く建物である。これら第1小期の建物は、第2小期の建物位置を外して建てられており、第2小期の建物造営計画を前提とした、本格的造営までの火災直後の緊急的な暫定措置として造営されたものであろう。

第2小期は、本格的復興期であり、すべて礎石建物である。この期に造営された建物は正殿、後殿、東西両脇殿、東西楼、南門および築地である。正殿は、Ⅱ期の礎石が据え替えられていないことから、規模や構造もⅡ期正殿と同様のものと思われる。しかし基壇化粧が全面的に玉石積から凝灰岩切石積に替えられており、階段も南側が中央間と身舎《しんしゃ》両端柱間に合わせて三カ所に、北側が中央間の両脇の柱間に合わせて二カ所に付け替えられている。東西両脇殿は、中央三間に掘立柱の縁側が取り付く桁行五間、梁行二間の建物に造り替えられ、東西楼は桁行三間、梁行三間の総柱建物に、後殿は桁行四間、梁行四間の建物に、それぞれⅡ期と同じ位置で建て替えられている。南門は南辺築地中央に八脚門として再建されている。築地は南辺と北辺は新たに造り替えており、東辺と西辺ではⅡ期の築地を利用して寄柱礎石を据え替えている。

Ⅳ期　八六九（貞観十一）年～十世紀中頃。陸奥国大地震による復興の時期から国府の機能が停止するまでの期間である。この期の遺構は三小期に区分され、さらに第3小期はa～e小小期に細分されている。

第1小期は、地震直後、暫定的に復興を行ったもので、東西五間、南北二間の掘立柱建物の後殿が建てられる。

第2小期は本格的な造営で、後殿は東西五間、南北四間に南北両庇の付いた礎石建物として再建されている。正殿では北側の東階段が補修されており、南辺築地でも補修が行われているが、建物の配置はⅢ期第2小期と変わらない。しかし、Ⅳ期の瓦が多量に出土することから屋根の葺き替えなどの修理は行われたものと思われる。また、後殿の後方には東西対称に桁行五間、梁行二間の掘立柱建物が新設され、さらに、北辺築地の外側には桁行七間、梁行三間の大規模な東西棟掘立柱建物を主屋として、梁行一間の単廊風の細長い建物で囲った郭が造られている。この郭の建物は一度建て替えられている。

第3小期の建物配置は第2小期と変わらないが、東西両脇殿では桁行五間、梁行二間の礎石建物の東西に掘立柱の庇が取り付くことが明らかとなった。

また、第3小期のa～e小小期には、政庁北西部に小規模な建物群が相次いで建てられ、この頃から、正殿後方域での建物に対称性が失われてくる。e小小期には桁行六間、梁行四間の南北二面庇付の掘立柱建物が南門西前殿として、南門の東にも桁行二間、梁行二間の小規模な掘立柱建物が新設される。

以上、政庁各期の変遷について述べたが、政庁跡の発掘調査は、昭和四十年代を中心に初期の頃に行われ、その成果はすでに『多賀城跡　政庁跡本文編』として刊行されている。近年、政庁域の本格整備のための遺構データの補強を目的とした補足調査によって、新たな所見も明らかにされており、本稿ではそれも加えて記述している。

政庁は、規模や全体の形が各時期を通してほぼ共通しており、正殿・脇殿・門などの主要な建物配置は大宰府や国府の政庁と共通する。多賀城政庁の建物配置は、東北に設置された古代城柵の政庁配置の規範となったものと思われる。

2　外郭施設と門

多賀城跡の外郭施設の調査は、南辺築地と南門跡の調査を皮切りに四辺の区画施設の実体と門の所在を中心に進められてきた。その結果、外郭施設の構造は丘陵部では築地であり、沖積地では築地と材木塀が採用されていることがわかっている。この外郭施設で囲周される各辺の長さは、東辺が一〇五〇メートル《メートル》と最も長く、西辺は六六〇メートル《メートル》、南辺は八七〇メートル《メートル》、北辺は七八〇メートル《メートル》を計り、全体の形はいびつな方形を呈している。

築地と材木塀

多賀城の外郭施設は、築地を基本としている。それは、南辺の地形が丘陵部から沖積地にわたっており、低湿地の軟弱地盤であるにもかかわらず、特別な工法で築地を築いているからである。

築地は地山の土に、ニガリを混ぜた土を高く積み上げて造る土塀で、崩れないように堅く叩き締める版築《はんちく》技法で造られている。多賀城の外郭築地は、基底幅が場所によって様々であるが、南辺築地を例にすると、地盤の安定した丘陵部では基壇状に地山を削りだしてその上に直接版築による築地を積み上げている。基底幅は二・七メートル《メートル》であり、高さは五・四メートル《メートル》程になると思われる。寄柱《よせばしら》は創建時は掘立柱であるが、その後は礎石立に造り替

図29　南辺築地　南門地区の丘陵上につくられた築地（左側）と低湿地につくられた築地（右側）

えられている。塀の上には屋根が架けられ、瓦が葺かれていた。

一方、低湿地部分においては、次のような特殊な工法により築地を築いている。地盤が軟弱であるため、まず築地を造る場所にしがらみで土留めを組み、幅一五メートル、高さ一・五メートルに土盛りをして基礎地盤を造成し、その上に築地を築いている。このような基礎地業が行われたところは、政庁が所在する丘陵を挟む東西の谷の延長部分に当たり、南辺築地で谷の沢水を堰き止めることになる。この水を城外に排水する施設が南辺東半部で発見されている。それは木樋《もくひ》といわれるもので、直径約一メートル程の欅《けやき》の大木を半分に割って「U」字形に刳り貫いたものである。基礎盛土の部分は分厚い欅の一枚板で蓋をして暗渠《あんきょ》にしており、城内の部分は開渠として水の流入を助けている。

北辺の築地は、北に位置する加瀬沼に向かって

図30　木製の樋　南辺築地の暗渠排水施設

図31　築地基部の石積み　北辺の丘陵急斜面に積まれている

急傾斜する丘陵斜面に造られている。地形は、北側から入り込む深い沢によって開析され、六つの舌状台地に分断されている。現状は、広葉樹の自然林や植林された杉林によって豊富な緑地環境地域となっており、このような山林地帯の急峻な丘陵斜面を這うように高さ一メートル程の築地痕跡を見ることができる。築造当時、高さ四～五メートルの築地塀が地形の起伏に添っておよそ八〇〇メートルにわたって築かれた様相は、圧巻だったことであろう。と同時に築造の技術にも驚かされる。北辺築地の築造方法は、これまでの調査で基壇をもたずに地山上に構築したもの、地山を削りだした幅約四メートルの基壇上に構築したもの、旧表土上に盛土して基壇を造成し、その北側法面に石積みがなされたもの、この三種類が確認されている。石積みは人頭大の自然石をほぼ垂直に三～四段、約一メートルの高さに積み上げており、土留めのために積んだものと考え

図32　東辺（右側）と西辺（左側）の材木塀

られている。このように、地形に応じて基壇の工法が工夫されていることが明らかになった。

外郭施設に石を積み上げて築造した城柵や山城の例としては、東北では払田柵遺跡の外郭南門両側の石塁だけである。払田柵の例は、一辺が一メートルを越える大きな石材を積み上げて構築した区画施設本体であり、北辺築地基壇の土留めを行うための石積みとは性格を異にするものである。また、西日本の古代山城にも石塁や石列が施設されていることが知られている。西日本の山城は、「神籠《こうご》石《いし》」とよばれているものや大宰府の大野城や椽（基肄）城に代表される朝鮮式山城といわれるもので、北九州から瀬戸内海沿岸に設置された国防施設である。この山城では、主に石塁や石垣の他に土塁の基礎として構築されており、加工した石材を積み上げたり並べたりしているようである。

次に材木塀について述べる。材木塀の最も一般的な工法は、幅七〇センチ～一メートル程の深い溝を掘り、丸太材を密接して立並べ、土を埋め戻して固定するものである。丸太材の下に礎板《そばん》を置いて不同沈下しないような対策を講じている。西辺中央部の沖積地では三期にわたる材木塀が確認されており、東辺南端部の低湿地でも四時期の材木塀が発掘されている。東辺南端部は角材の塀であり、二種の工法が認められている。一つは幅一・六メートル、深さ四〇センチの溝を掘りそれに直交して二メートル間隔で径三〇センチ程の丸太材を枕木とし、枕木に直交する長い丸太の長押《なげし》を合欠きにして組み合わせて固定し、角材をその長押間に据える工法である。もう一つは、二メートル間隔で東西方向に丸太材を枕木として並べ、その上に直交する丸太材や角材を何段にも敷き並べて筏地業《いかだちぎょう》を施し、そこに塀材として立てた角材の下部に四角い孔を開けて一・二メートルの腕木を通している。これらの材木塀の年代は、第Ⅲ期以降のものとされている。

　この材木塀に接して土居桁《どいけた》が設置されていた。一辺三・六メートルの正

図33　櫓状建物跡の基礎（土居桁）

図34　南辺築地上の櫓跡

方形で、材木が交叉する部分に柱のホゾ穴が開けられている。この土居桁は櫓跡の施設かと考えられている。これ以外にも、外郭築地上に櫓とみられる掘立柱建物や土壇が造られていることが明らかとなっている。このような外郭築地に取り付く施設は、各辺の隅部（南西部は未確認）、東門の屈曲部、南辺築地上など一〇カ所で確認されている。多賀城跡以外でも、秋田城跡、胆沢城跡、志波城跡、徳丹城跡、城輪柵遺跡など東北の主な城柵官衙遺跡のほとんどに同様な施設が付設されており、八世紀後半以降、九世紀の平安期になって設置されるようである。多賀城では第Ⅲ期になって出現する。

外郭の門

外郭線における門は、これまで南門、東門、西門が確認されているが、北門は未発見である。門の位置についてみると、南門は政庁の中軸線上に造られているが、東門と西門は、丘陵の尾根筋に沿った位置に造られている。つまり、東門は、外郭東辺の北寄りの丘陵最高位にあり、東側の丘陵を下ると塩竈の港へ通じている。また、西門は、西辺南端部に位置し、西側の丘陵を下るとそこには河川があり、七ヶ浜の湊へ流下している。

南門は、政庁正殿からおよそ三八〇メートル南にあり、小高い丘陵上に立地している。Ⅰ期の門は、築地の北側寄柱に柱筋を揃えた一個の方形の柱穴とみられるものだけで、不明である。Ⅱ期には桁行総長九メートルの瓦葺きで礎石の八脚門に建て替えられる。正面三間、側面二間の中央間に扉が取り付くもので、東西の脇間部分に掘込地業を行い、盛土して基壇を造成している。築地も瓦葺きの礎石寄柱に造り替えられている。この門と築地は七八〇（宝亀十一）年の伊治公呰麻呂の乱で焼失している。

図35　南門（上：発掘時、下：復元イラスト）

Ⅲ期は、火災直後の暫定的な整備の1小期と本格的な造営の2小期に分かれる。1小期は、掘立柱の簡易な棟門と塀を建てている。2小期にはⅡ期の門から三尺ほど西に移動して瓦葺きの礎石八脚門が再建されている。西に移動した理由は、政庁から南門に至る道路の幅員が一二《メートル》から二三《メートル》に拡幅されたことによるものと思われる。この付近からⅣ期の瓦が多量に出土していることから、瓦の葺き替えが行われたものと思われる。

東門は、Ⅰ期（A期）には簡易な掘立柱の棟門が建てられ、棟門の北には基底幅八尺以上（後に九尺に拡幅）の築地が接続する。Ⅱ期（B期）には基壇部分を中心に深さ八〇《センチ》〜一《メートル》の大規模な掘込地業を行い、礎石式の八脚門が建設される。規模は中央間が一三尺、両脇間が一一尺、梁行は二間の九尺等間で、基壇西面には石組の雨落側溝の側石が据えられている。雨落溝の底面にはⅡ期の平瓦を組んで敷きつめている。築地は基底幅九尺で東に六《メートル》離れて幅二《メートル》、深さ五〇《センチ》の大溝が築地に並行して掘られている。城内には、素掘側溝の道路が幅員一〇・五《メートル》で造成されている。Ⅱ期の門と築地は伊治公呰麻呂の乱で焼失している。

Ⅲ期（C1〜C3期）は火災後の暫定的な復興（1小期）、本格的な復興（2小期）、平安時代の大規模造営（3小期）へと変遷している。1小期には柱間一間の簡易な棟門が建てられ、それに「コ」の字状に材木塀がともなう。2小期にはⅡ期の八脚門を取り払い、焼土を含む土で版築した築地を造って、門はおそらくその南側に移動して造られたものと思われる。3小期の九世紀初頭頃には、東辺築地が「コ」の字状に屈曲して城内側に四五メートル程入り込み、その最奥部の正面に掘立柱の八脚門が建てられる。規模は、中央間が一三尺、両脇間が九尺で梁行二間も九尺等間である。築地が城内に屈曲する南北隅部には櫓が付設される。門と築地などの施設は、八六九（貞観十一）年の大地震で被害を受けている。Ⅳ期の東門は、震災後の復興から多賀城の終末までとなる。掘立柱の八脚門と同位置に礎石式の八脚門として再建される。

西門は、Ⅰ期から遺構が判明している。Ⅰ期は掘立式の八脚門であり、Ⅱ期には同じ位置に同じ

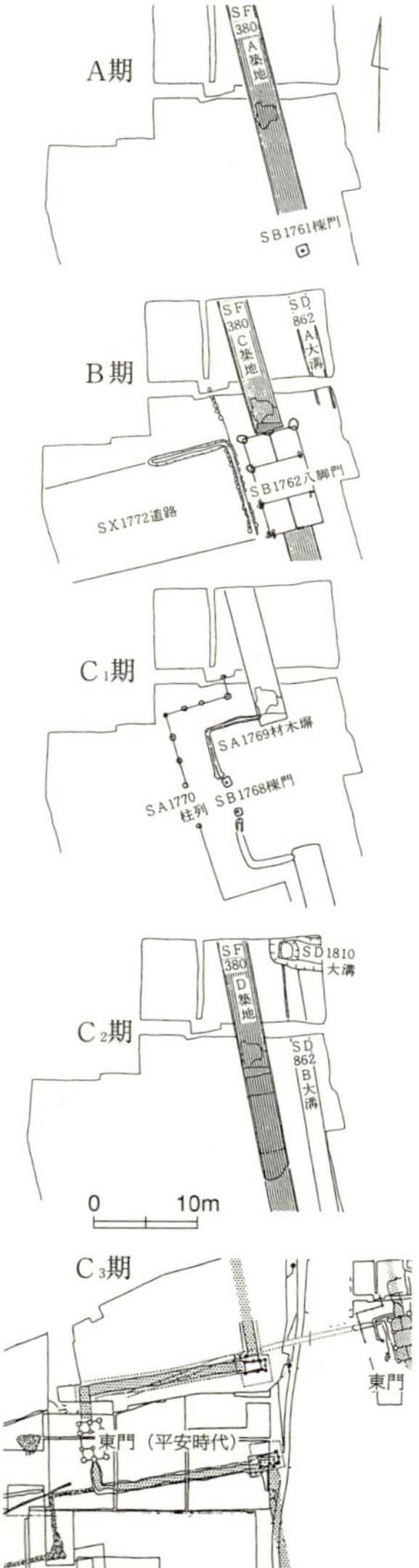

図36　東門変遷図

図37　西門（上：発掘時、下：想像イラスト）

規模で建てられているが、礎石式に変わっている。その規模は中央間が一四尺、両脇間が一一尺等間、梁行が九尺等間である。この門が南門・東門同様呰麻呂の乱の火災を受けている。平安時代になると、東門とまったく同じように築地が内側に屈曲したその奥に八脚門が建造される。Ⅳ期にはふたたび西に移動し、瓦葺きの礎石八脚門が新たに建設される。

3　城内道路跡

門から城内に通じる道路跡が発見されているので、その概要について簡単に述べる。

政庁南門間道路

　南門は、政庁中軸線上に位置する場所に造られており、多賀城の正門としての威容を誇っていたものと思われるが、この多賀城南門から政庁に通じる中軸線上に道路が造成されている。これまで、五次にわたる調査が行われており、二時期の変遷が明らかになっている。

　この道路跡は、大規模な切り盛りで造成されていることが確認されている。政庁第Ⅰ・Ⅱ期の道路は、路幅が一三《メートル》程で、第Ⅲ期には二三《メートル》に拡

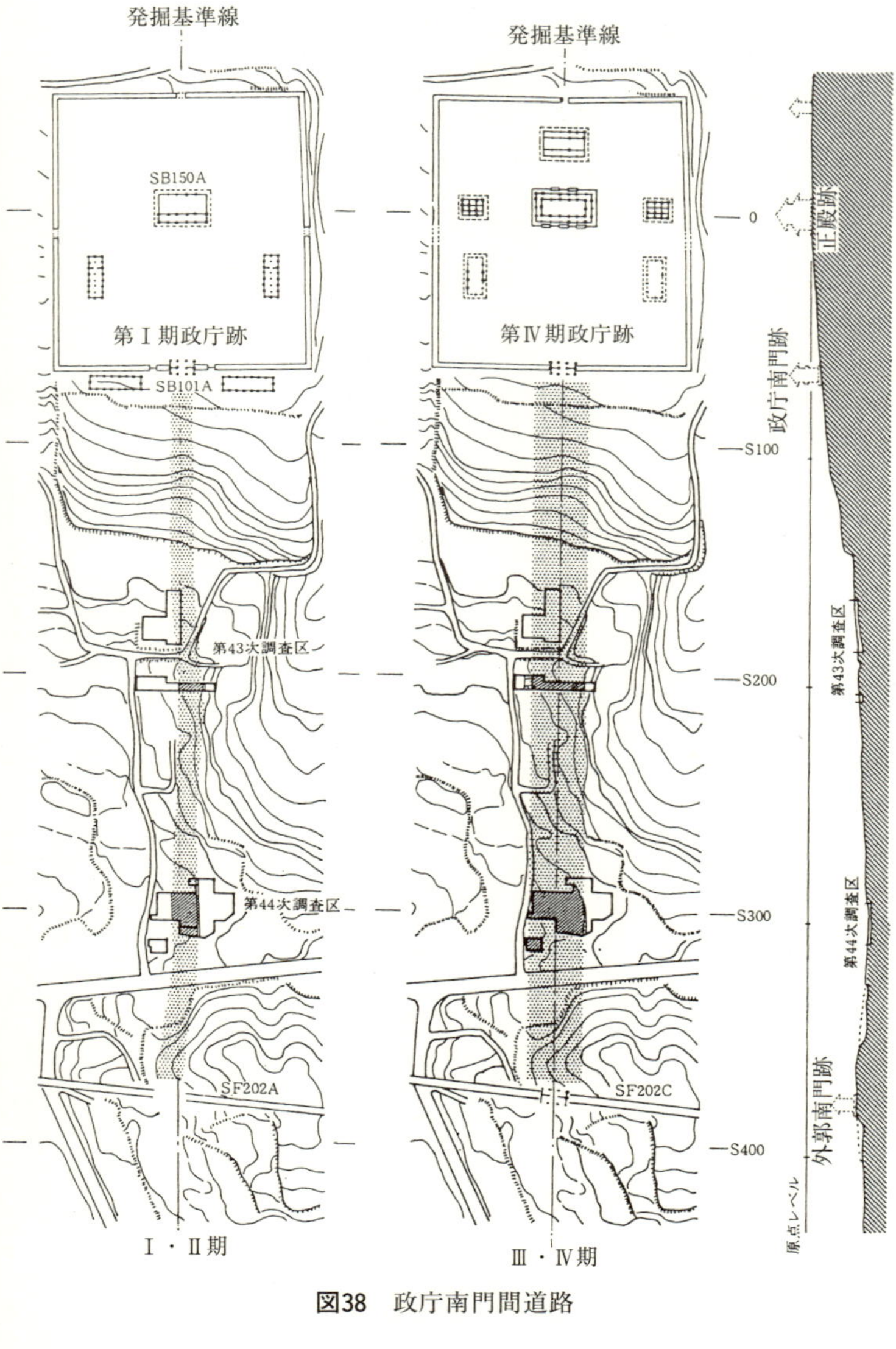
発掘基準線
SB150A
第Ⅰ期政庁跡
SB101A
第43次調査区
第44次調査区
SF202A
Ⅰ・Ⅱ期
発掘基準線
第Ⅳ期政庁跡
SF202C
Ⅲ・Ⅳ期
0
S100
S200
S300
S400
正殿跡
政庁南門跡
第43次調査区
第44次調査区
外郭南門跡
原点レベル

図38　政庁南門間道路

幅される。第七八次調査（二〇〇六年）において、新旧道路跡の断面観察で盛土の状況がとらえられている。また、新しい段階の道路跡は、東側の丘陵部を削り出して西側の低い丘陵裾部に盛土造成されており、東側には側溝が付設されていることも確認された。さらに、南門から七五《メートル》程進んだ道路下に暗渠施設が設置されている。

　最初の暗渠は、長さ三〇〜八〇《センチ》の自然石を側石として、この上に両側石の天端を合わせるため比較的小さな石を一段ないし二段に重ねて調整し、これに丸太材や丸太の割り材で蓋をしたものである。この構築後に道路の盛土が行われている。暗渠側石の裏込め土から一九七点、暗渠東半部の埋土から八六点、合わせて二八三点の木簡が出土している。大部分は削り屑であるが、判読できたものの大半は兵士関係で、しかも郷里制段階（七一五〜七四〇）のものであり、さらに内容の検討から、この道路の造営が七二一（養老五）年四月から翌年にかけて開始されたものと想定されている。この暗渠が埋まった後に、同じ位置に素掘り溝に板材で蓋をした暗渠が造られる。そして路面の中央やや東寄りの位置に河原石を積んだ枡が造られている。さらに、その上には瓦を組んだ暗渠が施設されている（口絵参照）。

　Ⅱ期の暗渠は、前述の三段階の暗渠を覆う堆積層上に盛土しながら河原石や瓦を詰め込んだ「めくら暗渠」である。

　Ⅲ期には、Ⅱ期道路の西側に厚く盛土して路幅を二三《メートル》に拡幅し、この道路にともなう二条の暗渠が、北寄りに新たに設置されている。この暗渠は、幅八〇《センチ》の溝に底石を敷いて側石を立て蓋石を架けたものである。この暗渠は、Ⅳ期にも継続して使用されている。

　路面は特別に舗装しているような様子は見られ

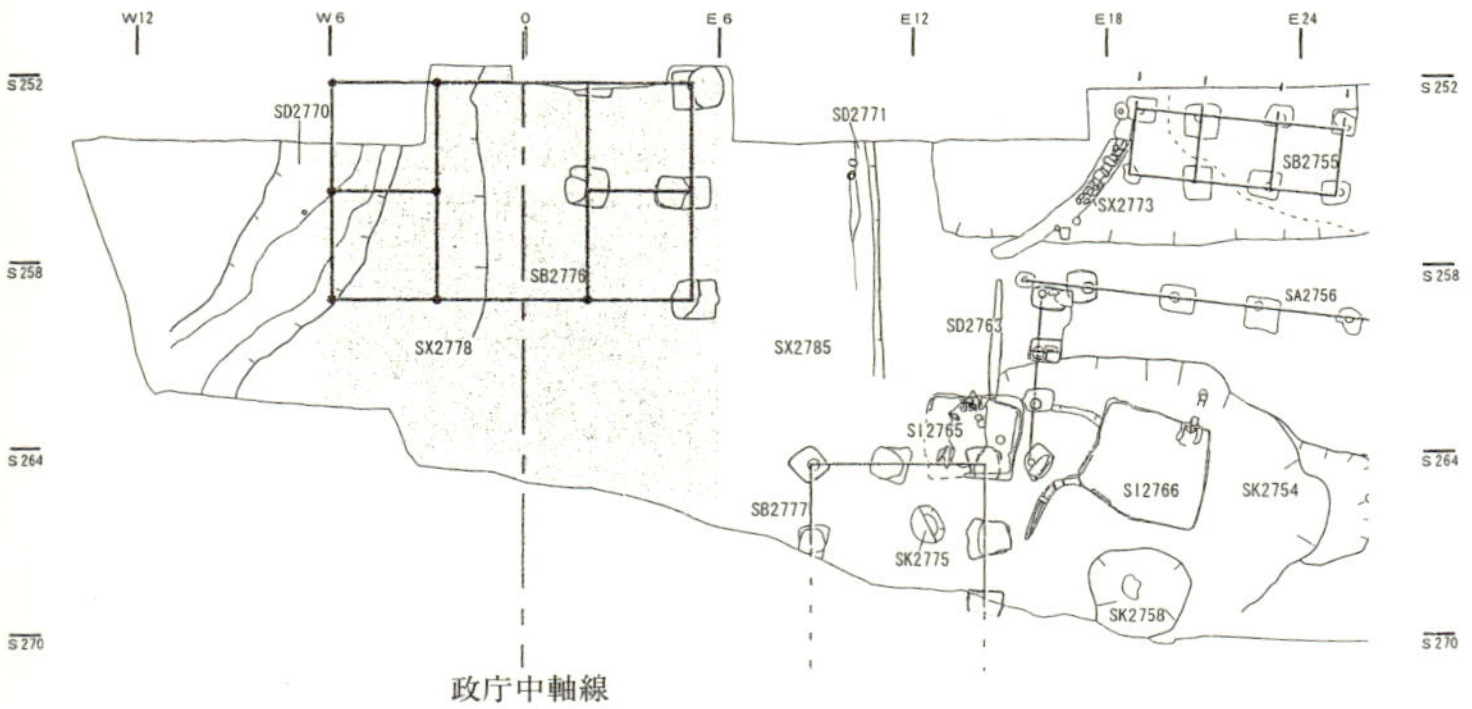

図39　道跡上の門跡

ないが、政庁近くの斜面部分には階段が造られている。蹴上げに河原石を並べた構造をもち、階段の踏面幅は一・四〜一・八メートルとばらつきがある。

なお、第七四次調査（二〇〇三年）で南門と政庁の中間やや南門寄りの地点から掘立柱建物跡が発見された（図39）。西側が大きく削平されているため、建物全体の規模などは不明であるが、道路上に建設されていることや、東半部の柱穴を中軸線で折り返すと八脚門に復元されることから、南門と政庁南門の間にも門があった可能性が考えられる。時期はⅠ期と推定されている。

東西道路

この道路は、丘陵の最高位に位置する東門から尾根線づたいに西門に至るもので、奈良時代は幅員一〇・五メートル、平安時代には幅員二〇メートルである。東門付近では、部分的に小石を敷き詰めて舗装した道路遺構が見つかっており、西方約三〇〇メートルに位置する六月坂《ろくがつざか》地区で発

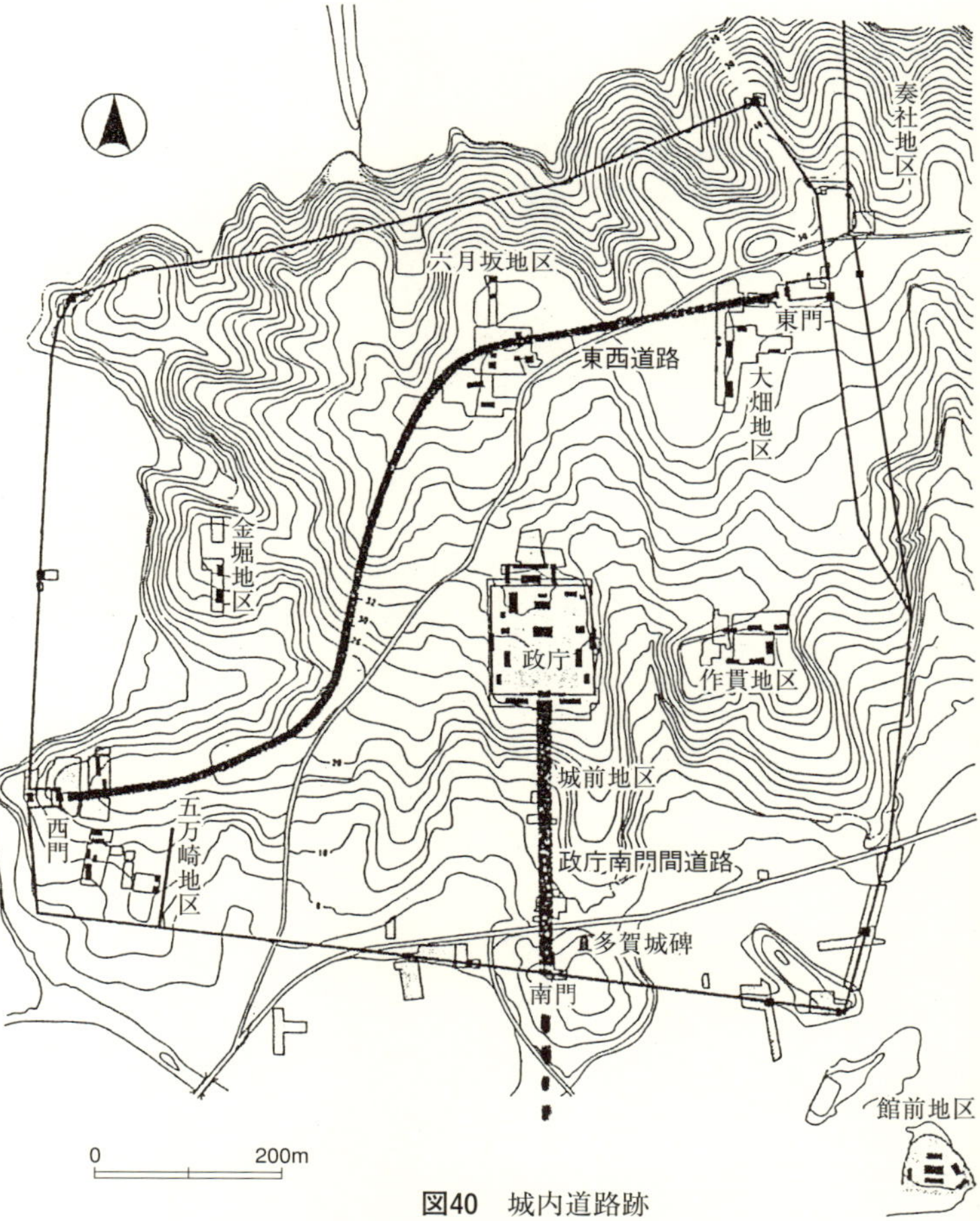

図40　城内道路跡

見された道路遺構に繋がっている。六月坂地区の道路遺構は、緩やかに南へ屈曲しており尾根筋をそのまま南へ下って西門へつづいていると考えられている。

この東西道路は、東門・西門ともに平安時代には「コ」の字状に築地を屈曲させて立派な体裁で造られていることや、東門の外側約二キロ先には塩竈の湊、香津《こうづ》（国府の津が転訛したもの）に至ること、西門の丘陵を下ったところに七ヶ浜の湊浜に注ぐ河川が位置していることなどから、城内の主要な道路であったとみられる。東西両門は国府に運搬されてきた租・調の物資等を実質的に搬入・搬出する門として利用されていたものと思われる。

4　城内の官衙跡

多賀城は、低湿地から標高五〇メートルの丘陵にかけて立地している特徴をもつことは前に述べたとおりである。したがって、北辺築地が造られた北斜面や丘陵西側の斜面は、急勾配の小さな谷が開析しており、さらに政庁地区の東西両側にも谷が入り込んでいるため、実務を執り行う官衙《かんが》は丘陵平坦面や緩斜面を整地して建築されているものと考えられる。これまでの調査は、そのような部分を中心に展開されてきた。ここでは、ある程度実務官衙の様相が明らかになった地区の調査成果について簡単に述べることにする。

城前地区

政庁と南門との間に位置し、東側は政庁南東部からつづく丘陵部で一段高く、西側は丘陵裾から鴻の池地区につづく低地になっている。低地と丘陵の比高差は三～八メートルである。これまで七次にわたる調査が行われており、西側の低地からは政庁南門間道路跡が確認されている。したがって、東側の丘陵部で検出された官衙は、南門から政庁に登る道路に面していることになる。

遺構期は大きく二時期に分けられる。A期は政庁Ⅱ期に相当し、七八〇（宝亀十一）年の伊治公呰麻呂の乱による火災で焼失している。この時期の遺構としては、掘立柱建物跡一〇棟と八条の柱列跡がある。建物跡は、南側に位置するＳＢ２４

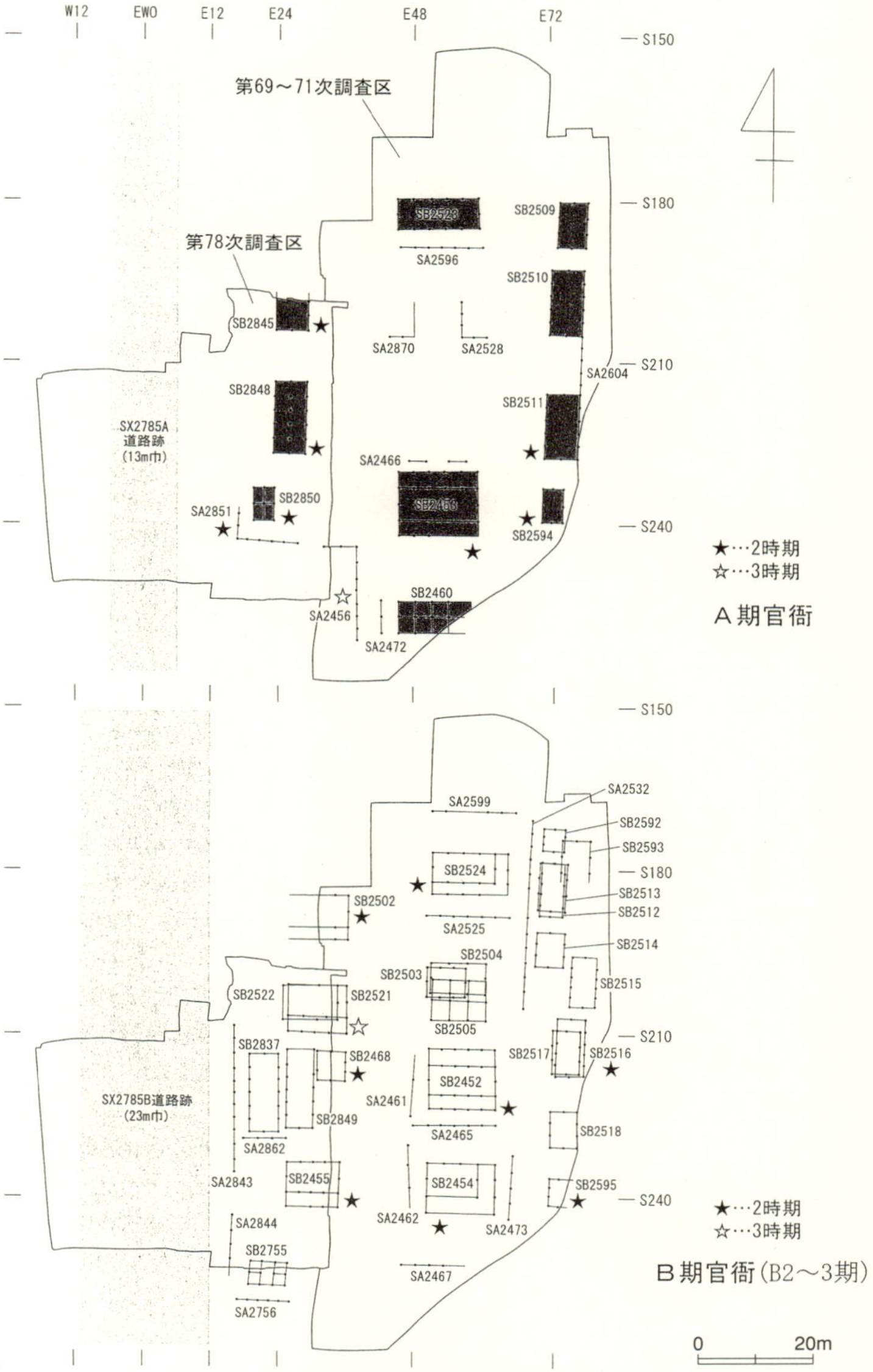

図41　城前地区官衙模式図

53建物を中心に両脇から北に南北棟を東西対称に配置した官衙であり、それらで囲まれたところは広場になっている。また、中心建物と広場を挟んだ向側にはSB2523建物、中心建物の後にはSB2460建物がある。

造営に当たっては、東側列の建物部分で地山の削り出しと嵩上げ整地、北西部分にも整地が行われて官衙域が造成されている。全体の規模は東西約六〇メートルでほぼ二〇〇尺、南北は約九〇メートルで三〇〇尺の範囲と想定されている。中心建物は桁行五間、梁行二間に南北に庇が付く東西棟で、一〇棟中七棟が桁行五間、梁行二間の規模をもち、また七棟が床張りであることが確認されている。これら一〇棟の建物は、それぞれ柱筋を揃えており、建物間の間隔も中心建物と対面する北の建物間が約六〇メートル、東側列建物と一二メートル、西側列建物と一八メートルの距離をもつことなどから、規格・計画性の高い整然と配置された官衙といえる。

B期は、A期官衙の焼失後に造られた官衙の時期で、火災直後の復興期（B1期）と、つづいて造営された官衙（B2～3期）に分けられる。

B1期の遺構としては、建物跡二棟と工房跡とみられる建物跡一棟、住居跡三軒、柱列、土壙などが検出されており、火災後の後始末や官衙造営にともなう遺構とみられている。

B2～3期に属する遺構は、建物跡二三棟と柱列跡九条である。このB期官衙は、南・西・北側に位置する柱列跡から東西は約六八メートル以上、南北は約九三メートルの範囲ととらえられている。建物跡の構成をみると、中央列に四棟、西列に四棟、東列に六棟の一四棟で構成されており、広場はなく建物も小規模になる。中心建物は中央列の中央に位置するSB2452で、桁行五間、梁行二間の身舎に南北両面に庇が付く東西棟建物である。中央

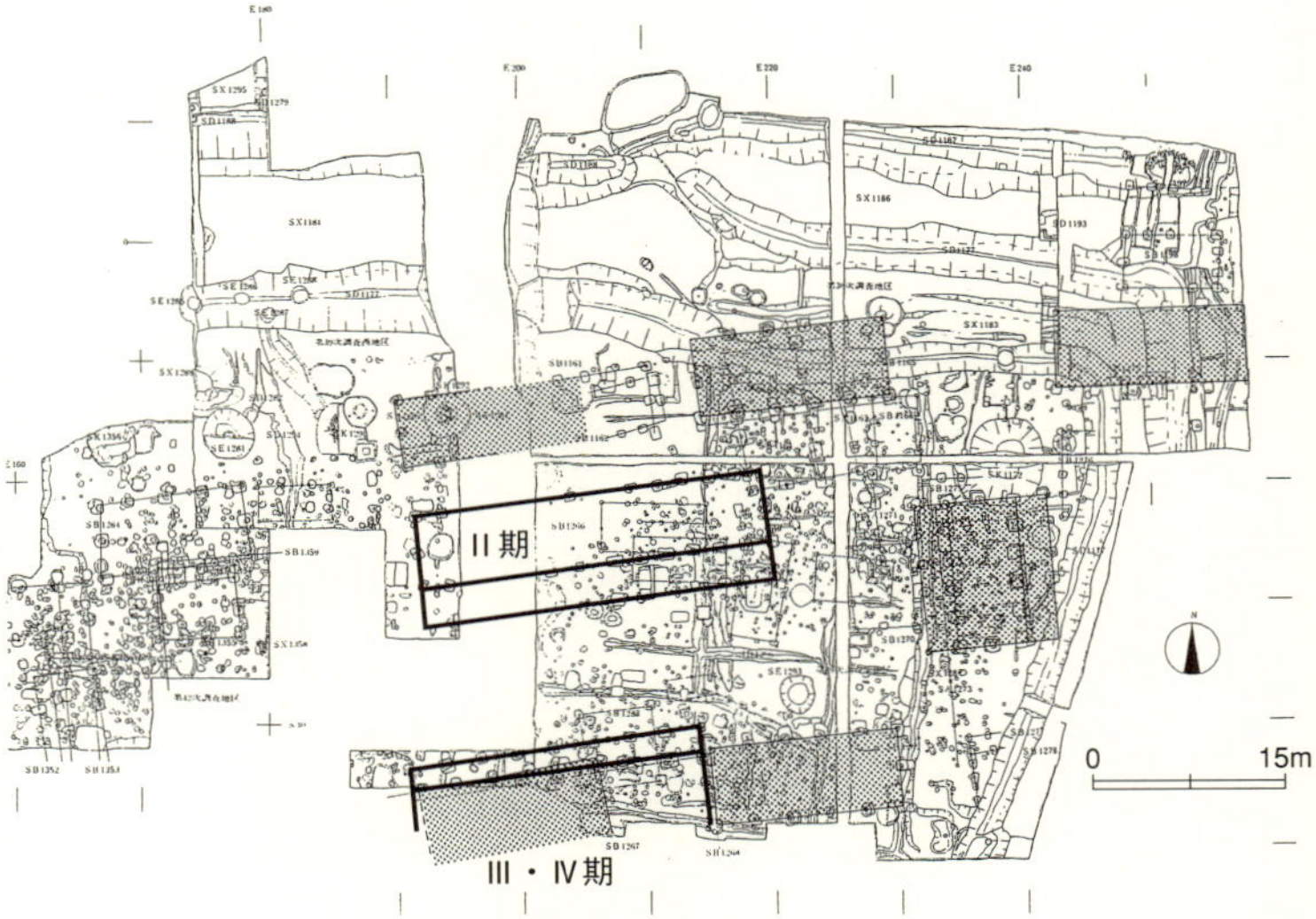

図42　作貫地区の官衙

列の南と北の建物にも南・東の二面庇が認められており、西列の建物にも庇付きの建物があり、南向き建物が目立つ。東列は北と南に各三棟の南北棟でブロックを構成しているとみられる。

A期官衙は、政庁前面に計画的に造営された官衙で、建物配置や塀跡とみられる柱列などから企画性の高さが指摘されており、政庁に次ぐ重要な官衙と考えられている。これに対してB期官衙は、建物の多様性、配置、規模などから実務官衙としての性格が強いと思われる。

作貫《さっかん》地区　政庁の東隣の丘陵上に所在するが、両者の間には外郭南東部の低湿地から緩やかに駆け上がるように開析された浅い谷が入り込んでいるため、独立丘陵的な形態をもっている。

ここでは政庁Ⅱ期に当たる遺構として、北と南に二棟の細長い掘立柱建物がある。北の建物は桁行一三間、梁行三間の南側に庇が付くものである。南の建物はやや西にずれており桁行八間、梁行三間の北に庇が付くもので、両者は、向かい合っていたものと思われる。

次のⅢ期～Ⅳ期にかけては、「コ」の字形配置をとる官衙に変化する。東側に位置する桁行五間、梁行四間の南北棟の建物は、東西に庇が付くもので主屋とし、その前面の広場を挟んで北と南に柱筋を揃えた二棟の建物が対面して配置されている。この副屋はすべて桁行五間、梁行二間の建物で、主屋も含めてすべての建物が同位置で二回の建替えが行われている。コの字形配置は、西方に位置する政庁を向いて開いている。

大畑地区

外郭東門の西から南にかけて広がる城内で最も大きい平坦地をもっているところである。これまで十数次にわたる調査でかなり広い範囲の発掘調査が行われ、官衙の様相が明らかになった。この地区の遺構期の変遷については、これまで何度か再検討され修正されてきており、現在ではA～G期の七時期に細分されている。

奈良時代に属する遺構は、竪穴住居一一軒、掘立柱建物四棟ときわめて希薄な状況であるにもかかわらず、東門の南約一〇〇《メートル》付近から桁行一五間以上、梁行四間の東西二面に庇をもつ南北棟の建物が発見された。柱間寸法は一〇尺等間で、城内では最大の規模を誇る。この建物の北と西に建物三棟と竪穴住居が散在している。竪穴住居は人為的に埋め戻されている。建物群は、七八〇（宝亀十一）年の伊治公呰麻呂の乱による火災で焼失している。したがって、これらの遺構の時期はⅡ期に相当する。

大畑地区の官衙が本格的に整備されるのは、平安時代に入ってからである。伊治公呰麻呂の乱後

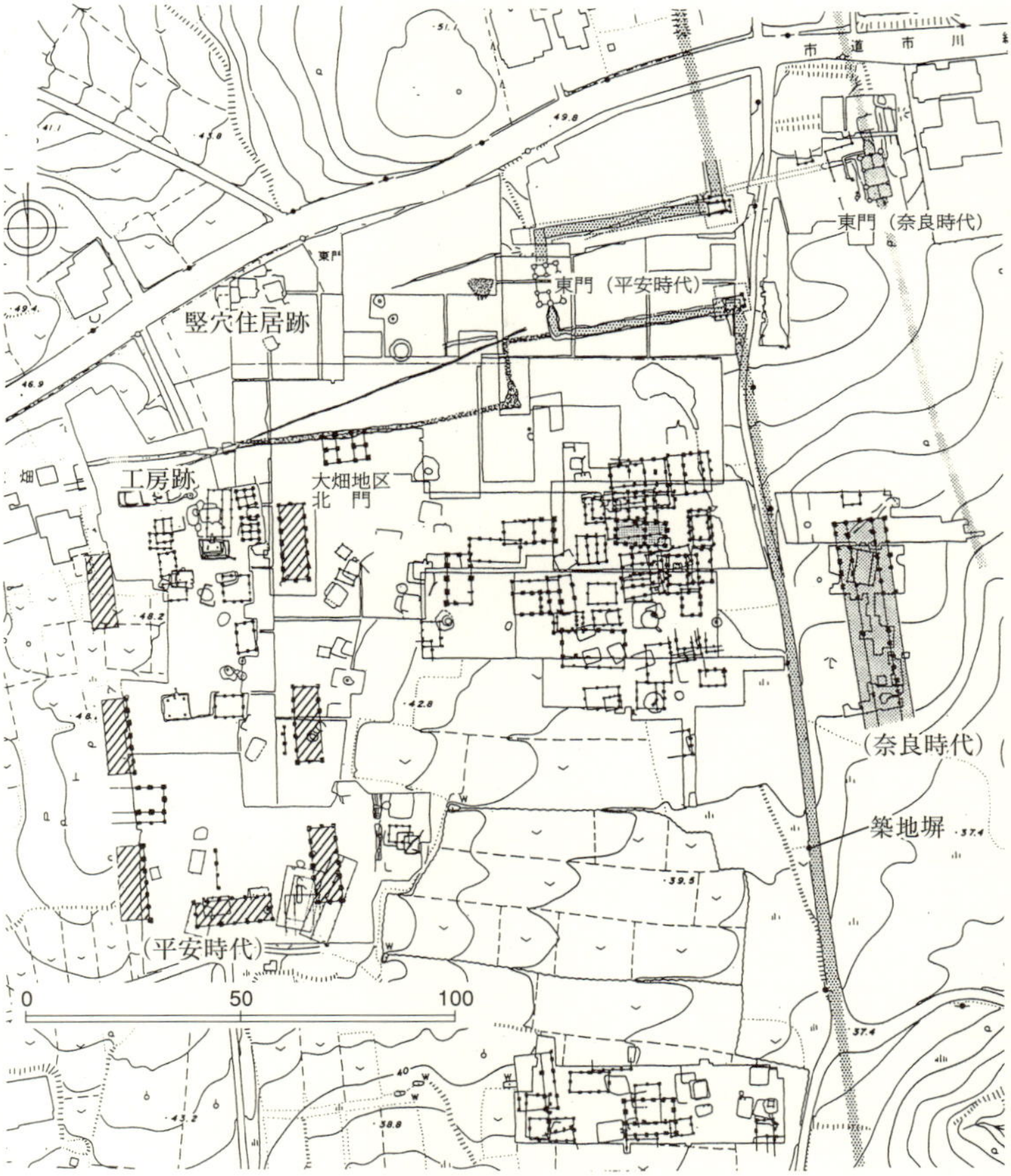

図43　大畑地区発見遺構図

から九世紀初頭頃の第一段階では、東北部に掘立柱建物七棟と井戸があり、西側には掘立柱建物二棟、竪穴住居七軒、土壙などがある。東北部の建物の規模はおおむね桁行三間、梁行二間の小さなもので占められるが、中に桁行五間、梁行四間で二面庇付きの南北棟建物が一棟あり、この周辺の建物群の主屋であろう。これに対して西側からは竪穴住居とともに鍛冶工房跡が

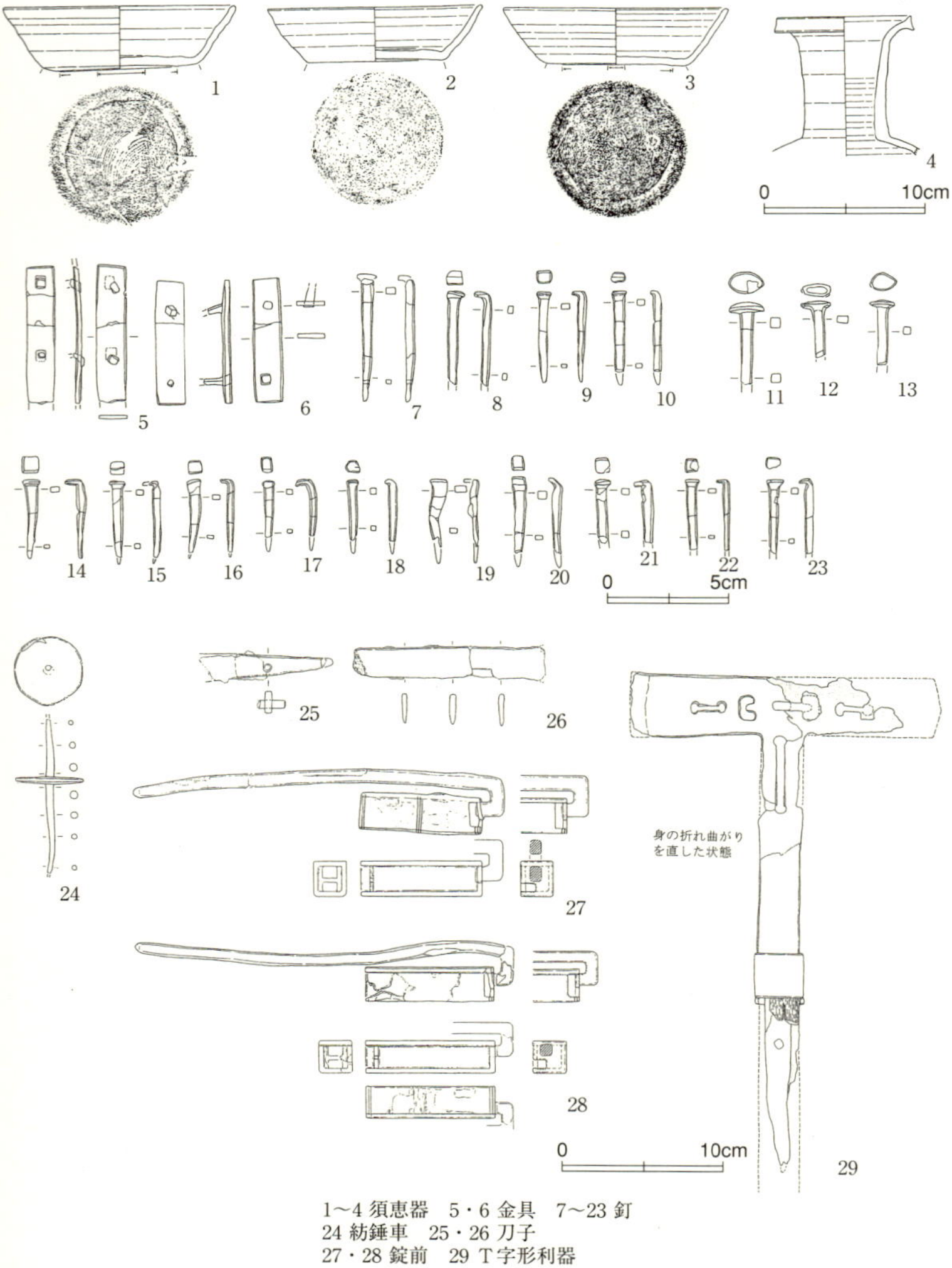

1～4 須恵器　5・6 金具　7～23 釘
24 紡錘車　25・26 刀子
27・28 錠前　29 T字形利器

図44　工房跡出土遺物

検出されており、鍛冶炉と焼面があることから精錬鍛冶が行われていたものと思われる。この工房跡内から釘、金具、錠前、刀子《とうす》、紡錘車《ぼうすいしゃ》、日本で三例目の出土である「丁字形利器」など多種多様な鉄製品が出土している。

第二段階は九世紀初頭から中頃にかけての時期に当たる。この時期には、東門が大きく移動し、外郭東辺築地も城内側に移動するなど大規模に改修されている。これにともない大畑地区の官衙も大きく変化している。東門は掘立柱式の八脚門で、西に延びる東西道路に面して大畑地区官衙北門（八脚門）とそれに取り付く官衙北辺材木塀が計画的に造営され、大畑地区官衙の北辺は材木塀で区画される。そして、北門から官衙内部に通じる幅員約一〇メートル《メートル》の通路の南延長上に南北方向の平行する材木塀が設置され、大畑地区官衙は両側を材木塀で区画された通路で東・西二つの官衙に分けられる。通路両側の東塀と西塀には、ほぼ対称の位置に出入口の棟門が設けられている。

西官衙では桁行六間、梁行二間の一〇尺等間の掘立柱建物で構成された「コ」の字形配置の官衙が成立する。東西棟建物を南に、これと同規模の南北棟建物を東西対称に各三棟ずつを等間隔に配置している。

東官衙では桁行五間程度の庇付き建物を中心として、これと柱筋を揃えた数棟の桁行の短い切妻の建物と井戸が組み合う構成で、基本的には第一段階の構成と変わりはない。この時期の井戸や土壙から漆紙文書のほか、まとまりのある土器の一括品が出土している。この土器とともに木簡が一括して出土しており、米の支給に関するものが多いことから、この地区の官衙の実務を表しているものとみられる。漆紙文書には、延暦の年号が書かれたもの、弘仁十二年（八二一）の具注暦《ぐちゅうれき》、日本最古の仮名文書など貴重な内容のものが含まれている。

その後の九世紀中頃になると、官衙北辺の材木塀が改修され、北門も位置を西に約三〇《メートル》ずらして棟門に造り直されたと考えられている。南北方向の通路には、住居群が相次いで造られ、東官衙と西官衙の区別が不明瞭になる。大畑地区最大の「コ」の字形官衙もこの頃までには廃絶したとみられる。

第Ⅳ期の八六九（貞観十一）年、陸奥国大地震の復興期頃に、外郭東門が礎石式八脚門に再建される。この時期には一時的ではあるが、城内東西道路上やその北の地域をはじめ西官衙地区に竪穴住居が多数造られる。道路北の焼失住居からは毛抜形蕨手刀《わらびてとう》、鉄刀、鉄斧が出土し、周辺の竪穴住居や溝などからも鉄鏃、鉄製紡錘車、刀子、鎌、鉄鍋、砥石など当時の兵士の必携品が数多く出土している。これらの住居群は、大地震の後の復興に従事した人足や警護のために徴発された兵士等の宿舎であったとみられている。その後、西官衙では建物の棟数は減るものの、北と南に各一棟の片庇付建物がみられる。また、多数の竪穴住居による鉄製品の工房が営まれている。これに対して、東官衙では比較的多数の建物群が建てられている。

六月坂地区

東門から大畑地区官衙を過ぎ、東西道路を西に進むと六月坂地区に至る。ここは、政庁の北約三〇〇《メートル》の位置に当たる。発掘調査の結果、城内東西道路に繋がる道路遺構が検出され、その南側から建物跡が発見された。この地区で注目されるのは、桁行七間、梁行四間の四面庇付建物が二棟並んで配置されていることである。この二棟の掘立柱建物は、東西に二〇《メートル》の間隔を置いて南面する東西棟で、柱筋を揃

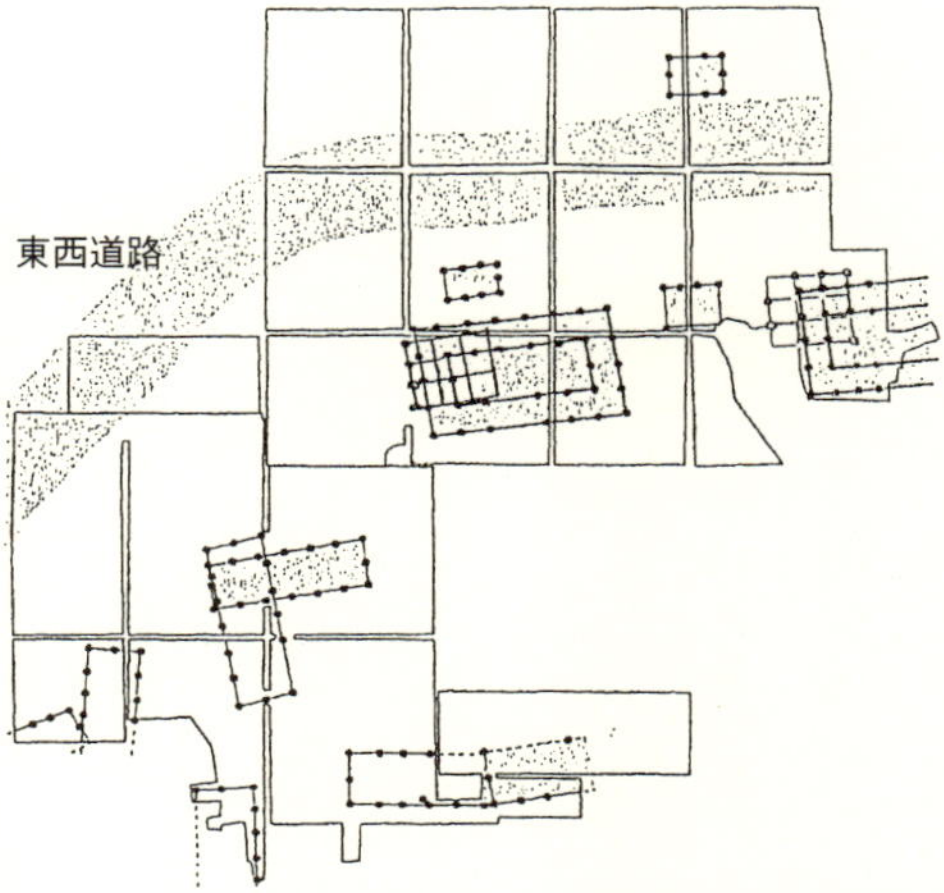

図45　六月坂地区遺構模式図　道路の南側に四面庇付建物が２棟並んで発見された

えており同時に存在していると考えられる。この他に、桁行五間から六間の建物や桁行三間の小規模な建物等で構成される官衙とみられ、政庁正殿に匹敵する四面庇付建物を主屋とするこの地区の官衙は、格式の高い、重要な役割をもっていたと思われる。官衙の年代は、Ⅲ期に属するもので、奈良時代のものは検出されていない。

Ⅳ期になると、四面庇付建物は取り壊され、同位置で東西三間、南北三間の総柱建物に建て替えられている。さらに、掘立柱から礎石式建物になる。この他に数棟の掘立柱建物が建てられるようであるが、十世紀前半には廃絶していると考えられている。

五万崎地区

南東隅部に位置し、比較的広い平坦面をもっている。丘陵の先端部分に西門が所在しており、東門へ通じる道路遺構の南北に多くの掘立柱建物が発見されている。この地区では、他の官衙地区のような配置をもつ建物が確認されていない。いずれもⅢ・Ⅳ期に属するもので、道路の南側から銅製品を製造したとみられる工房跡が発見されている。

金堀地区

五万崎地区の北に位置し、北と南を谷で区切られた狭い地区で、平坦面は狭い。Ⅱ期からⅣ期にかけての掘立柱建物や竪穴住居が多く発見されているが、部分的な調査であるため、配置等は不明である。なお、調査区北の土壙から日本で初めての漆紙文書《うるしがみもんじょ》が出土している。計帳様《けいちょうよう》文書である。

5　出土遺物

多賀城跡から出土している遺物のなかで最も多いのが瓦と土器である。瓦は、Ⅰ期からⅣ期まで政庁の変遷に添って分類されている。

(一)　瓦

Ⅰ期軒瓦

多賀城創建瓦であるⅠ期の軒瓦は、八葉の重弁蓮花文軒丸《じゅうべんれんげもんのきまる》瓦（図46の1～17）と重弧文軒平《じゅうこもんのきひら》瓦（21）の組合せである。

軒丸瓦は、花弁《かべん》の内側に小さな花弁が重なっていることから重弁蓮花文とよばれており、中房《ちゅうぼう》には中心の円形蓮子《れんじ》とその周りに縦長の四個の蓮子が配されている。この文様は仙台市郡山遺跡出土の軒丸瓦を祖型としたものとされており、これ以降Ⅳ期まで花弁のデザインを変えながらも継承されていることから、「多賀城瓦」ともよばれている。

軒平瓦は、二本の沈線を弧状に手描きしたもので、郡山遺跡のロクロ挽き重弧文軒平瓦の変化したものとされている。なお、顎面《がくめん》には鋸歯文《きょしもん》が彫られている。

この他、径の小さな特殊な蓮花文軒丸瓦（18・19）と両側端が上に屈曲する重弧文軒平瓦（22・23）の組合せや、均整唐草文《きんせいからくさもん》軒平瓦（26）も出土している。均整唐草文軒平瓦は、色麻町日《ひ》の出山《でやま》窯跡からの出土状況などから、多賀城廃寺跡にみられる細弁蓮花文《さいべんれんげもん》軒丸瓦（24・25）と組むことが

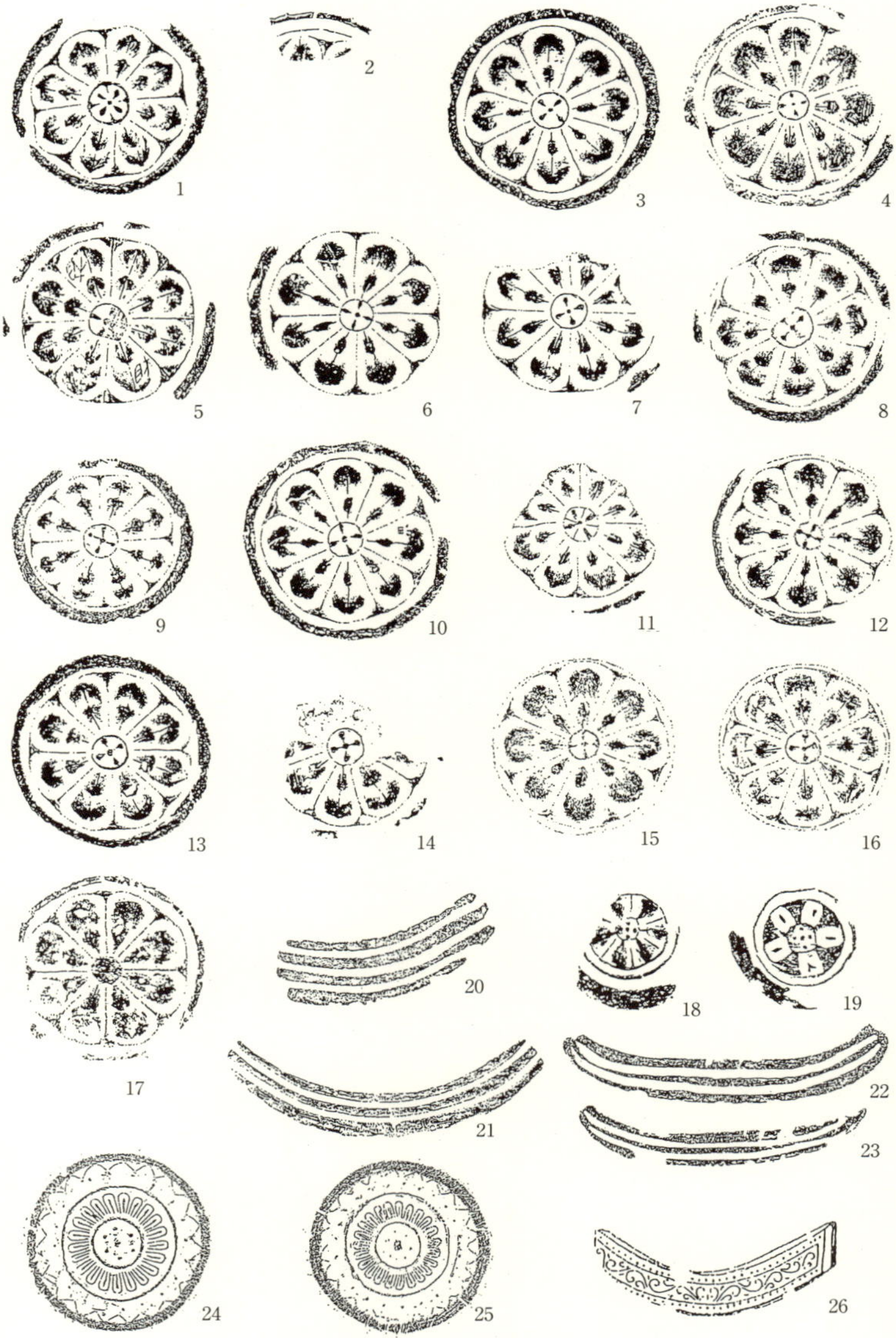

図46 Ⅰ期軒瓦（24、25は多賀城廃寺跡出土）

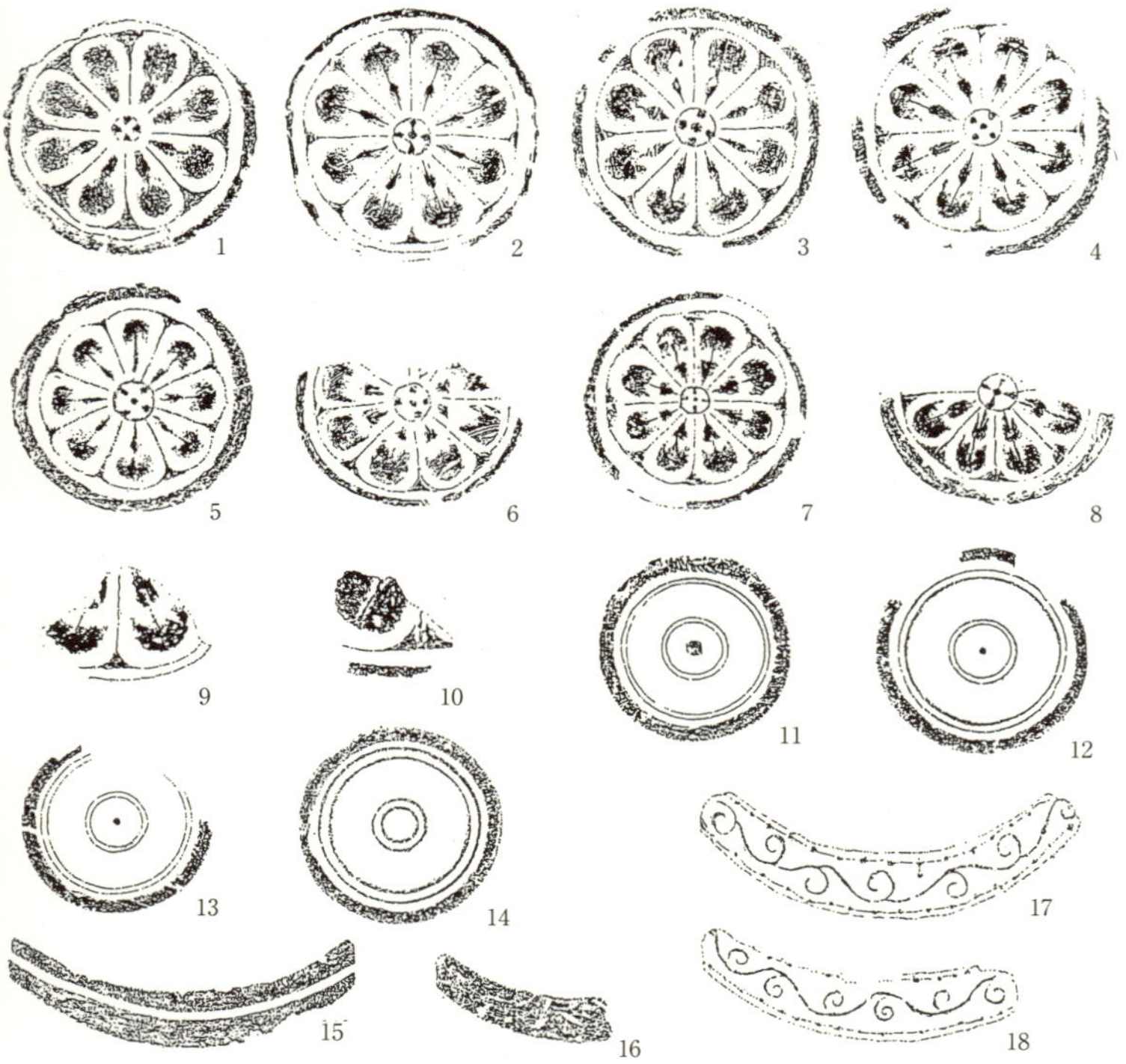

図47　Ⅱ期軒瓦

知られている。この組合せは多賀城跡の瓦の中では文様や製作技法の点で特異なものであり、平城宮の瓦の組合せの影響を受けたものと考えられている。

Ⅰ期の瓦窯跡は多賀城からおよそ三〇キロ北の大崎市田尻町木戸《きど》瓦窯跡、色麻町日の出山瓦窯跡、大崎市（旧古川市）大吉山《だいきちやま》瓦窯跡が知られている。

Ⅱ期軒瓦　この時期の主要な瓦は、重弁蓮花文軒丸瓦（図47の1～8）と偏行《へんこう》唐草文軒平瓦（17・18）の組合せおよび、重圏文《じゅうけんもん》軒丸瓦（11～14）と単弧文《たんこもん》軒平瓦（15）の組合せである。前者の組合せは、陸奥国分寺および国分尼寺の創建瓦としても使われているもので、この時期の重弁

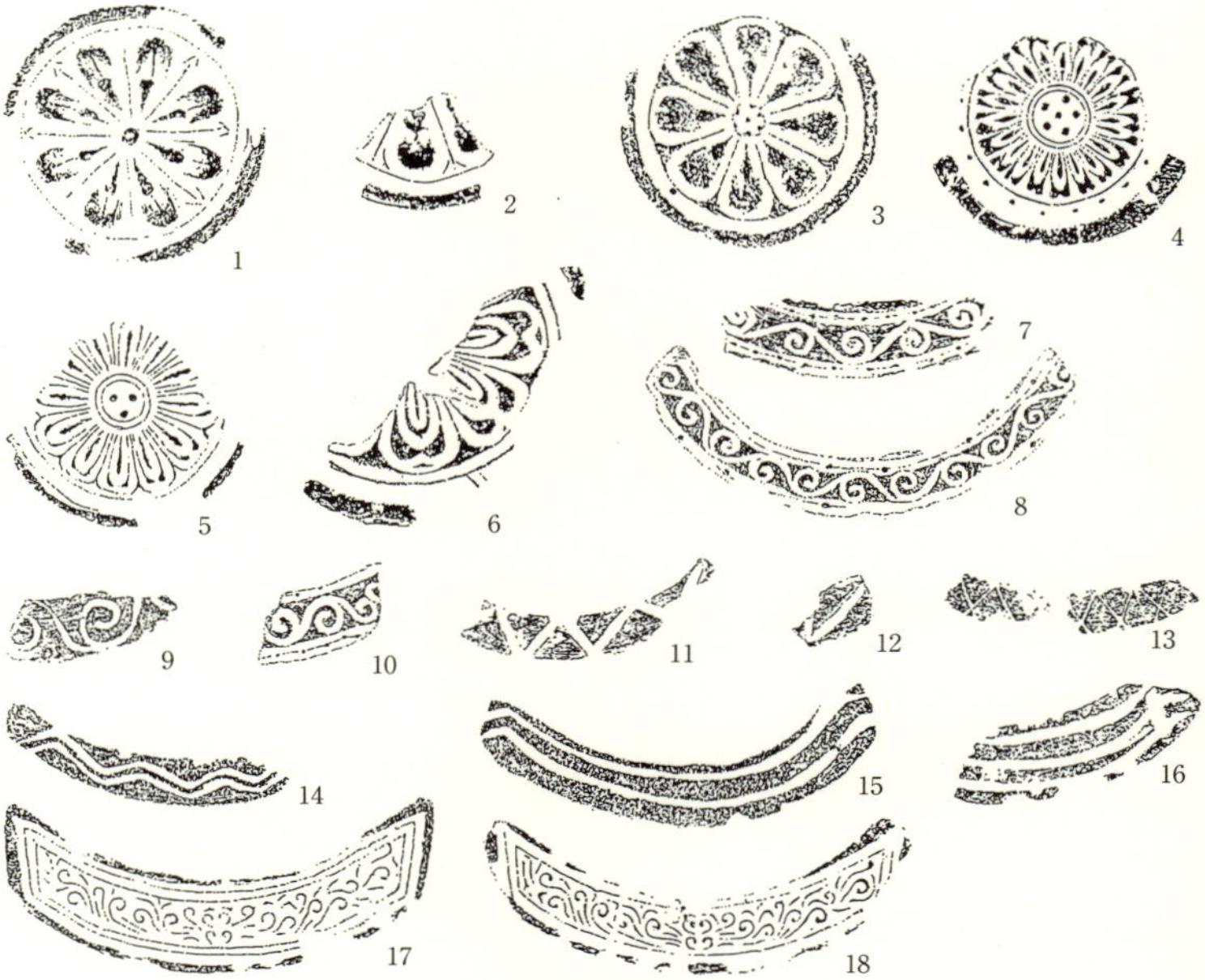

図48　Ⅲ期軒瓦

蓮花文軒丸瓦は花弁の先端が丸味を帯び、中房の蓮子が円形になるなどの変化がみられる。後者の組合せは、陸奥国分寺からの出土量は少なく、七六七（神護景雲元）年に築かれた伊治城から出土していることから、国分寺創建期より新しいものと思われる。

Ⅱ期の瓦窯跡は仙台市の枡江《ますえ》窯跡、蟹沢中《かにさわなか》窯跡などが知られている。

Ⅲ期軒瓦

この時期の主要な瓦には重弁蓮花文軒丸瓦（図48の3）と重弧文軒平瓦（15）、重弁蓮花文軒丸瓦（1・2）と二重波文軒平瓦（14）、細弁蓮花文軒丸瓦（4・5）と均整唐草文軒平瓦（17・18）の組合せがある。

これまでの主体的な文様であった重弁蓮花文とは別系統の細弁蓮花文・均整唐草文の組合せが採用され、量的にも半数を占める。このほか

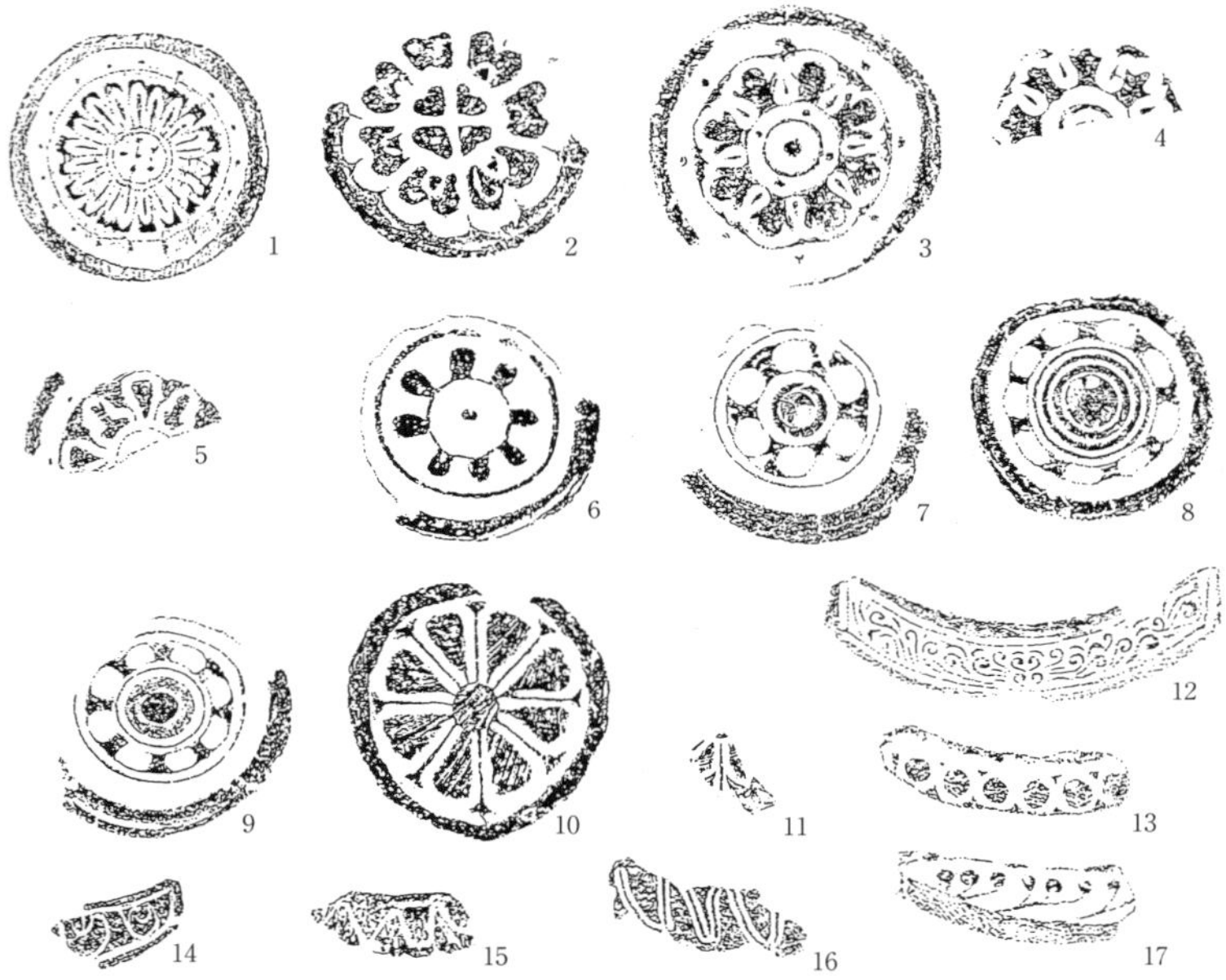

図49　Ⅳ期軒瓦

に陰刻の偏行唐草文軒平瓦（7〜10）や鋸歯文軒平瓦（11）などもある。

Ⅲ期の瓦窯跡は、仙台市安養寺下窯跡・神明社東方窯跡などの台の原・小田原丘陵のほか、利府町春日《かすが》大沢《おおさわ》窯跡も知られている。

Ⅳ期軒瓦

この時期の主要な瓦は細弁蓮花文軒丸瓦（図49の1）と均整唐草文軒平瓦（12）の組合せおよび宝相花文《ほうそうげもん》軒丸瓦（2・3）と連珠文《れんじゅもん》軒平瓦（13）の組合せである。

前者の組合せは、Ⅲ期のものと同じ笵で造られたものである。後者の宝相花文は新羅系の文様で、八六九（貞観十一）年の地震後の復興にあたった陸奥国修理府に、造瓦に優れた新羅人が配されたという『日本三代実録』の記事との関連が指摘されている。

このほかに歯車状文《はぐるまじょうもん》軒丸瓦（6）、陰刻花

文軒丸瓦（7～9）、重弁蓮花文軒丸瓦（10）、波文の軒平瓦（15・16）などがある。

Ⅳ期の瓦窯跡としては、仙台市台の原・小田原丘陵の安養寺中囲窯跡・五本松窯跡、利府町の春日大沢窯跡群などが知られている。

平瓦・丸瓦

屋根の大半は、平瓦と丸瓦の両者を組み合わせて葺かれていた。

平瓦は長さ約四〇センチ、幅約三〇センチの台形状および長方形の形態をもつ。製作技法には、桶状の型に粘土を巻き付けて叩き締めて成形し、四枚に分割する桶巻《おけまき》作り（図50の4）と、瓦一枚分の型台

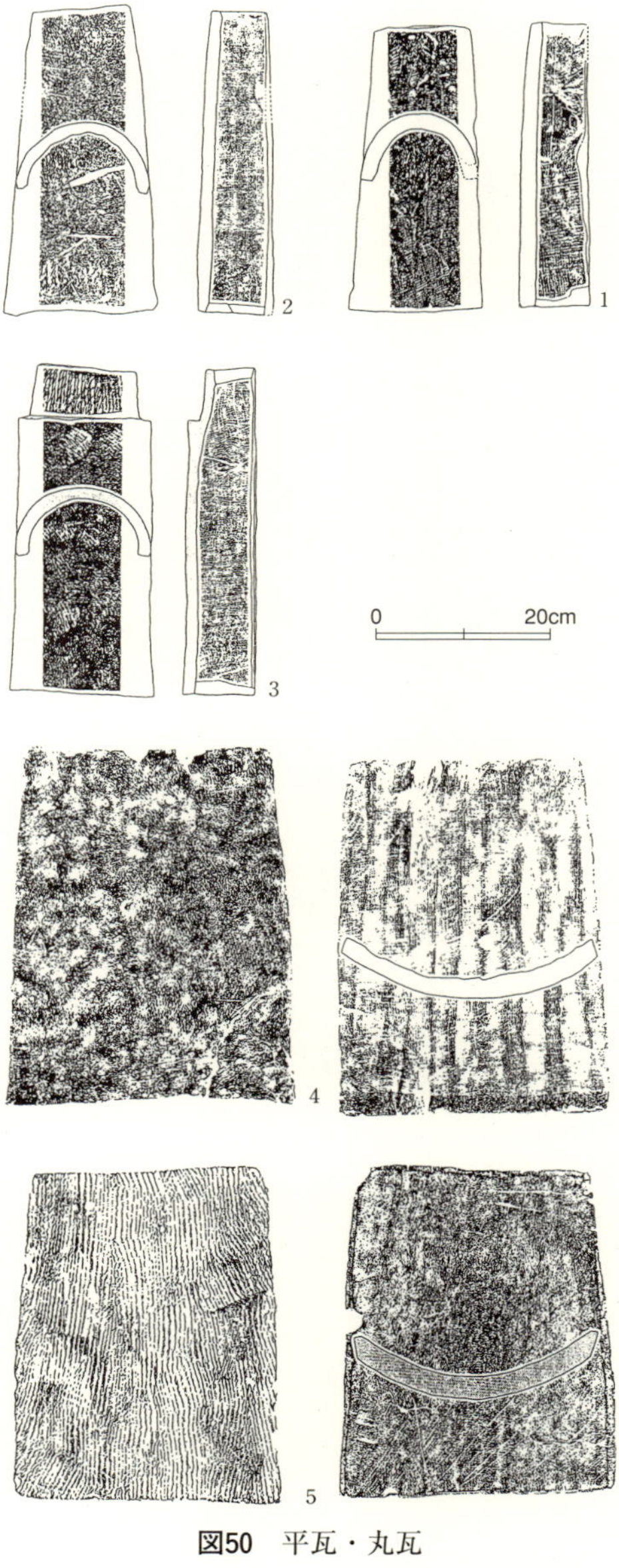

図50　平瓦・丸瓦

の上で作る一枚作り（5）とがある。Ⅰ期は桶巻作りが主流であるが、Ⅱ期以降はすべて一枚作りになる。4の凹面には、幅三㌢程の板を組み合わせた桶型の痕跡や、型から瓦をはずしやすいようにかぶせた布の圧痕《あっこん》がみられる。また、5の凸面には叩き締めの時に使用した工具の圧痕がみられる。

丸瓦は長さ約三五㌢、幅約一五㌢で円筒状の型に粘土を巻いて叩き締め、これを二分割したものである。形は先端方向に向かってしだいに太くなる無段のもの（1・2）と、上方に並べられる丸瓦と重なる部分のみ細くした有段のもの（3）があり、粘土素材により粘土板作りと粘土紐作りに分けられる。創建から終末まで粘土紐作りで有段のものが主流を占めるが、Ⅰ期では粘土板作りで無段、Ⅱ期では粘土紐で無段のものがみられる。

鬼　瓦　多賀城跡から出土した鬼瓦は三種（図51の1C・4・6）で、多賀城廃寺跡からも三種（1A・1B・2）が出土している。両遺跡の鬼瓦の文様は、奈良時代のⅠ・Ⅱ期には蓮花文であるが、平安時代のⅣ期には立体的な鬼面（6）になるようである。鬼面の鬼瓦以外は、笵によって作られている。

Ⅰ期の鬼瓦には二種類（1・2）が知られている。2はアーチ型のもので、蓮花文を四個並べている。1は中央に大きな蓮花文を置き、これを細い隆線でつないだ珠文で囲み、さらに四隅に蓮花のつぼみを配している。この笵には二回手が加えられており、方形で文字のない1A→方形で左下端に「小田建万呂」の文字を彫り込んだ1B→笵の上部をアーチ型に削り落とした1Cへと変わっている。このうちA・Bは日の出山窯跡で、Cは大吉山窯跡で採集されている。また、最近調査さ

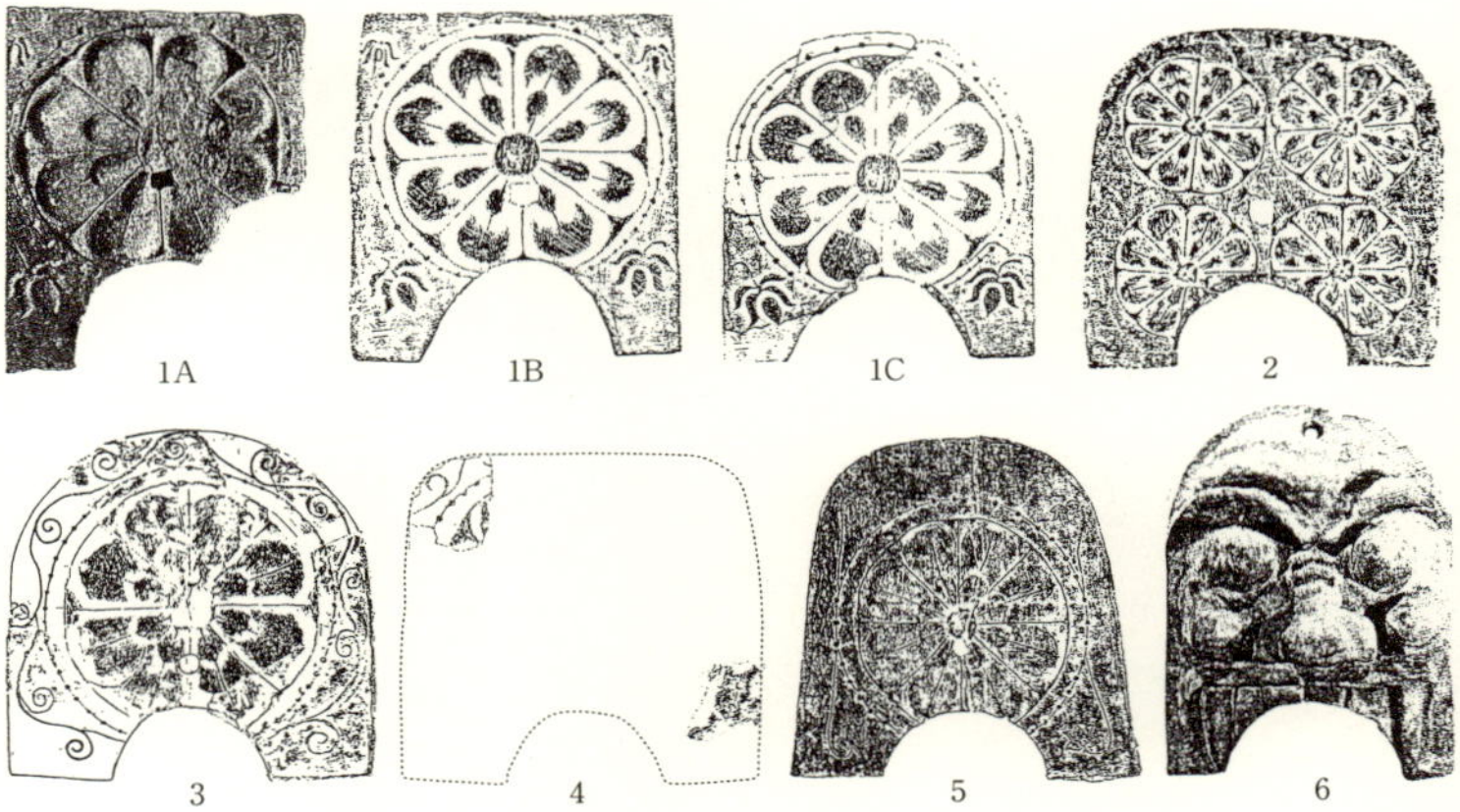

1A（Ⅰ期）多賀城廃寺跡・日の出山窯跡出土
1B（〃）同上及び菜切谷廃寺跡出土
1C（〃）多賀城政庁跡・大吉山窯跡出土
2　（〃）多賀城廃寺跡出土
3（Ⅱ期）陸奥国分寺跡出土
4（〃）多賀城南門跡出土
5（Ⅰ期）木戸窯跡出土
6（Ⅳ期）多賀城政庁跡出土

図51　鬼瓦

れた大崎市田尻町の木戸窯跡群から新たにアーチ型の鬼瓦（5）が発見されているが、多賀城跡からはまだ出土していない。

Ⅱ期の鬼瓦（4）はアーチ型のもので、中央に大きな蓮花文を置き、これを隆線でつないだ珠文で囲み、さらにその周りに偏行唐草文を配している。これに類似したもの（3）が陸奥国分寺跡から出土しているが、周りの唐草の方向が逆である。

Ⅳ期の鬼瓦（6）は立体的な鬼面を表したアーチ型のものである。笵を使用せず粘土塊を付加しながら作っているため、個体によって表現がかなり異なっている。

塼

塼《せん》は立方体の焼物で、現在の煉瓦のようなものである。これには裏面をえぐったものとえぐりのないものがある。えぐりのないもののなかに少数ではあるが文様を施したものもみられ

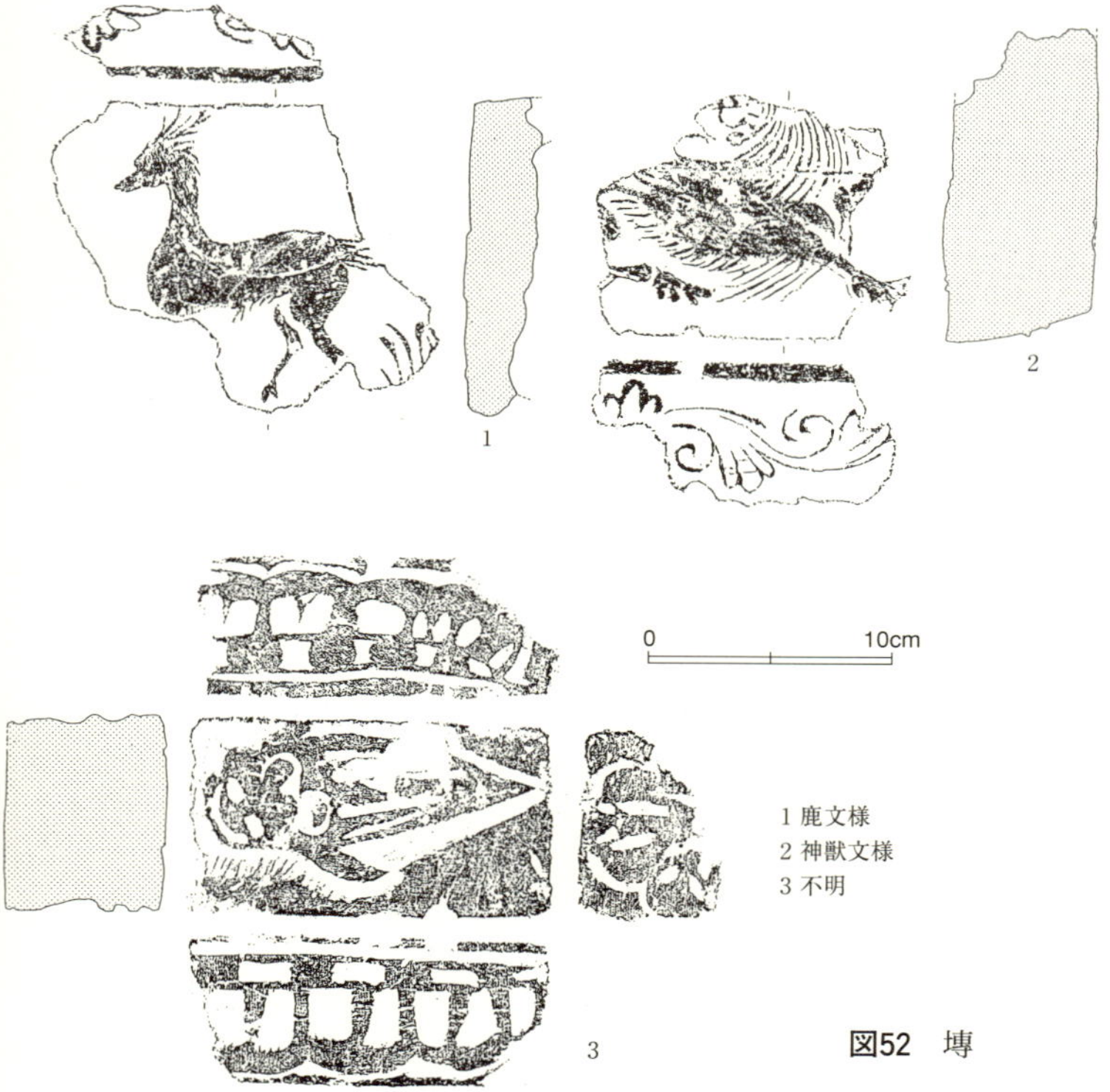

図52　塼

る。正面に鹿、側面に唐草文を浮き彫りにしたもの（図52の1）と、正面に麒麟かと思われる神獣、側面に唐草文を浮き彫りにしたもの（2）で、ともに笵を用いて作られている。

文字瓦　多賀城跡・多賀城廃寺跡からは、多量の文字瓦が出土しており、記入方法によって㋑へら書き文字瓦、㋺刻印文字瓦、㋩笵文字瓦、㋥型台文字瓦、㋭叩き板文字瓦の五種に分類される。

これらは瓦製作の過程で記されたものであるため、文字瓦は一般に瓦の製作者、造瓦費用の負担者、あるいは供給先などの名を表すものと考えられている。さらに文字の内容からは、地名を書いたもの、人名を書いたもの、一

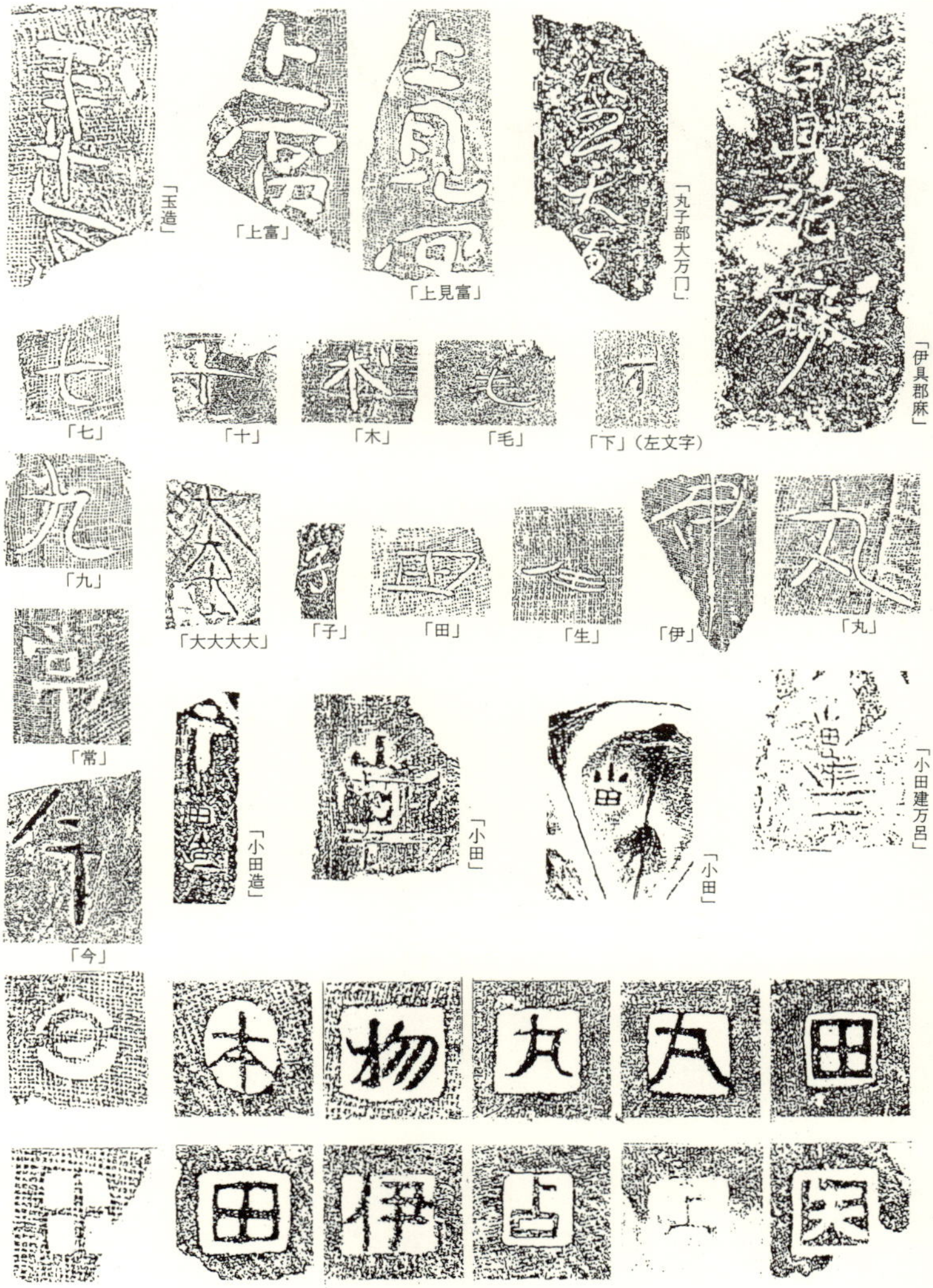

図53 文字瓦

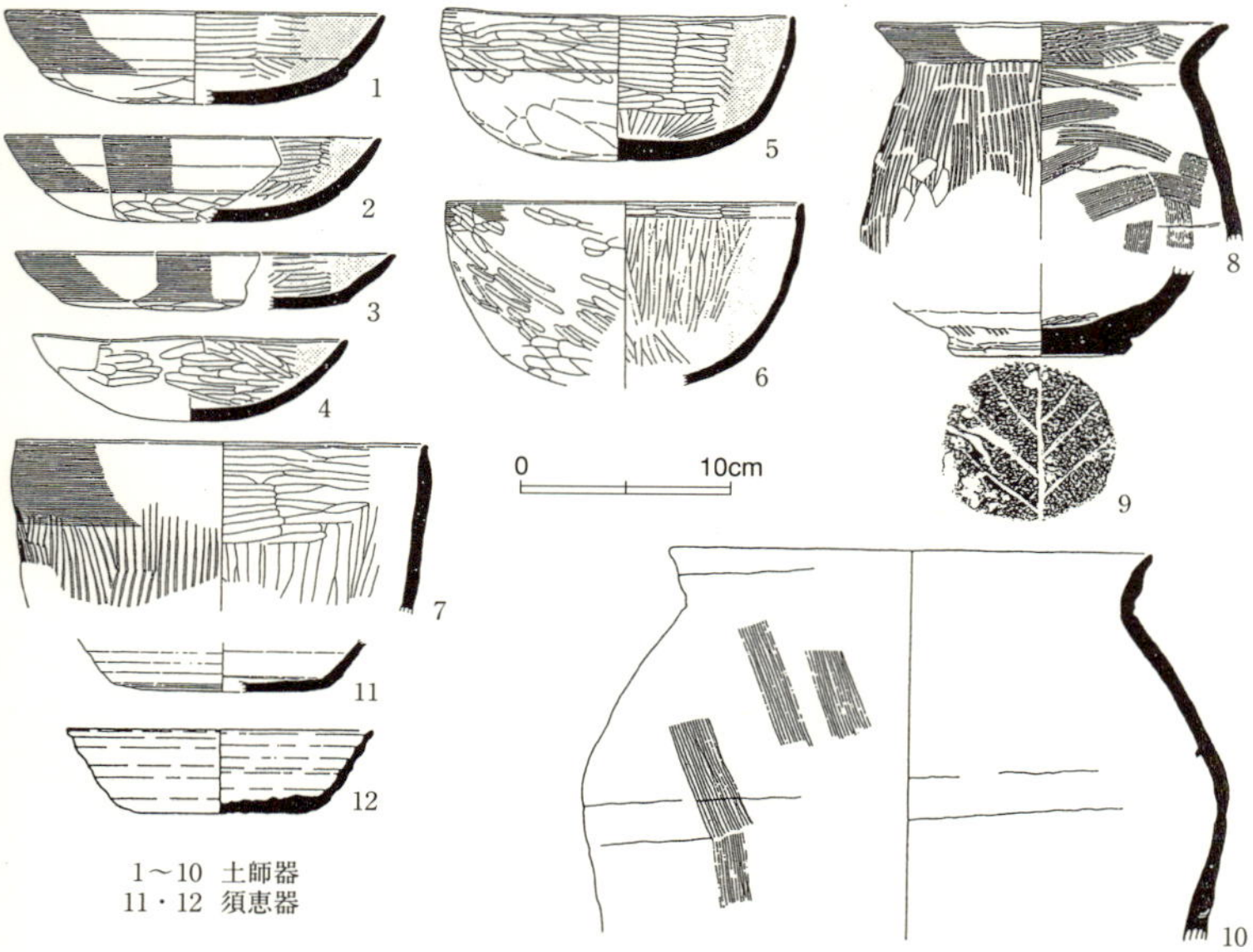

図54　A群土器

文字のため内容が不明なものなどに分けられる。

(二)　土　器

多賀城跡から出土する土器には、土師器・須恵器・須恵系土器の三種類がある。これらの土器の編年的研究が行われており、A群からF群へと変遷することが明らかとされている。ここでは、紙面の関係上特徴のみを概略し、近年の調査でF群以降の土器群の変遷がとらえられているので、併せて簡潔に述べる。

A群土器（八世紀）　土師器と須恵器で構成される。土師器は、杯・甕類とも調整にロクロを使用しないもので（以下、非ロクロ調整という）、杯は体部と底部の境に軽い段をもつ。内面は黒色処理されている。須恵器の杯はロクロからの切り離しがすべてヘラによる（以下、ヘラ切りという）ものである。

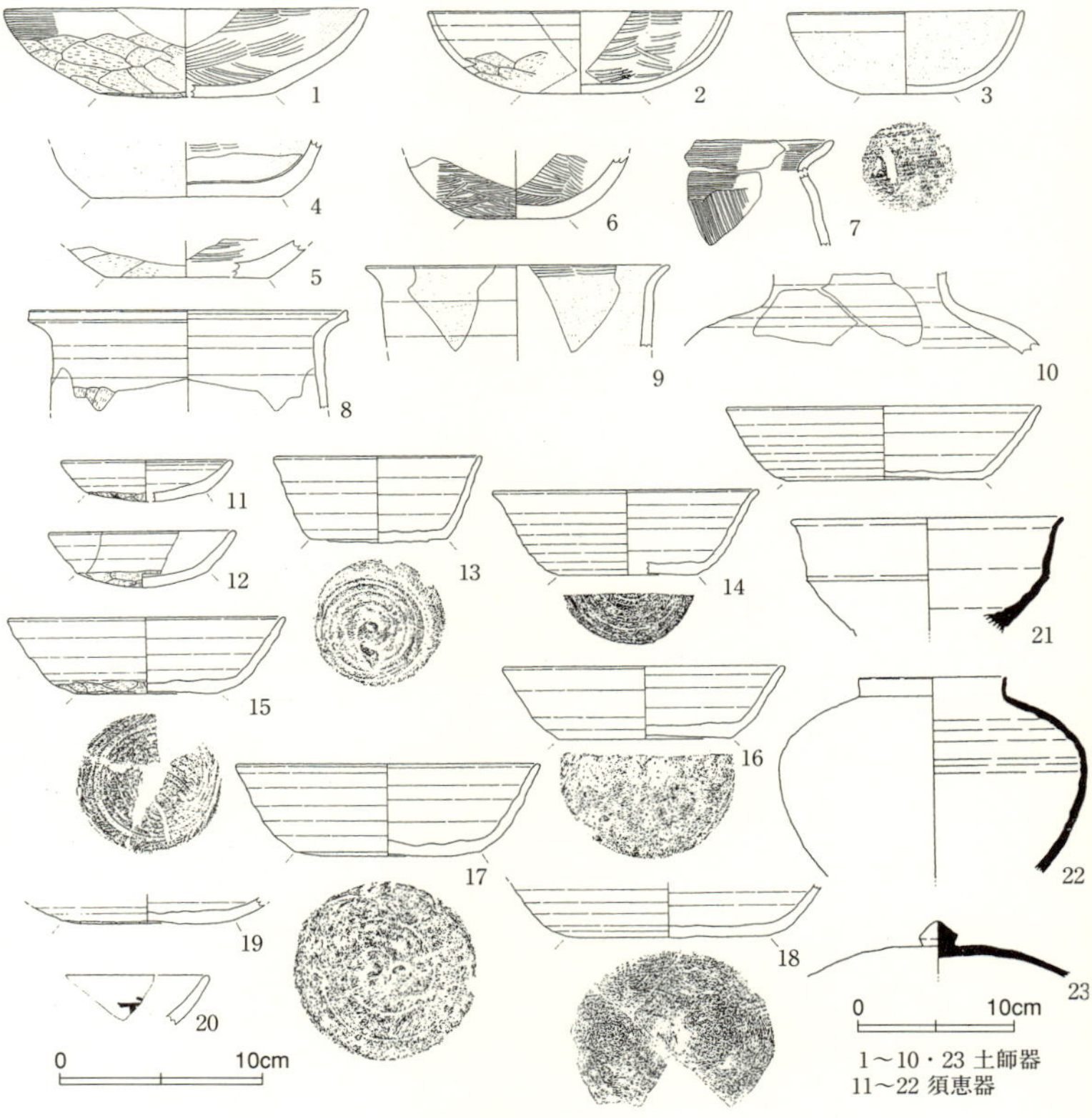

図55　B群土器

B群土器（八世紀末頃）　土師器と須恵器で構成される。土師器の甕類は非ロクロ調整のものであるが、杯は非ロクロとロクロ調整のものが共存する。ロクロ調整の杯の切り離しにはヘラ切りと糸切りがみられる。底部全体を手持ちあるいは回転のヘラ削り調整したものが多い。須恵器の杯はヘラ切り無調整のものが多く、糸切りは少ない。

C群土器（九世紀前半中心）　土師器・須恵器・灰釉陶器で構成されるが、灰釉陶器は微量である。土師器は甕類の一部に非ロクロのものがある

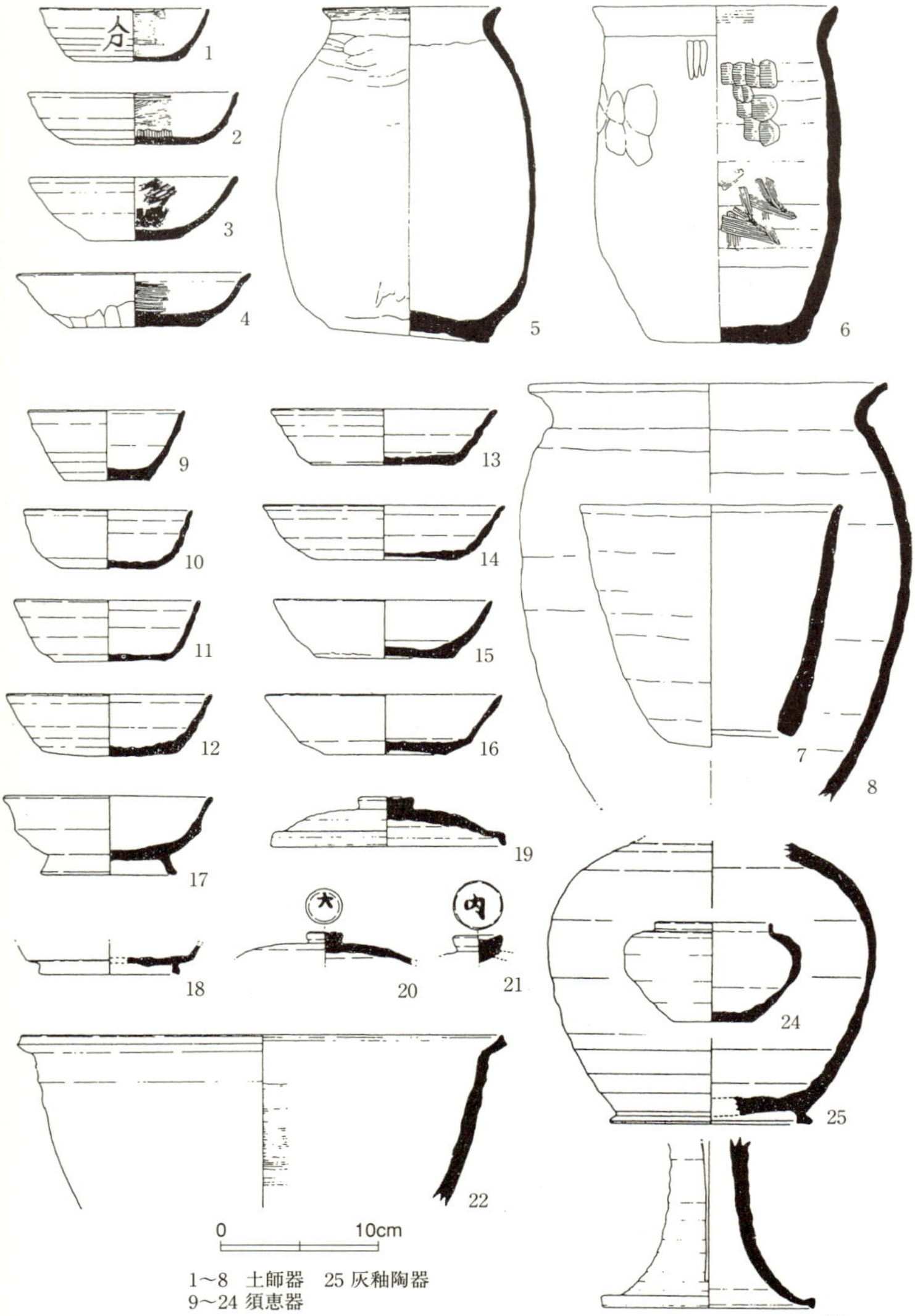

1~8 土師器　25 灰釉陶器
9~24 須恵器

図56　C群土器

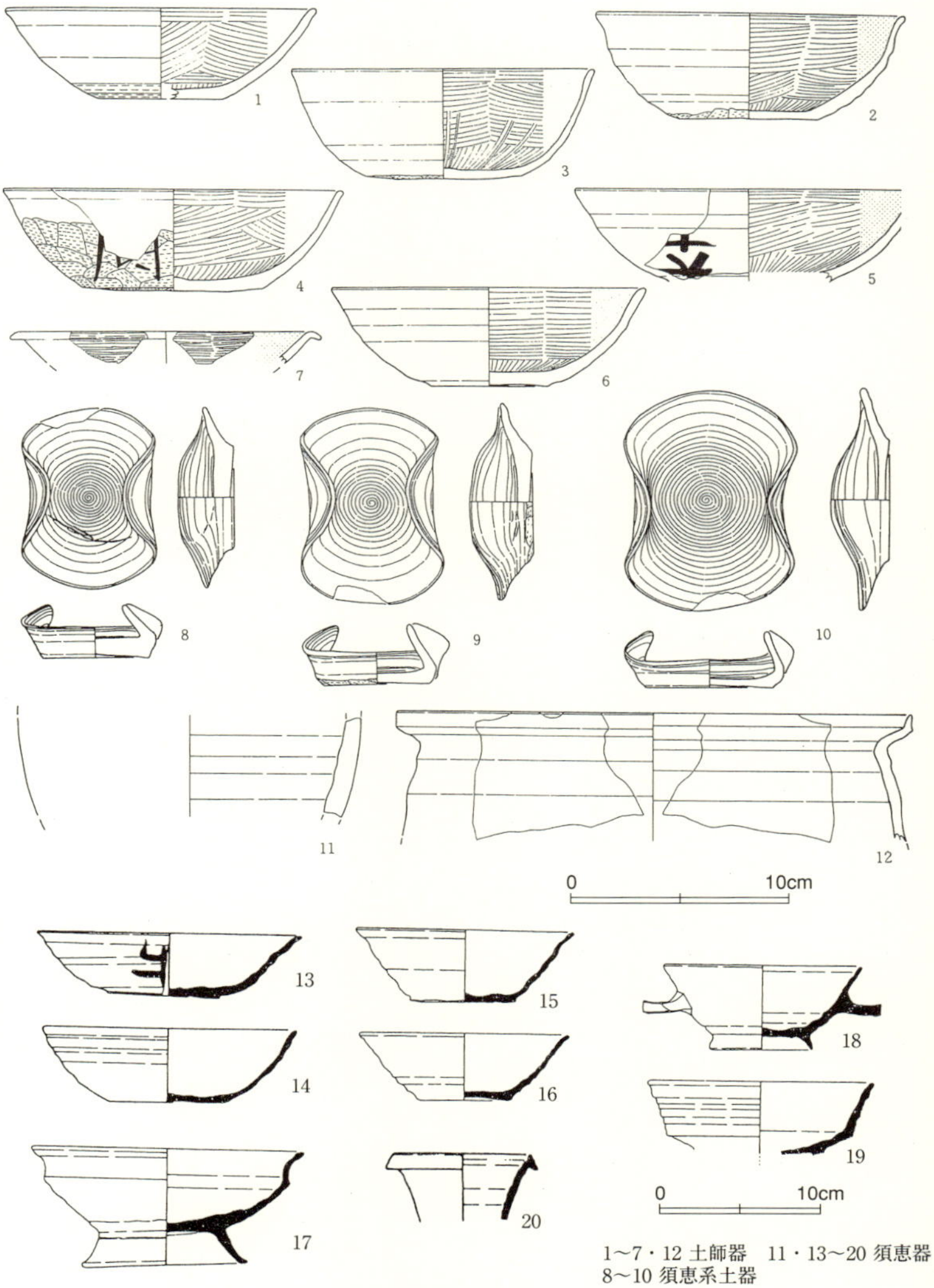
1
2
3
4
5
6
7
8
9
10
11
12
0
10cm
13
14
15
16
17
18
19
20
0
10cm
1～7・12 土師器　11・13～20 須恵器
8～10 須恵系土器

図57　D群土器

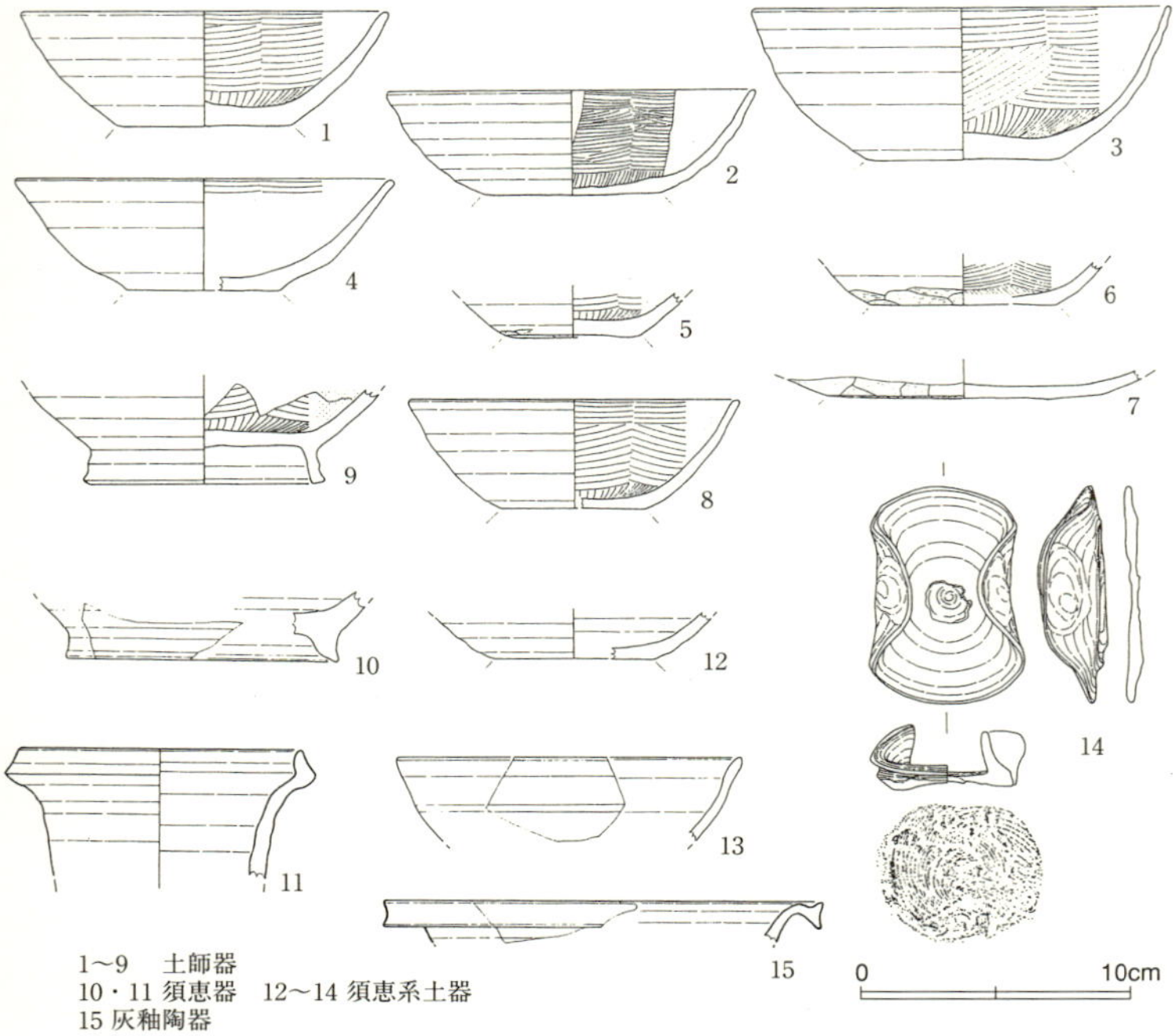

図58−1　E群土器（1）

が、ロクロ調整のものが主体である。杯類はすべてロクロ調整され内面が黒色処理されたもので、切り離しには糸切り、静止糸切り、ヘラ切りがあり、切り離し後に回転ヘラ削りするものが多い。須恵器はヘラ切り無調整のものが主体を占めるが、糸切りや、静止糸切りのものもある。

D群土器（九世紀後半中心）　土師器・須恵器・灰釉陶器の構成にはじめて須恵系土器が出現する。須恵系土器とは「ロクロ調整され、切り離し後ヘラミガキや黒色処理などの調整を受けず、酸化焔焼成されたもので、器形的に一定のまとまりをもつ土器群」のことで、古代の土器群として把握されているものである。土師器は、杯のロクロからの切り離しをみると、糸切り無調整のもの、ヘラ切り無調整のも

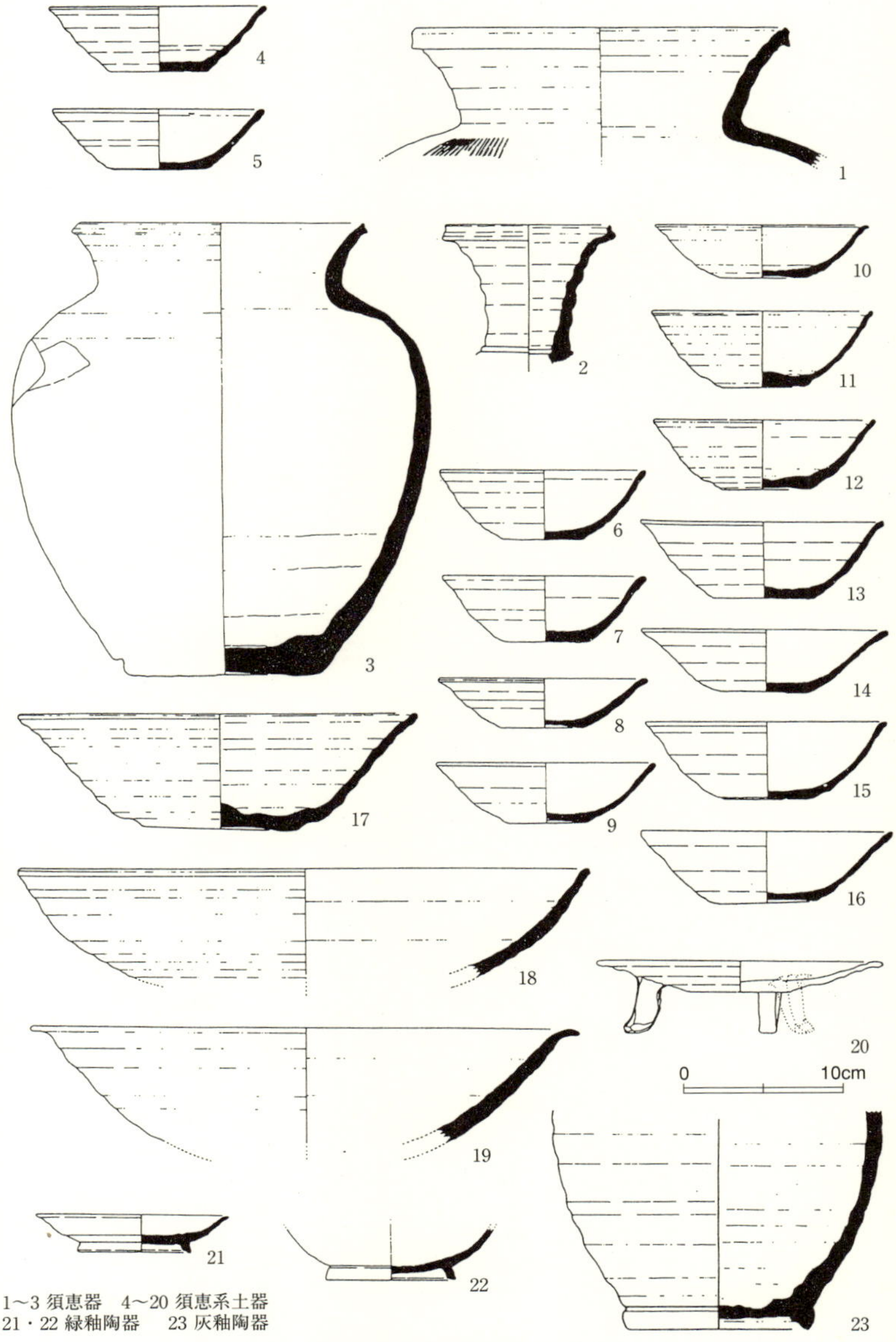

1～3 須恵器　4～20 須恵系土器
21・22 緑釉陶器　23 灰釉陶器

図58－2　E群土器（2）

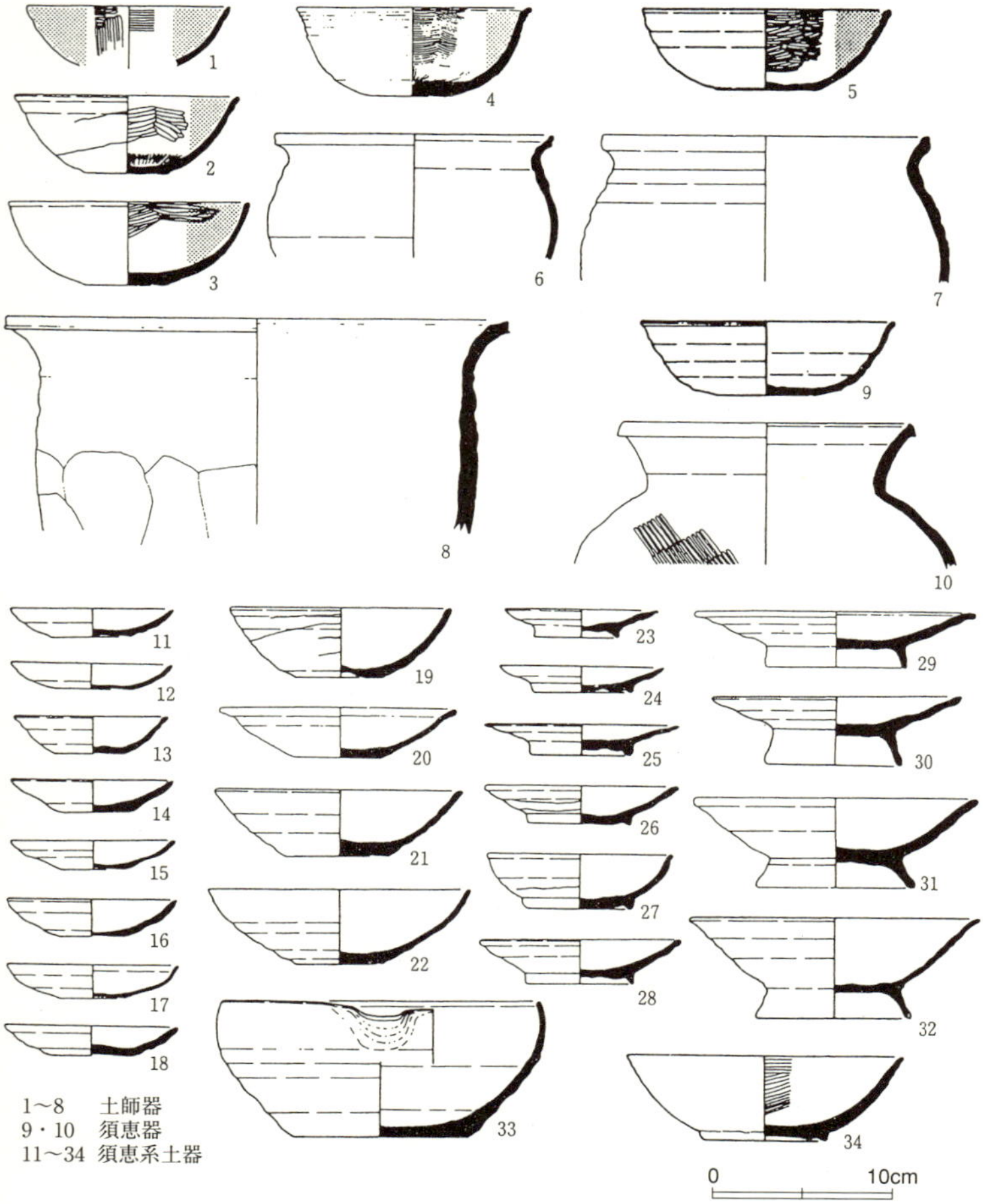
1
4
5
2
3
6
7
8
9
10
11
12
13
14
15
16
17
18
19
20
21
22
23
24
25
26
27
28
29
30
31
32
33
34
1〜8　土師器
9・10　須恵器
11〜34 須恵系土器
0
10cm

図59　F群土器

の、底部全面を回転ヘラ削りしたものがあるが、糸切り無調整のものが多い。須恵器杯の切り離しは糸切りが主体に変化している。

E群土器（十世紀前半中心）　土師器・須恵器・須恵系土器・施釉陶器で構成される。須恵系土器の比率が高まってくるが、F群のような小皿はみられない。土師器杯・須恵器杯ともにロクロからの切り離しが糸切り無調整のものが圧倒的に多い。

F群土器（十世紀中頃）　構成はE群と同じであるが、特徴は、須恵系土器の占める割合が圧倒的に高くなることと、小皿が出現し、杯・高台杯とも大（口径一三〜一六センチ前後）、小（口径一〇センチ前後）がセットで出土する点である。須恵系土器の急増にともなって土師器・須恵器が減少し、とくに須恵器の杯類は減少が著しい。

十一〜十二世紀の土器群　多賀城の終末とされている十世紀後半以降の土器の様相については、判然としておらず不明であったが、近年の調査でF群土器よりも新しく、十二世紀後半代の「手捏《てづくね》かわらけ」の間に位置するとみられる土器群が出土している。この土器群は、須恵系土器から連続的な変遷をたどれるものであり、供膳形態が杯（大形杯）と小皿（小形杯）に集約された組成をなす点で十三世紀以降の素焼きの土器群と類似した様相を示している。したがって、この時期の土器は、古代的な須恵系土器から中世的な土器への過渡的な特徴を示す土器群として位置づけられる。

土器群の組成から変遷をみると、ロクロ成形土器（大形杯・小形皿）・土師器・須恵器・緑釉陶器・華南産《かなんさん》白磁（G群土器）→ロクロ成形土器（厚手底の小皿・高台状の皿）・大形杯類・灰釉陶

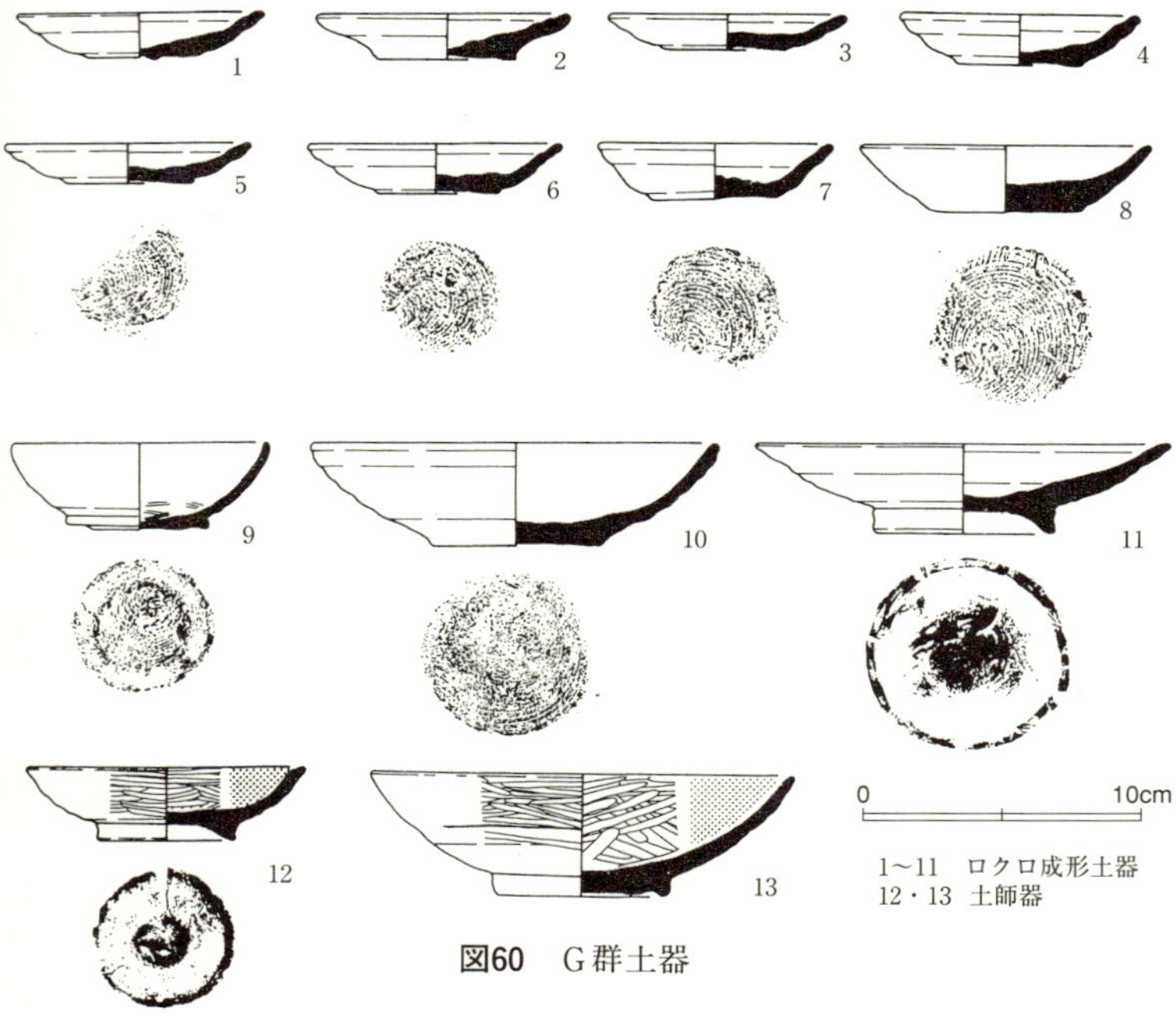

図60　G群土器

器で構成され、土師器・須恵器が消滅（H群土器）→ロクロ成形土器（杯・皿）に手捏土器（杯・小皿）が加わる。灰釉陶器・白磁・青《せい》磁《じ》・常滑《とこなめ》三筋文壺・甕が共伴（I群土器）→ロクロ成形土器（杯・小皿）・手捏土器・青磁・常滑三筋文壺・大甕・片口鉢・甕・石鍋が共伴（J群土器）、以上のようにとらえられてきている。

多賀城の終末問題

古代律令政府の東北支配の中枢機関として、重大な役割を担った「多賀城」は、いつ頃まで存在したのか。その後はどのようになってしまったのか。いわゆる多賀城の終末問題が、多賀城の調査研究の関心事の一つでもある。政庁跡の発掘調査をはじめとする多賀城跡の調査の結果では、十世紀後半が多賀城の終末とされ、古代の陸奥国府としての多賀城はこの頃終焉を迎えた

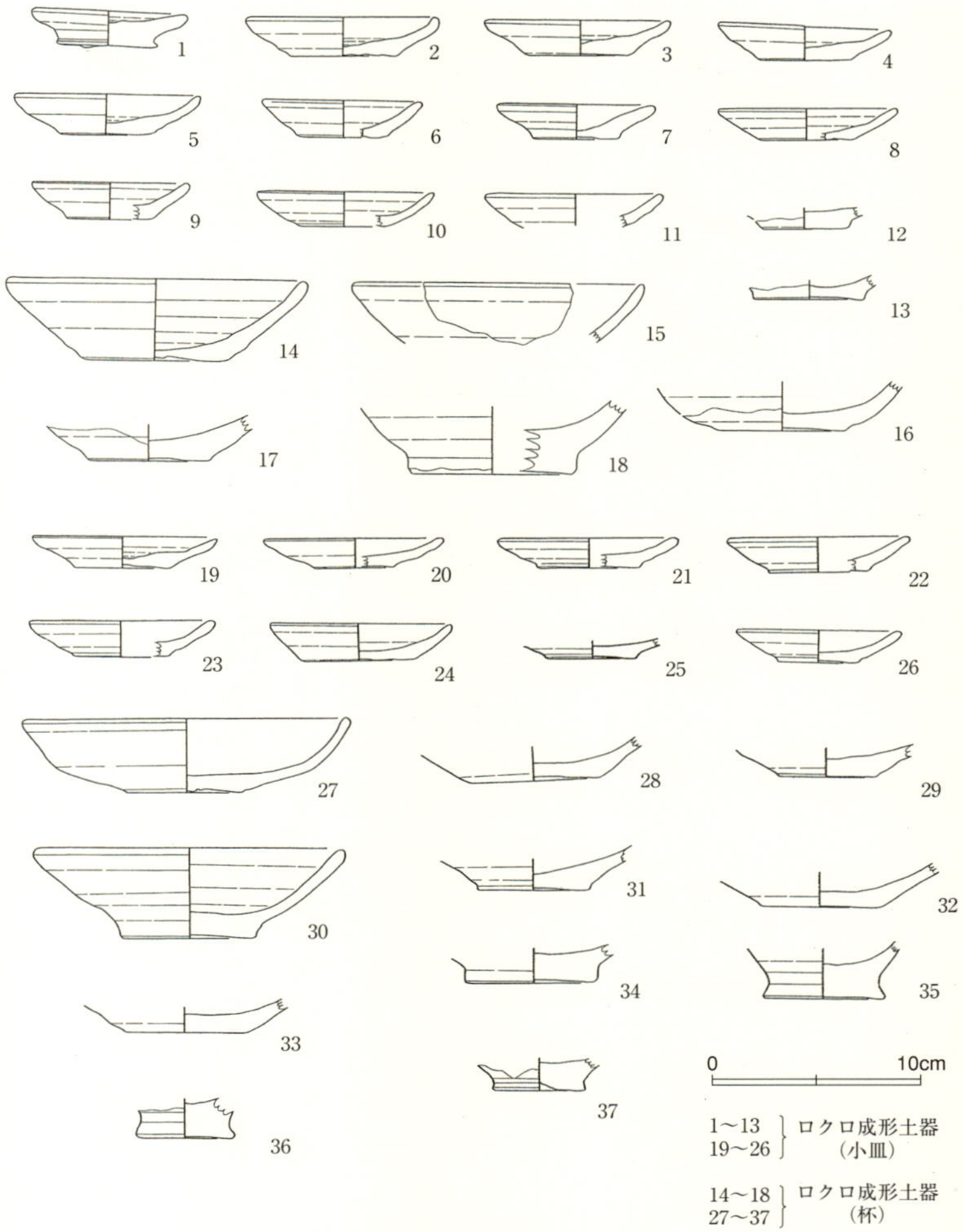
1
2
3
4
5
6
7
8
9
10
11
12
13
14
15
16
17
18
19
20
21
22
23
24
25
26
27
28
29
30
31
32
33
34
35
36
37
0
10cm
1～13
19～26
ロクロ成形土器
（小皿）
14～18
27～37
ロクロ成形土器
（杯）

図61　H群土器

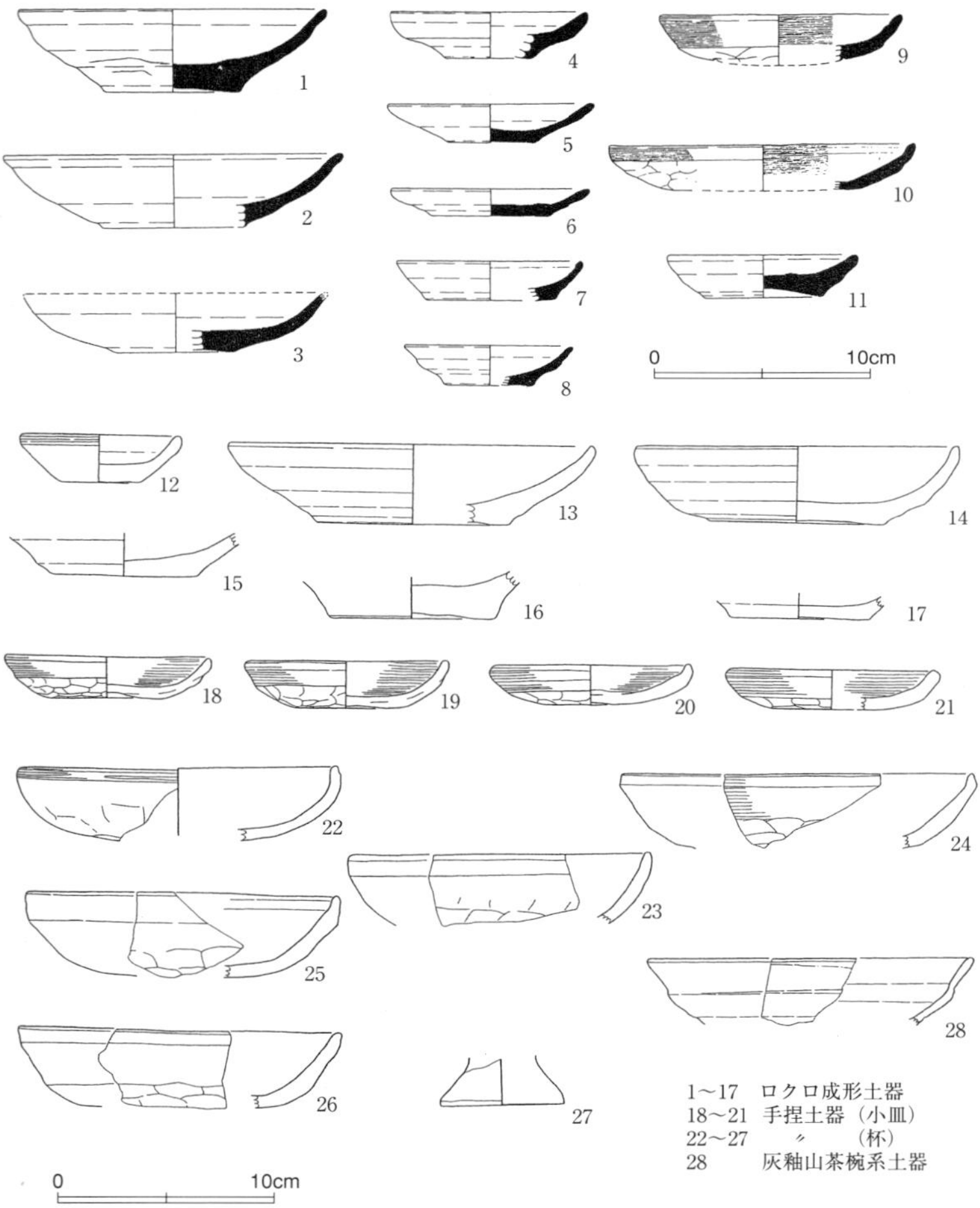
1~17　ロクロ成形土器
18~21　手捏土器（小皿）
22~27　〃　（杯）
28　灰釉山茶椀系土器
0　10cm

図62　I群土器

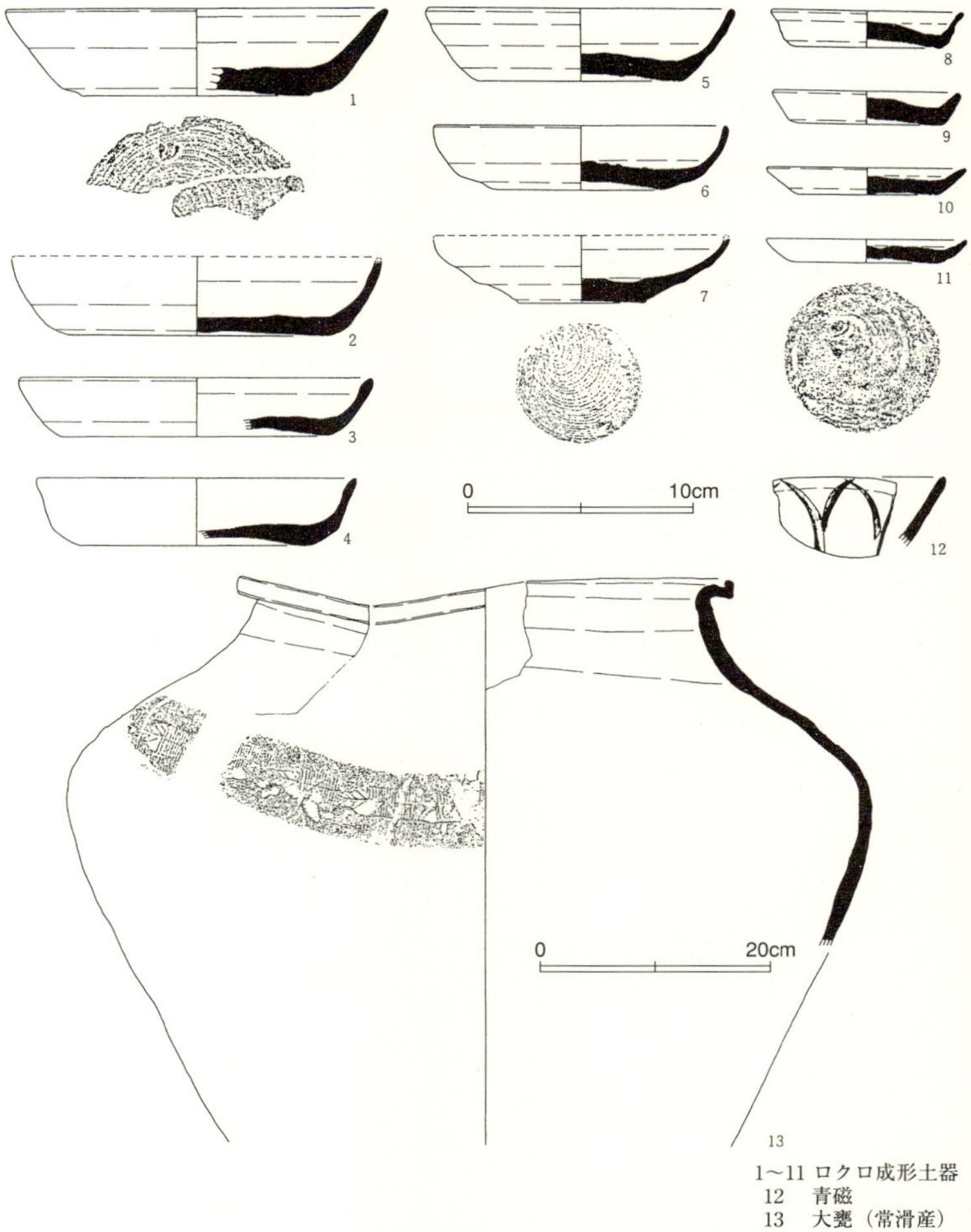

1～11 ロクロ成形土器
12　青磁
13　大甕（常滑産）

図63　J群土器

と考えられてきた。

しかし、平安時代末から南北朝にかけて「多賀国府」の名称で登場する、いわゆる中世の「多賀国府」の所在を多賀城の城外に求めたとしても、その間の時期―十一～十二世紀―が空白となる。この点に関しては、考古学的に実証できる遺構が発見されてはいないが、最終期の建物が長期にわたって存在していた可能性も考えられる。近年の調査で、この時期の遺物が土壙、溝跡、井戸跡などの生活遺構から出土していること、饗宴に用いられた土器群と貿易陶磁器類が出土していることなどから、国府機能は十世紀後半以降も維持されていたと考えられよう。

また、政庁―南門間道路の廃絶時期について、「政庁と南門を結ぶ直線道路も十一世紀代まで維持された可能性は高く、道路廃絶年代の下限は、ＳＤ二七七〇溝出土土器の年代観から十二世紀前半代まで下る可能性がある」と報告されており、十一世紀～十二世紀代の国府・国庁機能が政庁やその周辺で保持されていた可能性があるといえる。

(三) 硯

円面硯・風字硯　多賀城跡から出土する硯はすべて焼き物である。円面硯《えんめんけん》は、円形の硯部に脚部を巡らせたもので、脚部に刻線で縦や格子文様を入れ、方形や円形などの透かしを組み合わせたものが多い。風字硯《ふうじけん》は、風の字形に似たことから付けられたもので、硯部に二個の小さな脚が付けられるものもある。他に硯部に粘土帯を貼り付けて陸と海を分けたものや、硯部を二つに分けた二面硯《にめんけん》もみられる。

転用硯　須恵器や瓦の中に摩耗痕や墨・朱墨の付着したものがある。これは、硯

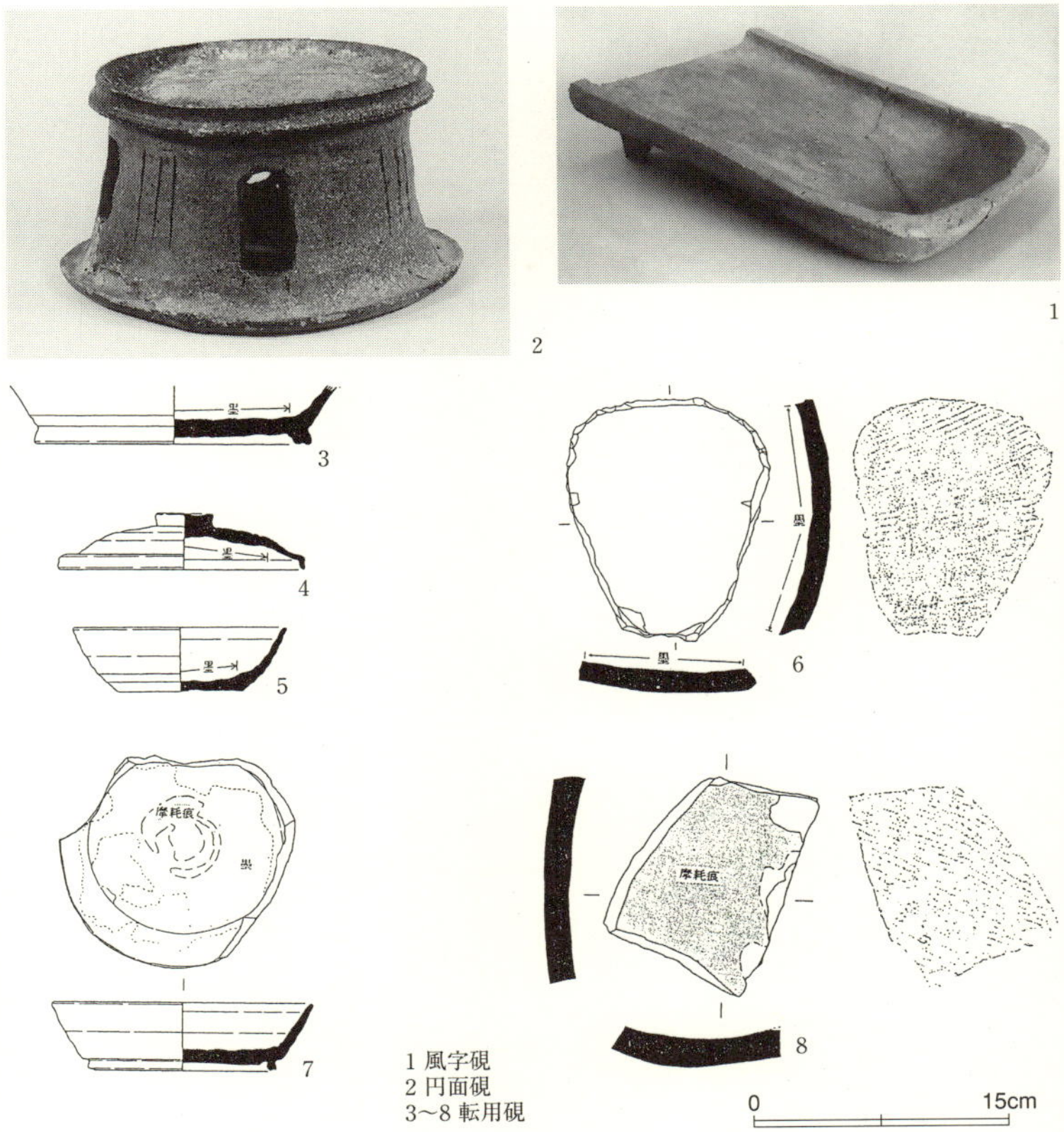

図64　硯

として使用されたもので、転用硯《てんようけん》とよんでいる。これには須恵器の杯類や蓋の内面を硯面としたもの、甕や壺の体部破片を利用したもの、軒丸瓦の裏面を利用したものなどがある。

これら硯および転用硯は、とくに政庁地区から多く出土しており、この地区の性格の一端を表している。

(四) 木製品・石製品

木製遺物としては、容器や道具類が出土している。容器には、ロクロを用いた

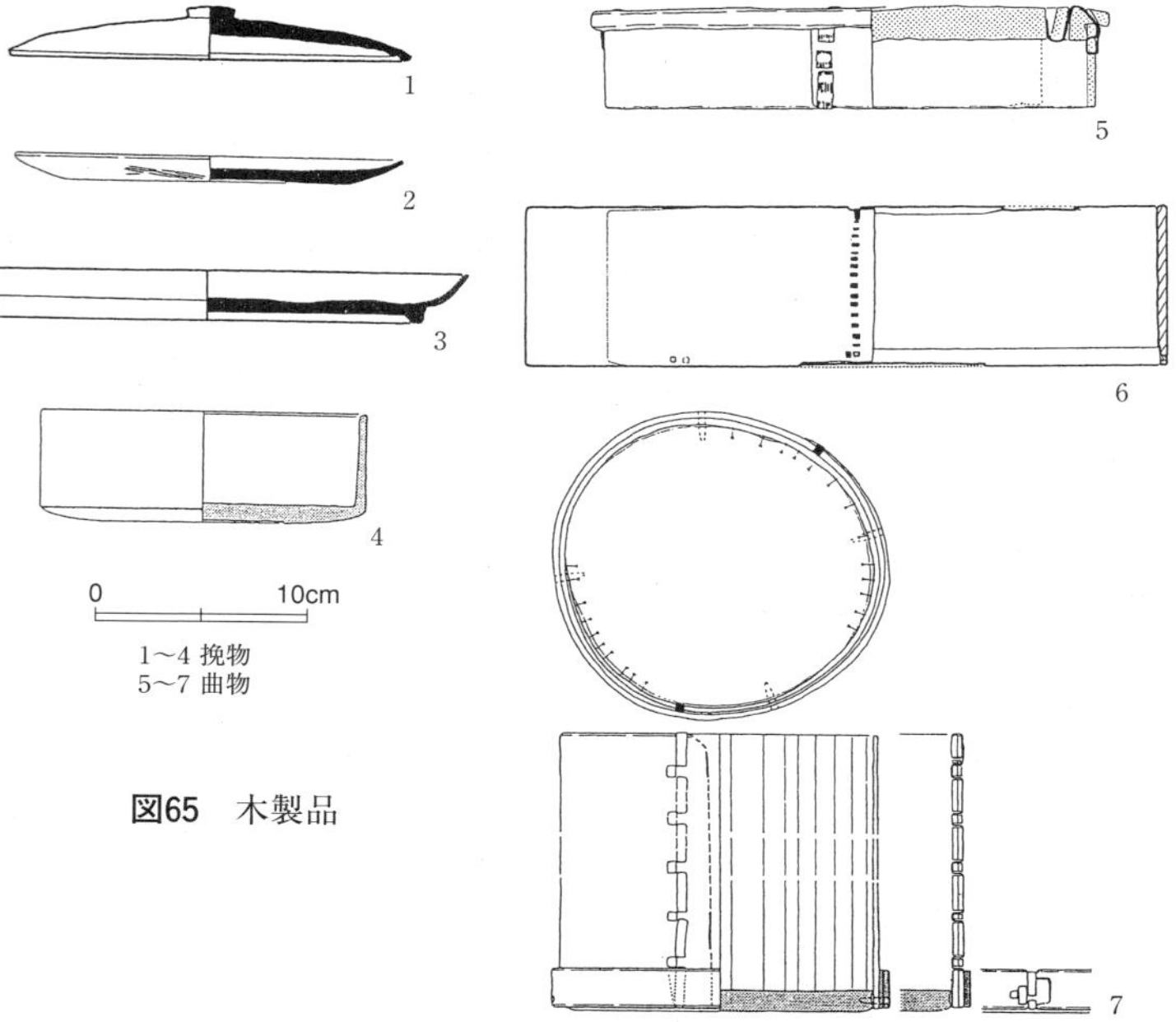

図65　木製品

挽物と底板に杉や檜の薄い板を回した曲物・折敷（盆）がある。挽物としては、蓋・皿・高台皿・鉢がみられ、曲物には蓋と身がある。また鋤の未製品も出土しており、鉄製鋤先を装着するための削りや、手の握り部分をえぐる作業を経て製品になるものである。これらが出土した政庁南西の鴻ノ池地区には、木製品を作る工房があったものと思われる。その他さまざまな道具が発見されている。

　石製品としては、役人が締める革帯の着け飾りである石帯で、丸鞆と巡方とよばれるものや、砥石などが出土している。

（五）金属製品

　鉄製の刀は、刃部の長さが三〇センチ前後の短いもので、把頭が早蕨状の蕨手刀とみられるものも出土している。その他の武器としては、鉄鏃、矛が出土している。

その他には、刀子、鉄斧、鋤先、鎌、鉄鍋、紡錘車、釘等が出土している。さらに、皇朝十二銭の一つで、八一八（弘仁九）年初鋳の「富壽神寶」が発見されている。

（六）文字資料

遺跡から発見される文字資料としては、墨書土

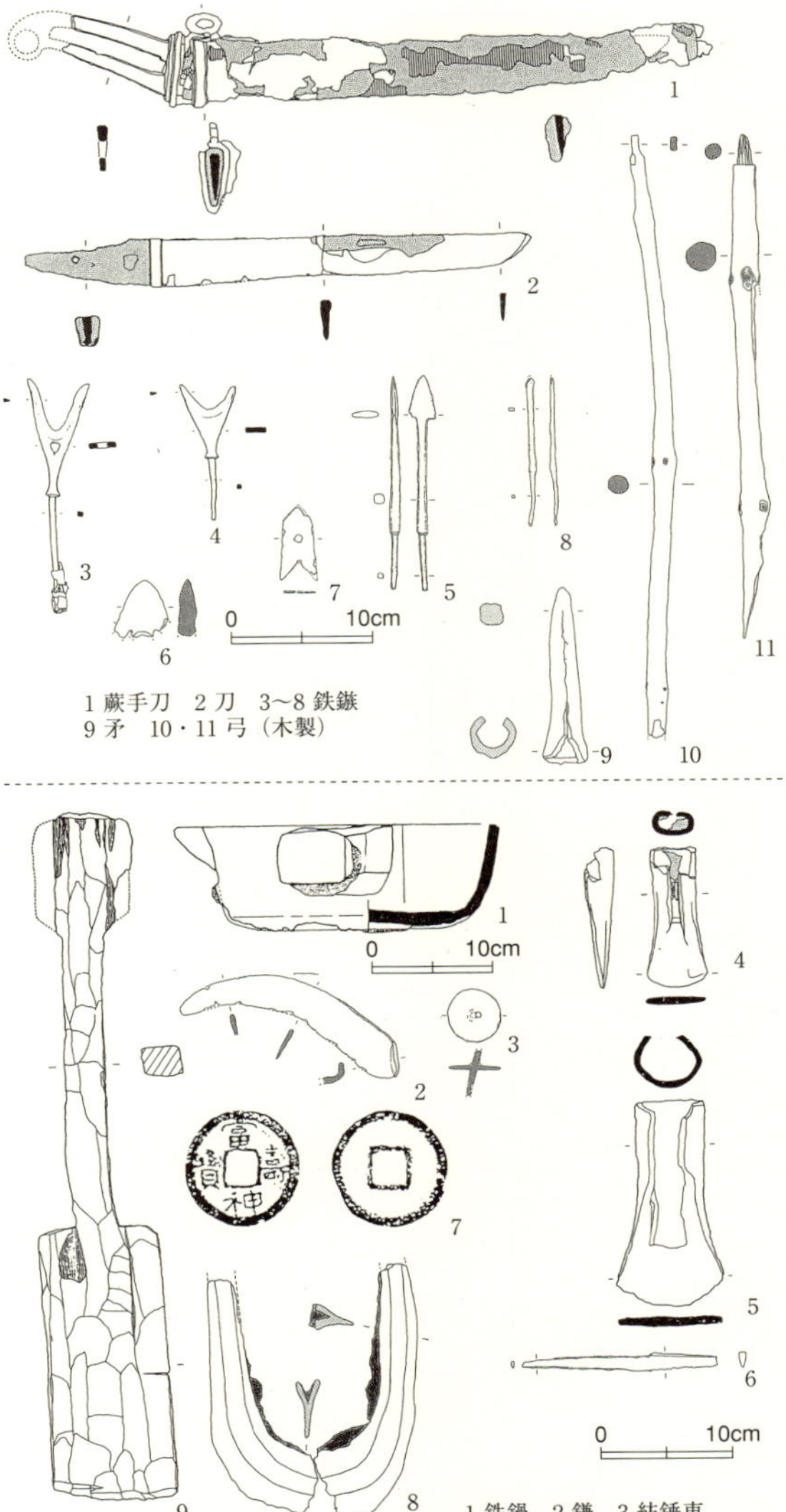

1 蕨手刀　2 刀　3〜8 鉄鏃
9 矛　10・11 弓（木製）

1 鉄鍋　2 鎌　3 紡錘車
4・5 鉄斧　6 刀子　7 銅銭
8 鋤先　9 鋤（未製品・木製）

図66　金属製品（上：武器、下：工具）

器が一般的であるが、多賀城跡からは多量の木簡と漆紙文書が出土している。

日本ではじめて発見された「漆紙文書」

役所で使用された紙の文書が漆の「ふたがみ」として使用されたため、漆が付着した「ふたがみ」が不用になって捨てられても、紙は腐らずに残る。これが漆紙文書である。古代には紙は非常に貴重なものであった。したがって漆の作業に使われる紙は、文書の反故を再利用する場合が一般的であったようである。

多賀城ではじめて発見され、確認されたのは一九七三（昭和四十八）年のことである。「漆紙文書」の名称も一九七八（昭和五十三）年に多賀城で付けられた。これまで一二〇点を超す漆紙文書が発見されている。

文書の内容は多様であり、物品の貢進文書・請求文書、都などへの上申文書、具注暦とよばれる注釈付きの暦、徴税台帳である計帳、田の位置・名称・広さなどを列挙した田籍《でんせき》関係文書などがある。

漆紙文書が最も多く発見された場所は、政庁地区西辺築地の第Ⅱ期石組み雨落ち溝に接した部分の地山面で、検出された土壙から八九点が出土している。政庁跡からは、この他に六点が見つかっている。政庁以外では、金堀地区、大畑地区、五万崎地区官衙跡の土壙から出土している。

図67は、金堀地区のＳＫ３５０土壙から出土したもので、初めて発見された漆紙文書（第九六号文書）である。瓦・須恵器・土師器が共伴しており、年代は九世紀後半頃と考えられている。この漆紙文書は、土師器の内面に付着した状態で発見されたもので、人名および年齢を列挙しており計帳様文書の断簡として知られていたが、近年になって新たに紙背文書の存在が判明した。内容は

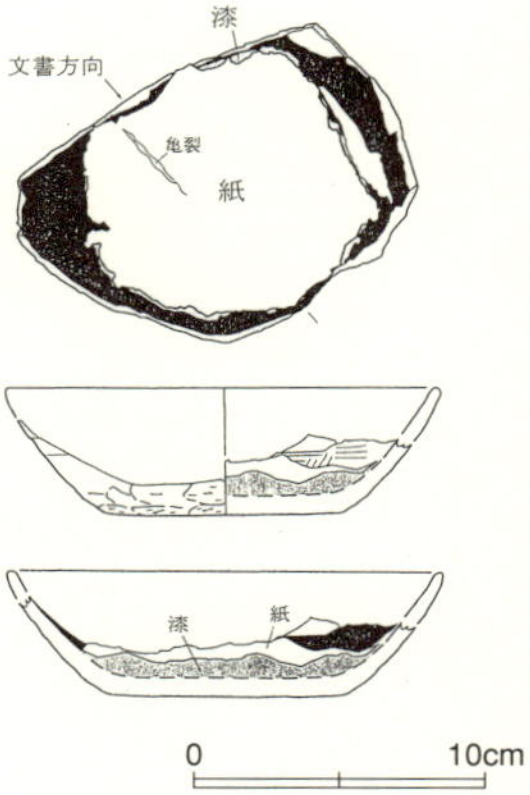

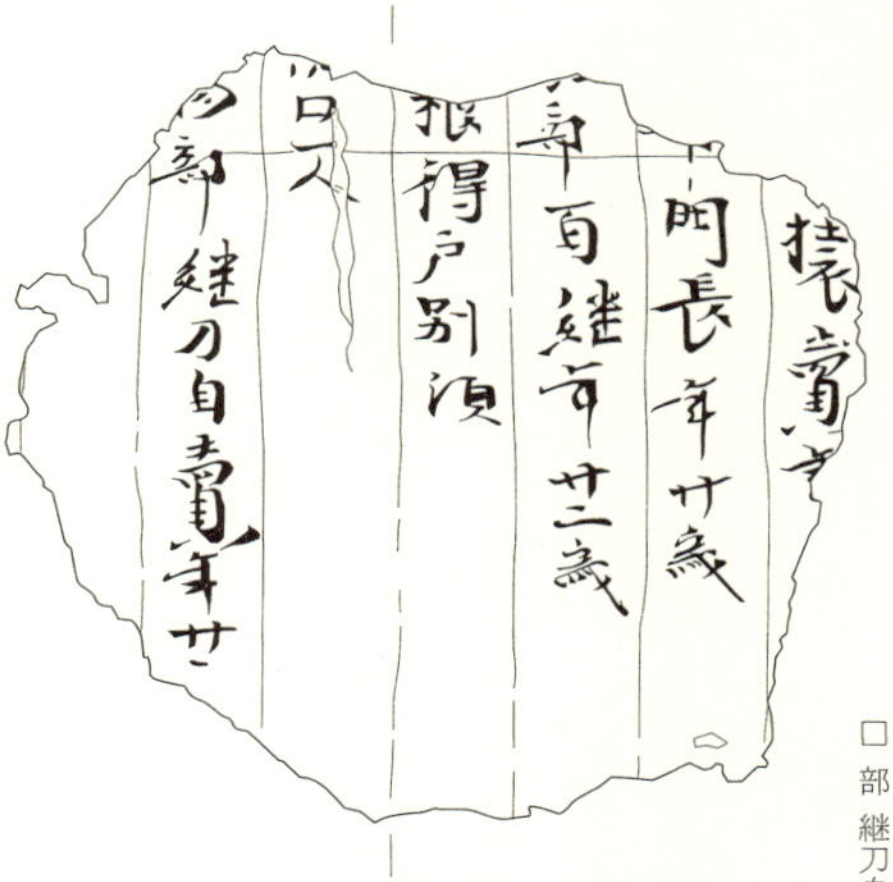

〈オモテ面〉

〔釈文〕

」猿賣　年〔
」部門長年廿歳
」部百継年廿二歳
□(根カ)得戸　別項
」ロ一人
□(物カ)部　継刀自賣年廿□(六カ)

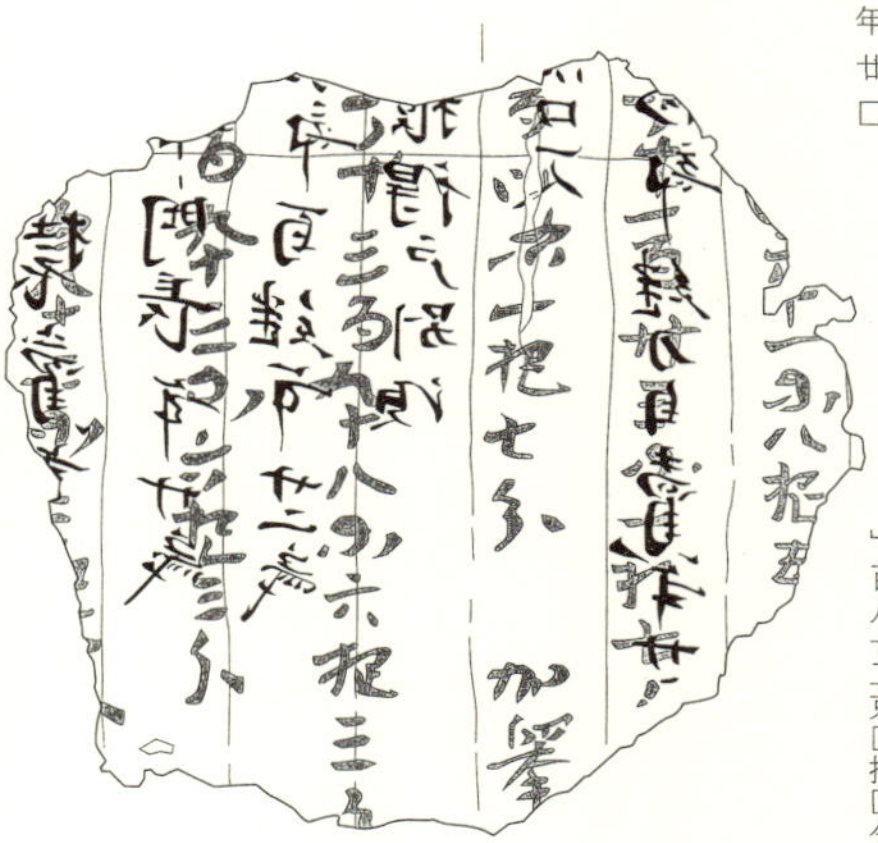

〈ウルシ面〉

〔釈文〕

」□(百カ)六十一束八把五〔
一千一百　廿三束一把七分
」百四束一把　七分　　加挙
□(一カ)千　三百九十八束六把三分
」百九十三束　六把三分
」百八十二束□(三カ)把□分

図67　初めて発見された漆紙文書

図68　具注暦

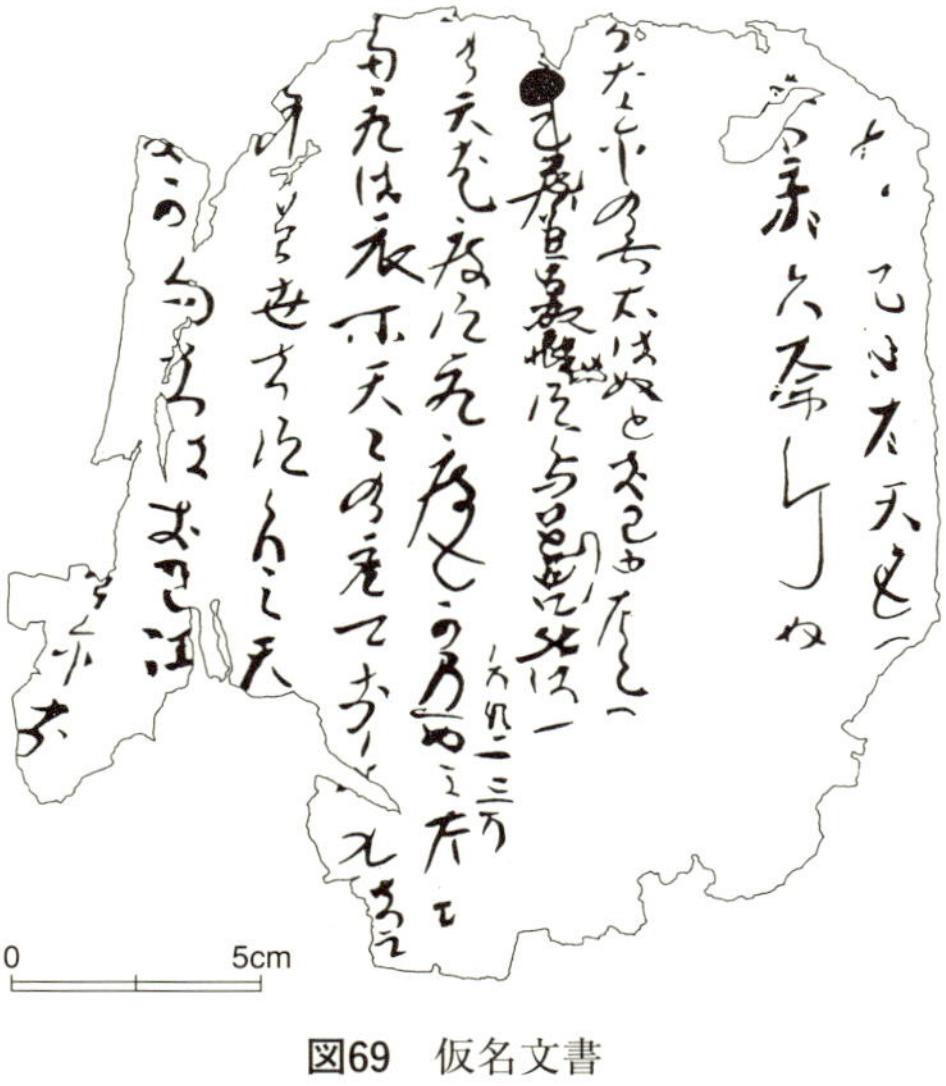

図69　仮名文書

釈文に示したとおりであるが、六行にわたって稲束数が記載されており、三行目に「加挙」の語句があることから、出挙関係の帳簿の断簡と考えられる。

図68（第一〇〇号文書）は、五万崎地区から出土したもので、具注暦の一部である。七八〇（宝亀十一）年十一月のものであると考察されている。

図69は、大畑地区の第六〇次調査（一九九一）で発見された仮名文書である。仮名の字体等から明らかに平安時代初期の筆録にかかるものであり、九世紀中頃に廃棄されたものとされている。この文書は、当時仮名文が都の周辺のみならず、広く東国にまで及んでいたことを証明するものであり、国語史上、ひいては日本文化史上において画期的な発見であるといえる。

〔釈文〕
・白河団進上射□□□□〔手歴名事カ〕　火長神
　□守十八人　□□〔火長カ〕和徳三衣　人味人
合卌四人
・□
大生部乙虫　□□部嶋□〔成カ〕　丈部力男
□□〔阿倍カ〕□　□　大伴部建良

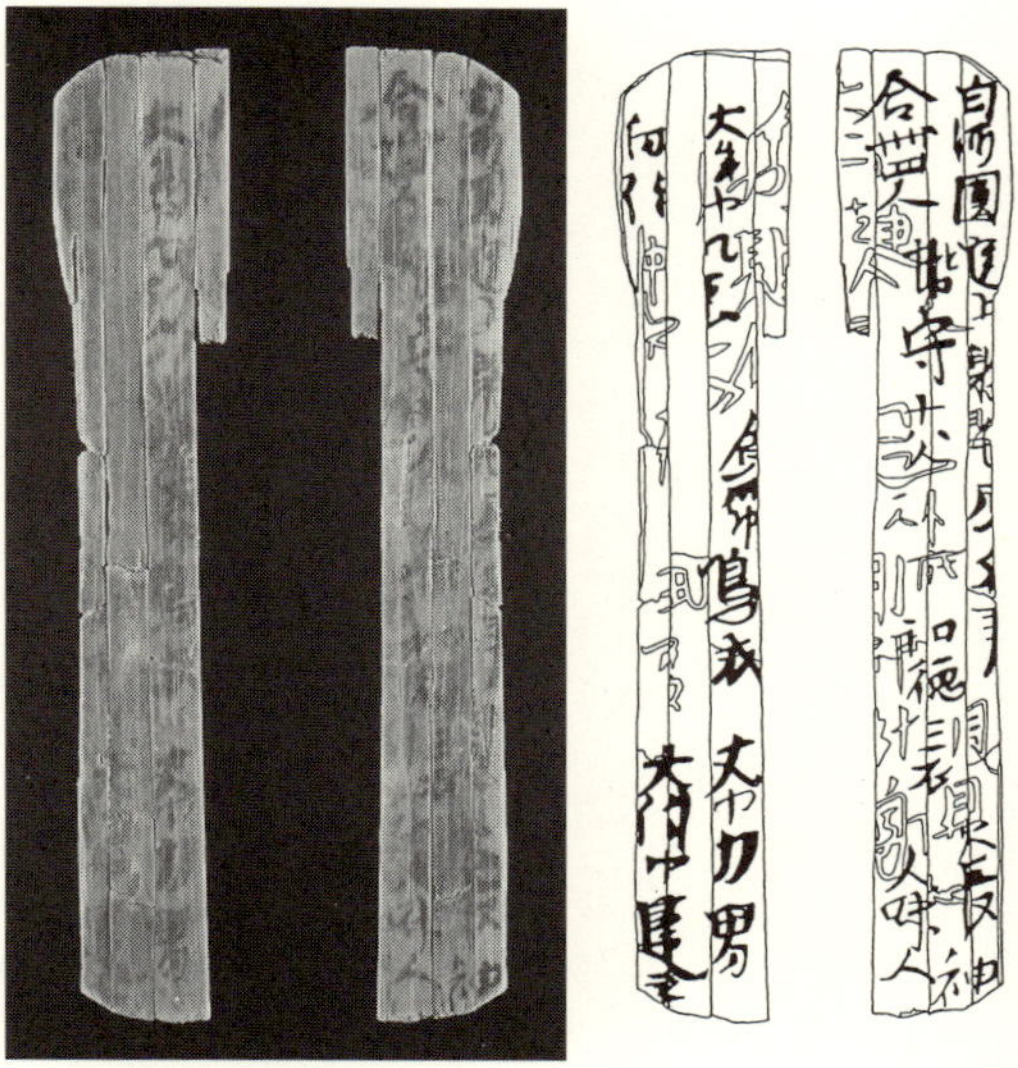

図70　木簡（1）

木　簡　木簡とは木の札に文字を記したもので、形はさまざまである。長さも一〇《センチ》から三〇《センチ》位のものまであり、さらにその用途も多様で、文書・付け札・習字・落書きなどがある。日本では、一九六一（昭和三十六）年に平城京で初めて確認され、資料に限界がある古代史研究にとって、かけがえのない貴重な遺物となっている。多賀城跡からも一〇〇点以上の木簡が出土している。なかには多賀城創建の年代を示すものや、東国各地から多賀城に物資や兵士を送り込んだことを示す貴重な資料もある。

図70は外郭東辺の南東部に施設された土居桁内の整地層から出土した一〇点を接合したものである。上・下両端は原形を止めているが、左右両側は欠損しており本来は幅の広い木簡と考えられる。表は白河団から進上した射□（手カ）の総数とその内訳が記され、裏は進上された射□（手カ）の歴名であ

図71　木簡（2）

〔釈文〕
『□　□』
黒万呂姉占マ麻用賣
弟万呂母占マ小冨賣□
戸主同族［　　］

る。白河団は、七二八（神亀五）年に設置された陸奥国の軍団である。

図71は多賀城南門から政庁に通じる道路のうち、八世紀前半の道路に施設された石組暗渠造成の裏込め土中にあった木簡で、三本の界線はいずれも刻線である。

この木簡は、①「人名＋続柄＋人名」の記載をとる、②男女順の戸口配列法をとっている、③「戸主同族」の記載がある、などの特徴をもって

図72　木簡（3）

〔釈文〕
安積団解　申□番□□事
畢番度玉前剗還本土安積團会津郡番度還
［　］二人□［　］
畢上［　］
［　］（郡カ）□□□□□□□［　］

安積《あさか》団解《げ》し申す。□番□□の事
番を畢《おわ》り、玉前剗《たまさきのせき》を度《こ》えて本土に還《かえ》る。
安積団会津郡の番。度えて還る。

いる。①と②の記載上の特徴は、大宝二年（七〇二）御野国戸籍と和銅元年（七〇八）陸奥国戸口損益帳にのみみられるもので、③の「戸主同族」の記載は陸奥国戸口損益帳にしかみられないものとされている。大宝二年籍では御野型戸籍と西海道型戸籍の両様が存在しており、陸奥国の場合には陸奥国戸口損益帳やこの木簡の存在から類推して、御野型戸籍であったとみることができよう。

石組暗渠の裏込め土から出土した木簡群の廃棄年

代は、その内容の検討から七二一（養老五）年四月以降間もない時期と考えられている。

　図72は、多賀城外郭西辺の材木塀西側の南北大溝から出土した木簡である。その内容は、多賀城に当番勤務していた安積軍団に所属する会津郡の兵士が当番を終えて、玉前剗《たまさきのせき》（関）を越えて出身地に還ることを安積軍団の役人が国府に上申したものである。玉前は、現在の宮城県岩沼市南長谷の玉前付近とみられ、ここで国道四号線と六号線が合流する。古代にも陸奥国南部の山道と海道が合流するこの地に関が置かれていたことがこの木簡によって初めて明らかになった。

図73　「大垣」と書かれた墨書土器

墨書土器等
　古代の土器のなかには、文字・記号あるいは絵画等を記したものがみられる。墨書土器の文字の意味については、一般的に所属や用途を示すものととらえられている。多賀城跡からも土師器や須恵器に墨書・ヘラ書きされた土器が出土している。これまでの発掘調査で出土した墨書土器は一五五点を数え、刻書を含めても二〇〇点をやや下回っているが、後述する多賀城周辺部の街並みからの出土を含めると県内の出土総数の八割を占めている。

このうち、文字の内容がわかる墨書土器としては、「他田郷」「大垣」「大刀」「鎮」「團」「厨」「坏」などがある。

「他田郷《おさだごう》」は、駿河国と美濃国にある郷名である。「大垣《おおがき》」は、外郭南辺築地付近から出土した須恵器に記されたものである。当時の記録によると、宮殿や寺院の外郭区画施設が大垣とよばれていたことが知られており、多賀城の外郭築地も大垣とよばれていたことが推定される。「鎮」は、鎮守府・鎮所・鎮兵などにかかわるものと思われる。「團」は、軍団を意味する。「厨」は、城柵・官衙等の遺跡で比較的多く発見されている。

V　多賀城廃寺跡

1　正式名称は「観音寺」

はじめに、多賀城廃寺の正式名称について述べる。

これまで長い間「多賀城廃寺跡」とよばれてきた名称は、もちろん仮の名前であり、発掘調査によって多賀城の付属寺院であることが明らかとなったことから、その性格をあらわす意味合いからも一般にわかりやすい名称として付けられたものである。それまでは、寺院が所在する場所の名称から高崎廃寺跡とよばれていた。

多賀城跡の南東約一キロの多賀城市高崎の丘陵上に立地しているこの寺院については、古代の記録にはまったく記されてはいない。寺院に関する最も古い文献は、一七四五（延享二）年の『塩竈社記』で、「多賀城跡ノ東側、高崎之地ニ往古大社有リ。今ハ亡ビヌ。其旧址ニ許多ノ礎石及堂塔之蹟現存シ焉。此恐ラク式内多賀神社ノ旧墟ナルカ。俗ニ八幡宮ノ址ト曰也。然シ其據無シ。」と記されている。その後、一七七二（明和九）年の『封内風土記』や、一七七四（安永三）年の『風

図74　多賀城廃寺地形図

図75　「観音寺」と書かれた墨書土器

土記御用書出』には、多賀城時代の七堂伽藍があった寺院跡とする記載がみられるが、寺名については触れていない。

一九六一（昭和三十六）年から始まった発掘調査においても、この寺院の名称を知る手がかりは得られていなかったが、それから二二年後の一九八三（昭和五十八）年に行われた市内の遺跡の発掘調査で、多賀城廃寺跡の寺名を示すと思われる遺物が発見された。それは、多賀城市教育委員会が行った山王《さんのう》遺跡東町浦地区（第四次調査）の発掘調査である。

山王遺跡は、多賀城跡の西方に広がる沖積地に立地する遺跡で、東西に細長く微高地が形成されている。第四次調査を行った場所は、廃寺跡からおよそ二キロの地点で、ここから初めて古代の東西道路跡が検出された。道路跡は、路幅が一一～一三メートル、側溝心々距離一三～一五メートルを計り、その後城外の街並みの中心街路となる「東西大路」として位置づけられた道路跡である。この道路の北側で検出された土壙から二〇〇個体以上の土器が出土した。ほとんどが土師器と須恵系土器の杯で、重なって一括で捨てられており、年代は十世紀前葉に位置づけられる。これらの一つに「観音寺」

と墨書したものが発見されたのである（図75）。

この土器の内面には油煙が付着しており、灯明皿として使われたと考えられ、仏教行事の「万灯《まんとう》会《え》」で使用されたものと推定された。万灯会は一度に大量の明かりを灯し、懺悔滅罪をするもので、奈良の都平城京でも朱雀大路で執り行われたことが『続日本紀』にも記されており、陸奥国の国府においても府下の主要道路で万灯会が行われていたものと解し得る。多賀城の城下で仏教行事「万灯会」を司るのは付属寺院であることから、それに使用された土器に記された「観音寺」は、付属寺院の名称を示していると判断できる。したがって、多賀城の付属寺院である多賀城廃寺は、「観音寺」または同義である「観世音寺」であると考える。

2 伽藍の調査

廃寺跡の調査は、一九六〇（昭和三十五）年度から五カ年計画で組織された「史跡多賀城跡発掘調査委員会」によって、多賀城跡に先駆けて一九六一・六二年に実施された。その後、一九六六（昭和四十一）年に多賀城跡および廃寺跡が特別史跡に昇格したことにともなって、史跡公園としての環境整備事業が管理団体である多賀城町（当時）の主体で行われた。このとき「特別史跡多賀城跡附寺跡環境整備委員会」が組織されて、未発掘地域の調査や調査不十分な箇所の補足調査が一九六六年～一九六八年に実施されている。

調査の結果、建物の規模・配置など主要伽藍の様子が明らかになった。東に塔、西に金堂が位置し、金堂は塔に対面している。その北には講堂が

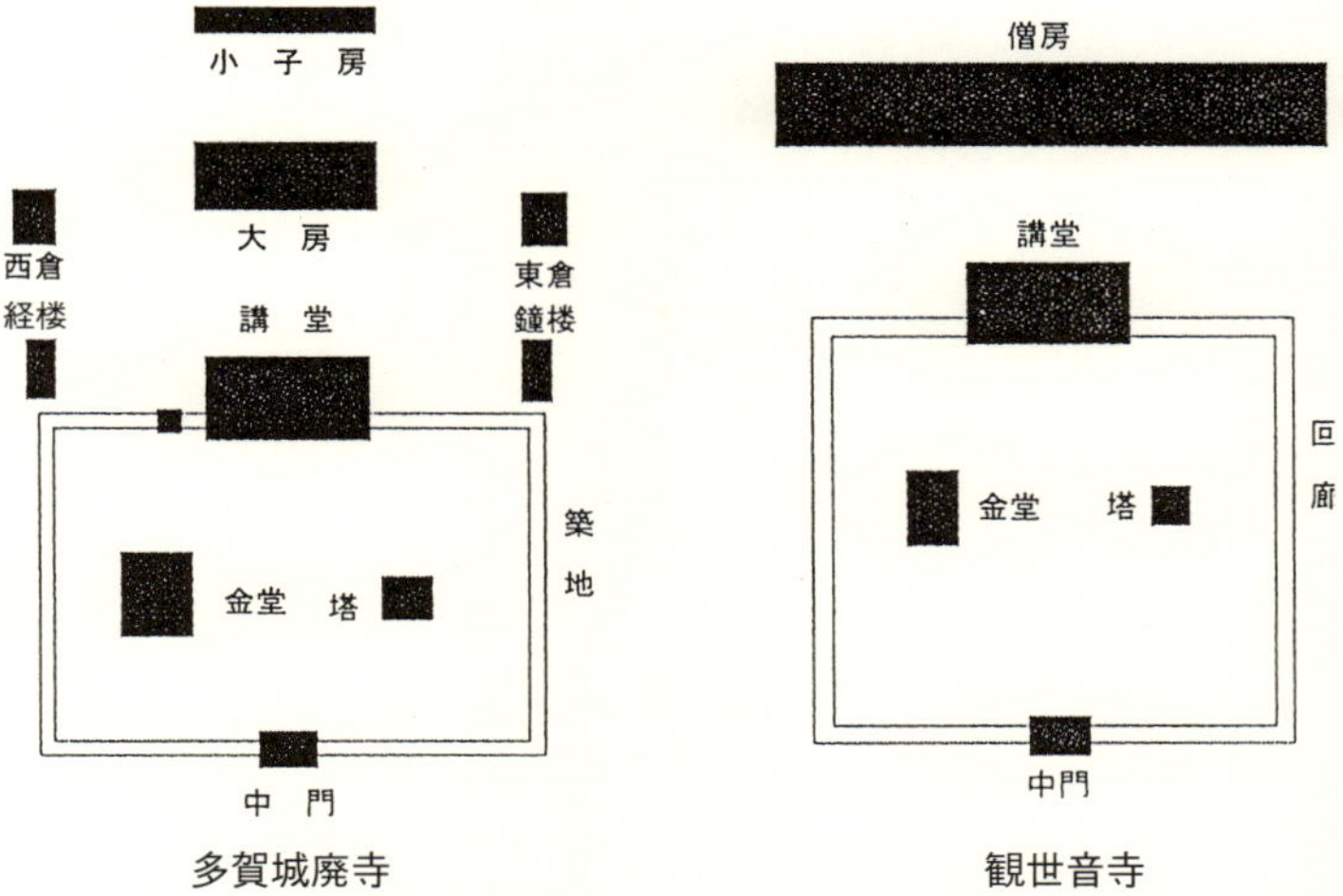

図76　多賀城廃寺と九州大宰府観世音寺の伽藍配置図

あり、また南には中門が置かれている。中門から左右に築地が延び、北に折れて塔・金堂を包み込み講堂の側面やや前寄りに接続する。これら四棟の建物が主要伽藍を形成する。さらに、講堂の北には僧坊があり、僧坊の東西にはおのおの倉が設けられている。また築地の北東および北西隅の北側には、鐘楼・経楼が配置されている。

このように、本寺院の伽藍配置は塔が東に、金堂が西にあり両者相対しているのが特徴である。このような伽藍の類例は、九州大宰府の付属寺院である観世音寺に求めることができる。古代日本の西と東に置かれた大宰府と多賀城が共通する役割をもっていたことは前に述べたとおりであるが、それぞれの付属寺院でも共通する伽藍をもっていたことが発掘調査の結果明らかになった。このことは、多賀城の付属寺院が「観音寺」（または「観世音寺」）であることを裏付けるものでは

図77　塔跡全景

ないだろうか。

次に、伽藍を構成する主な建物跡の概要について述べる。

塔　跡　寺跡の中で最も高く見晴らしの良いところに位置している。高さ三メートルと著しく高い土壇の上に、心礎《しんそ》以下一七個の礎石が完全に残っている。土壇は、底辺約三〇メートル四方、高さは金堂と塔の中間点から測って約三・四メートル、頂部が一辺一四〜一五メートル四方の截頂方錐形《さいちょうほうすいけい》をしている。

心礎は東西一・五五メートル、南北二・六メートル、厚さ約一メートルの巨石で、上面は平らに磨かれ、中央に心柱を受ける直径五九・四センチ、深さ九センチの円孔が穿たれている。舎利孔《しゃりこう》はない。四天柱・側柱の礎石は径一メートル前後の自然石で、柱間は礎石の心々距離で二・〇七八メートルを計る。これらの数値から唐尺が使用されたとみられており、塔の初層は唐尺で二一

図78 塔跡礎石

尺四方に当たる。奈良県の法起寺や法輪寺などとほぼ同じ大きさである。したがって、この塔は三重塔と考えられている。側柱の外側には、凝灰岩の切石が敷かれている。

現存する塔の基壇の高さは約三メートルを有しており、塔の基壇としては異常に高いものであるが、これは高さ約一メートルの人工的に積み上げた土壇上に高さ約一・三六メートルの基壇を築いたものであることが明らかになった。創建当初の基壇は、高さ約一メートルの土壇上に築かれ、凝灰岩の地覆石《じふくいし》・隅束石《すみつかいし》・羽《は》目石《めいし》で周囲を化粧している。基壇の各辺の長さはおよそ一一メートルを計り、唐尺で三七尺で設計されたものと思われる。地覆石の厚さは二〇センチで、その上に隅束石と羽目石を立てている。羽目石は厚さ一八～二二センチ、幅四四～五五センチ、高さ一・一六メートルの凝灰岩切石を立て並べたものであるが、上部は風化している。基壇の各辺の羽目石列中央に幅

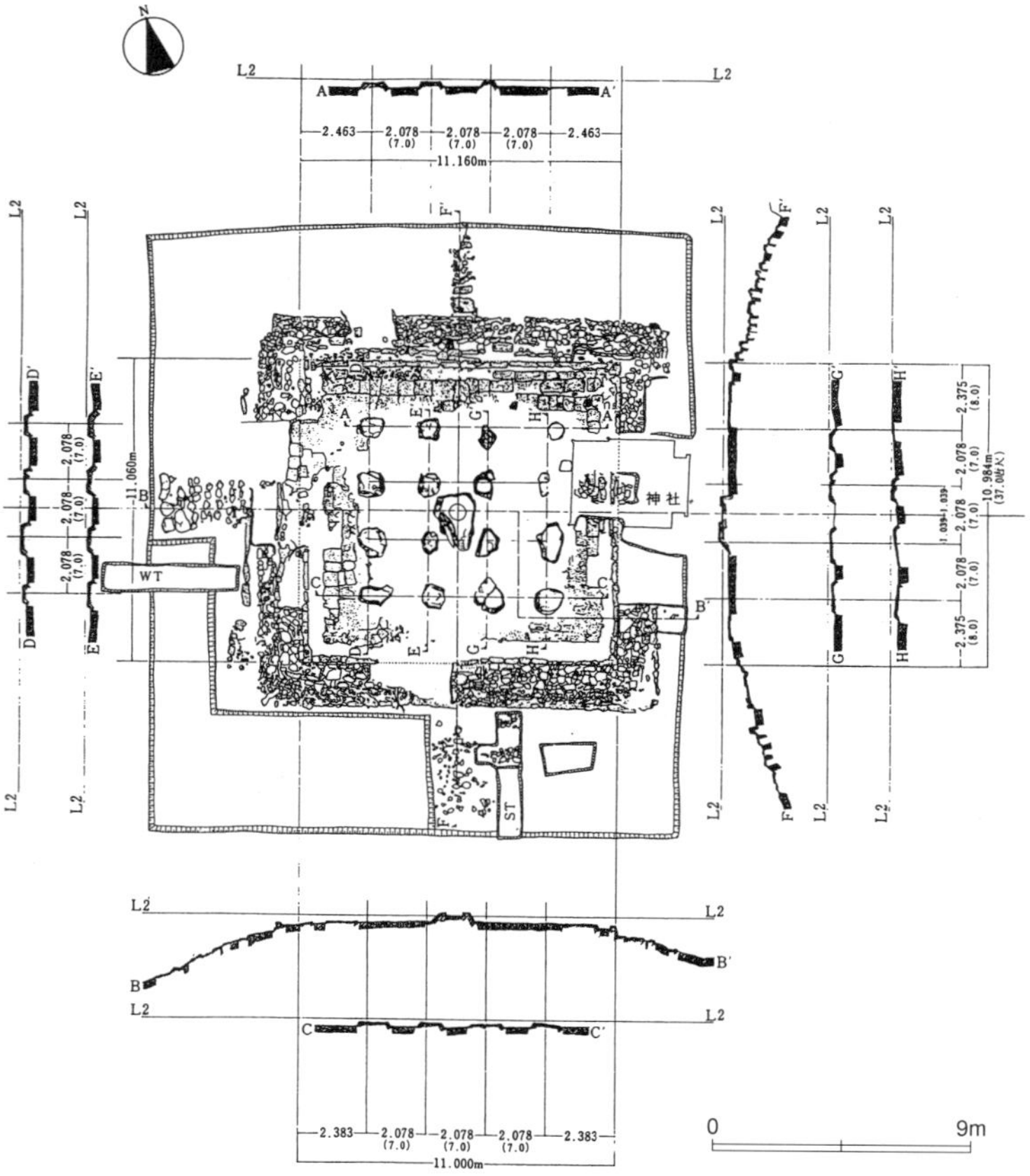

図79　塔跡実測図

一・五六《メートル》にわたって羽目石が切れて、石の並びがちがっているところがある。ここに階段が造られており、南側の階段には幅一・一《メートル》ほどの踏石が確認されている。東西南北に石の階段が設けられていたと考えられている。

基壇上面に施設される葛石《かずらいし》がないため、羽目石に押さえがなく、そのため羽目石は六度くらい外側に傾いていた。後に基壇の外側に粘土を七〇〜八〇《センチ》の高さに積み上げて、羽目石が倒れるのを防ぐための第一次補修が行われた。その際に、その粘土の上の基壇周囲に人頭大の玉石を敷き並べて幅約八五～九〇チ《セン》の犬走りとし、さらにその外側に凝灰岩と瓦片を敷き詰めて凝灰岩で縁取った幅約八〇チ《セン》の雨落ちを造っている。さらに外側の傾斜面の裾にも土留め石がめぐらされていたものと考えられている。

この第一次補修の犬走り、および雨落ちの上に厚さ一〇～二〇チ《セン》の黄色粘土を貼った第二次補修が行われている。また、創建基壇の羽目石の外側の黄色粘土の上に、凝灰岩切石を並べて基壇の拡張を行っている。これは第三次の改修とみられているが、拡張する理由については不明である。

第一次補修の犬走りおよび雨落ちの上やその上の黄色粘土中から瓦が出土している。瓦は、多賀城創建期から第Ⅳ期までのものがみられるが、基壇南側の裾石上の粘土層から灰釉陶器の段皿と椀が出土している。この灰釉陶器は、愛知県の猿投《さなげ》窯産で折戸五三窯式に属するものであり、十世紀前半の製品とみられる。また、第三次の改修とみられる基壇の外側、粘土貼りの上や凝灰岩切石列の上には多くの瓦片が堆積していたが、創建期の瓦が多く二種類の鬼板も出土している。さらに、この瓦層のなかに焼土・木炭・焼け瓦が混入していることから、塔が火災で焼失したものとみられる。焼失した時期については、断定できる資料に乏しいため不明である。

金堂跡

塔跡の西、心々距離で四〇・七ト《メー》ル《トル》のところにあり、基壇上面は塔跡より約二ト《メー》ル《トル》低い。基壇上に二四個の礎石が残っていたが、原位置を保っていないものもある。発掘調査の結果、新たに礎石二個と根石一四カ所を発見し、金堂は桁行五間、梁行四間の南北棟で東面する建物であったことが判明した。礎石は、自然石

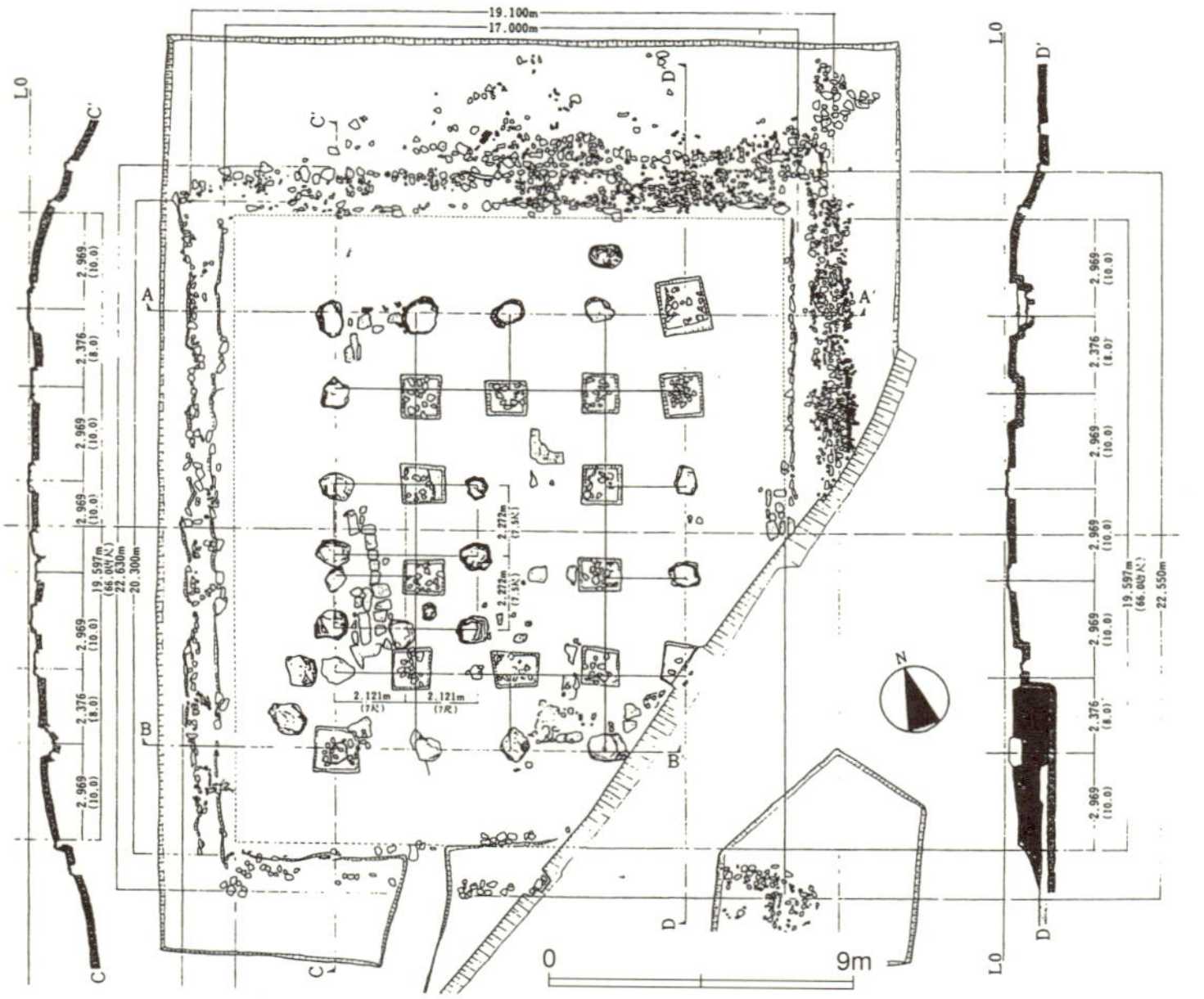

図80　金堂跡実測図（上）・全景（下）

の表面が平らなものを使用しており、うち一個に円形柱座《はしらざ》状の痕跡が認められる。しかし、その他のものには柱の位置がわかるような痕跡があるものの、柱座状の造出しはみられない。それだけが特殊な状態で偶然残ったものであろう。その柱座状の痕跡から径五四～五五センチの柱が立てられていたことが想定される。原位置を保っていた礎石は一〇個で、他は移動されているか、後のものである。東南隅の礎石は基壇が道路で切られているため、完全に失われている。柱位置の痕跡から、柱間寸法は桁行四六唐尺（八＋一〇＋一〇＋一〇＋八）、梁行三五唐尺（八＋九・五＋九・五＋八）とみられ、三間×二間の身舎に四面庇を回した堂の構造と思われる。

　基壇上面には、凝灰岩の残欠がみられたことから、堂内には凝灰岩切石が敷き詰められていたと推定される。基壇化粧は、創建時は凝灰岩切石による壇上積基壇で東西一六・三メートル（五五唐尺）、南北一九・六メートル（六六唐尺）、高さは東側で三唐尺、西側では五・五唐尺と推定された。その後補修が行われている。壇上積基壇化粧を撤去して基壇周囲に粘土を積み上げ、河原石を立て並べて基壇化粧を行い、その面から四〇センチ下がったところに、瓦の破片を敷き並べ外側に河原石で縁取りした幅約九〇センチの雨落ちがつくられている。また、基壇の東面では雨落ち側石の外側に幅約一メートルの瓦敷きがあるが、その上部に厚さ五～一〇センチの粘土層があって、対面する塔跡と同様に第二次補修が行われたものと思われる。

　基壇上の中央部西寄りに金堂の礎石とは関係のない礎石が五個あるが、これは、南北二間（一五尺）、東西二間（一四尺）の小規模な建物が存在していたことを示している。この建物跡は、後世に金堂跡に建てられたものであろう。

基壇の周囲からは多くの瓦が出土している。そのなかでも創建期の軒瓦が九六%を占めている。第二次補修の粘土層上からも創建期の瓦が多量に出土していることから、金堂の建物は最後まで創建時の瓦が主として用いられていたものと考えられている。創建時に使用された蓮花《れんげ》文鬼瓦《もんおにがわら》の破片も一点出土している。その他金堂跡からは、陶塔片一点、泥塔《でいとう》五点、円面硯・風字硯片各一点、鉄釘などが土師器・須恵器とともに出土している。

講堂跡

塔・金堂の中心線の北三三・五メートルにある。中門中心から講堂中心までの距離は、五八・七メートルである。調査前から二四個の礎石が地表に露出しており、講堂跡とみられていたが、移動したものもあって柱位置を確定できなかった。発掘調査によって新たに一一個の礎石と二六カ所の根石を発見し、二つの建物が重複していることが明らかになった。創建の講堂は桁行八間（八九唐尺）、梁行四間（四七唐尺）の東西棟で、建物構造は桁行六間（柱間一一・五尺等間）、梁行二間（柱間一三・五尺等間）の身舎に四面庇が付く建物である。身舎と庇の柱間は、桁行・梁行とも一〇尺等間である。

基壇は、金堂跡と同じく凝灰岩切石による壇上積基壇で、東西三一・二メートル（一〇五唐尺）、南北一八・八メートル（六三唐尺）の規模をもっている。高さは、南東から北西に傾斜する地形に左右され、南側では三〇～四〇センチ程であるが、北側では八〇～九〇センチを計る。基壇上面は金堂の基壇面から五〇センチ程低い。創建時の礎石で原位置を保っているものは一三個で、その他は第二次礎石建物に利用するために移動されている。基壇東南部が金堂と同様に道路によって削平されているため、隅柱は完全に失われている。

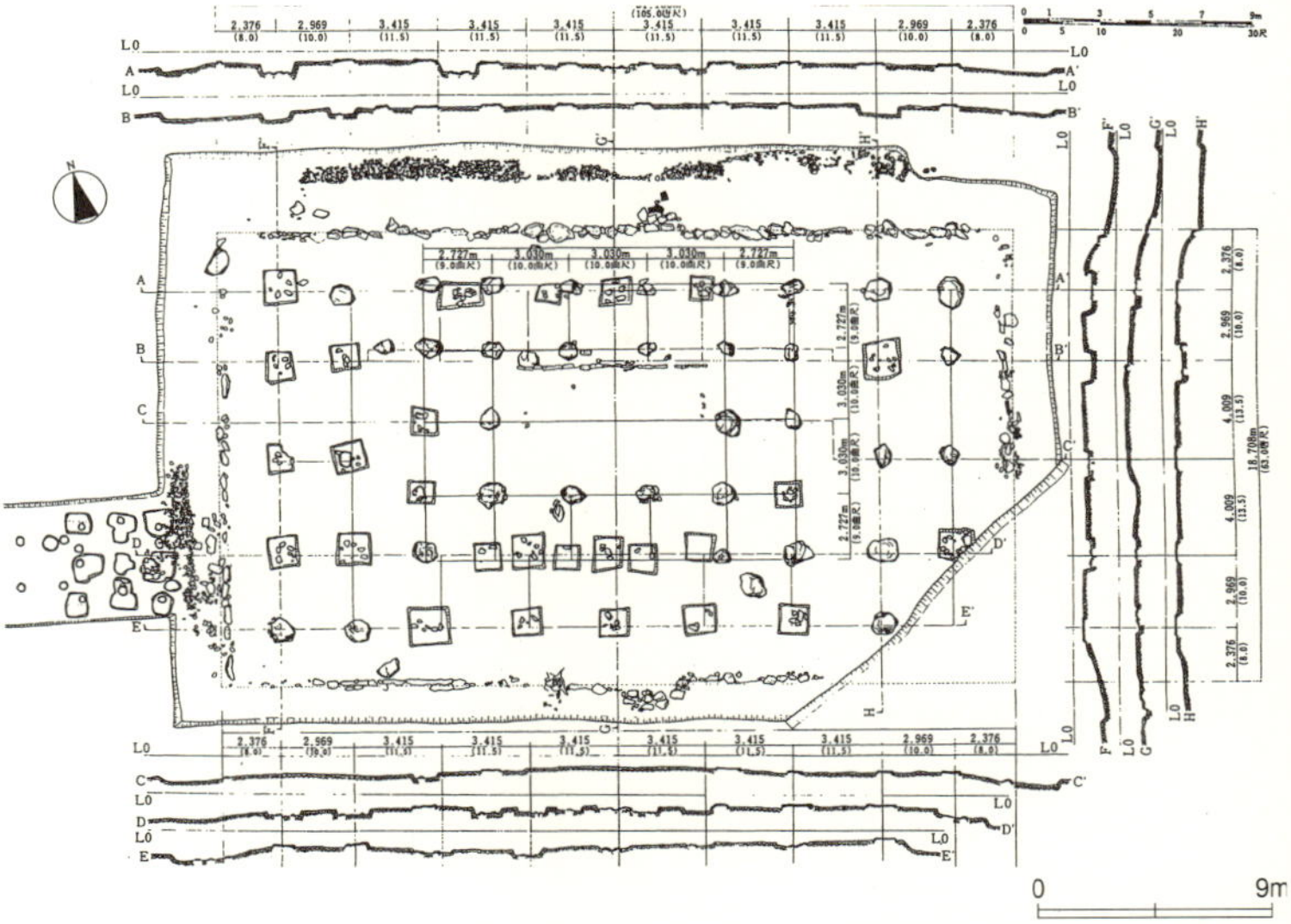

図81　講堂跡実測図（上）・全景（下）

基壇の階段は、南面では二段に河原石を積んだもので幅二・三メートル、高さ三〇センチ、北面では三段積みで幅一・五メートル、高さ六〇センチである。位置は南北面とも中央より東寄りの柱間に造られている。基壇の上下で焼土や焼瓦、北側の基壇下からも桁材とみられる炭化材やおびただしい量の瓦が出土していることから、講堂が火災に遭っていることは明らかである。屋根から落下した瓦の多くは多賀城Ⅰ期の瓦であるが、その他にⅣ期までの各時期の瓦も含まれており、泥塔も出土している。また、基壇西側一・二メートルのところに幅〇・八〜一メートル、長さ七メートルにわたって南北に瓦敷きが検出されている。同様の瓦敷きは、基壇北側から二メートル離れたところでも幅一メートル、長さ二三メートルにわたって発見されている。西側の瓦敷きは、築地塀を撤去した後であり、火災によって焼失する以前に施設されたものである。

講堂焼失後、基壇中央北寄りに桁行三間、梁行二間（柱間一〇尺等間）の身舎に四面庇を廻らした東西棟建物が建てられた。この建物内陣に厚さ約二〇センチの瓦や凝灰岩の堆積が認められ、再建された建物の須弥壇《しゅみだん》跡と考えられている。なお、この須弥壇跡の北側近くに凝灰岩切石を東西一列に敷き並べた遺構があり、創建建物の入り側柱列の礎石に一部かかっており、講堂の中央二間分のみに位置することから、創建講堂の須弥壇跡の可能性も考えられている。

講堂跡の北方、西南方一帯の地表下からおびただしい量の泥塔が出土した。その数は二六八三個にのぼっている。また、瓦の出土量も塔跡に次いで多く、多数を占めるのは創建期の瓦である。

中門跡

塔・金堂中心線の南二五・二メートルに位置し、それらの南を東西に走る土手状の高まりの中央に当たり、この場所だけ高まりがきれていたことから門の跡と考えられていた。発掘調査の結果、破壊が著しく、根石痕跡六カ所と南面の基壇化粧の痕跡とみられる凝灰岩切石一個、河原石四個、ならびに土色の変化によって基壇の北端を掴むことができた。これによって復元すると、東西一一・三メートル、南北八・九の基壇上につくられた桁行三間、梁行二間程度の礎石建物で、三間一戸の四脚門であったと考えられた。

中門の左右には幅六唐尺の築地塀があり、側面の中央の柱に取り付いていたことが西側の築地塀で明らかになった。出土瓦は、多賀城Ⅰ期のものが多いが、Ⅳ期の細弁蓮花文軒丸瓦も発見されている。

築地塀跡　中門跡から塔と金堂を取り囲んで講堂に接続しており、その長さは、南辺で八一・七メートル（二七五唐尺）、西辺で五六・四メートル（一九〇唐尺）である。基底幅約一・八メートルの版築構造で、深さ三五センチの掘込地業の上に築かれている。寄柱は約二・一メートル間隔で、礎石と掘立柱があることから、掘立柱から礎石式に改修されたと思われる。

経楼跡　築地跡の北西隅から北に四メートル、講堂跡から西に四一メートルの位置にある。北半部が削平されているが桁行三間、梁行二間の南北棟と推定されている。

鐘楼跡　経楼跡に対応して講堂跡の東に所在していたと推定されるが、すでに削平されて遺構は不明であった。

僧房（大房）跡　講堂跡の北約三七・九メートルに位置し、掘立柱建物跡とこれに重複した礎石建物跡とが発見されている。創建時期の大房《だいぼう》は桁行一一間、梁行四間の掘立柱建物で南北に庇が付く建物である。身舎は二間一房を基準として間仕切りされてるが、西側には三間に仕切ら

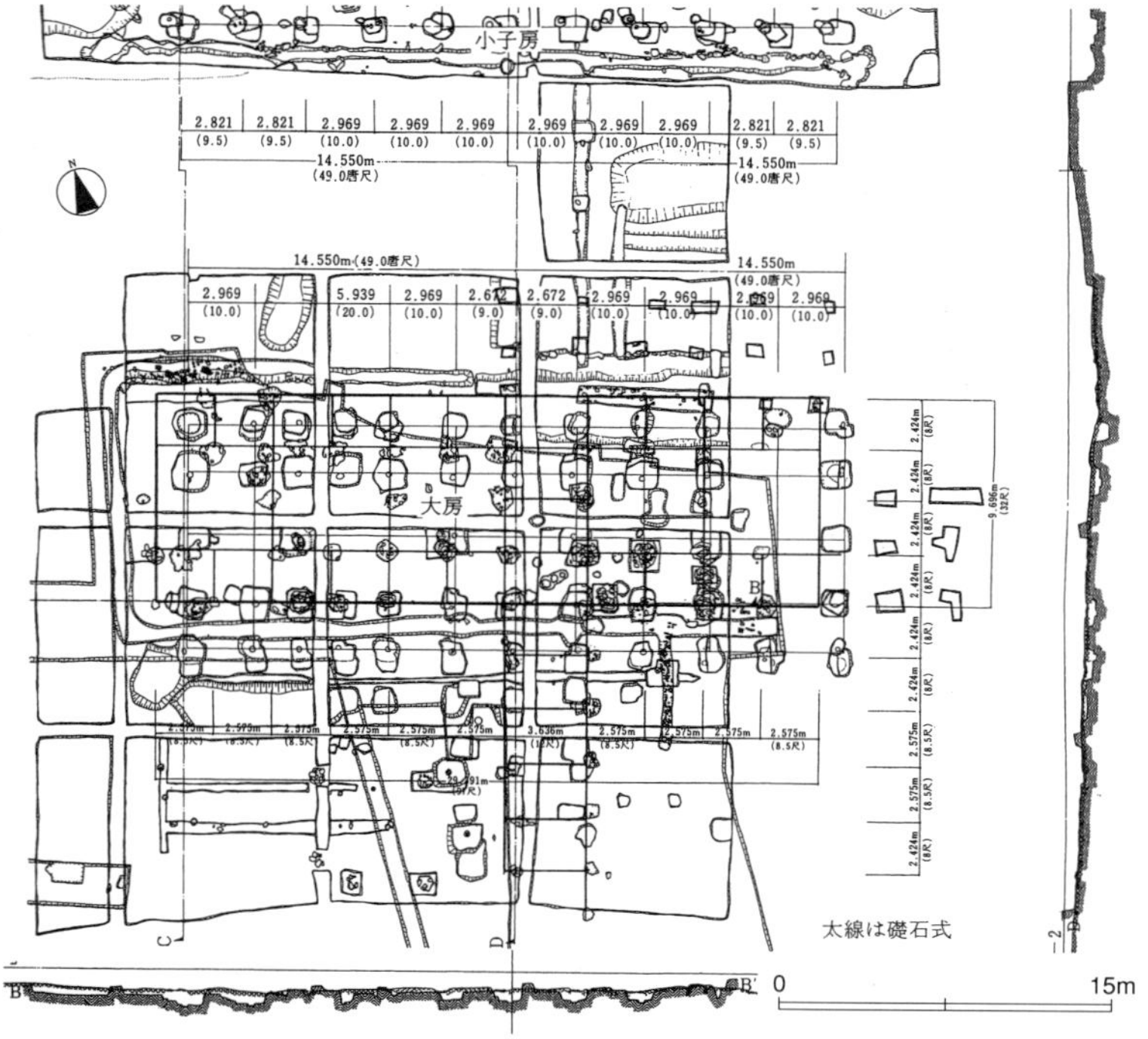

図82　僧房跡実測図

れた房もある。この掘立柱建物の上にほぼ重複して礎石建物の大房が建設されている。基壇化粧施設は認められていない。礎石式大房の基壇上から九世紀後半とみられる黒笹《くろざさ》九〇号窯式の緑釉花文椀等が出土している。

小子房跡

大房跡の北二五・七メートルに位置する。柱穴の重複によって、四時期の変遷が確認されたが、いずれも掘立柱建物である。創建期のⅠ期は桁行一〇間、梁行二間で、中央の六間が一〇尺等間で両端の各二間が九・五尺である。Ⅱ期は梁間が九尺から七尺へと狭くなる。Ⅲ期・Ⅳ期はともに単位尺が三〇センチ強となる。

倉跡

大房跡の東方、伽藍中心線の東約四一・五メートルに礎石建の東倉跡があり、礎石一個と根石一四カ所が検出されている。桁行三間、梁行三間の南北棟で総柱をもつ。大房跡の西方、東倉跡と相対する位置に西倉跡が位置している。

この他、築地で区画する範囲外に東西五間、南北四間の東西棟建物跡（西方建物）と東西三間、南北三間の建物跡（西南建物）が検出された。時代的にはおそらく十世紀まで降るものと考えられている。

以上のように、伽藍の調査によって多賀城廃寺跡は、八世紀前半の多賀城の造営とほぼ同じ時期に、多賀城と同種の瓦で葺かれた本格的な寺院として建立され、十世紀半ば頃まで営まれていたことが明らかとなった。多賀城の付属寺院として多賀城と運命をともにしたものと思われる。

3　出土遺物

多賀城廃寺跡出土の遺物について述べることにするが、最も出土量の多い瓦、土器については多賀城跡と同様であるため、ここでは、それ以外の遺物について簡単に紹介する。

施釉陶器　緑釉陶器は杯と椀が出土している。図示できるものは三点である。杯は、小子《しょうし》房《ぼう》の北側から発見されたもので、口径一四・六センチ、高さ三・三センチでやや小振りのものである。底部の低い高台は、ロクロの回転を利用して削り出したものである。釉は淡黄色のものが内外全面に施されている。畿内産とみられるが、他に愛知県猿投山窯で焼成されたものもみられる。花文をもつ椀（図83の1）は、僧坊から発見されたもので口径二〇・四センチ、高さ六・五センチの大形のも

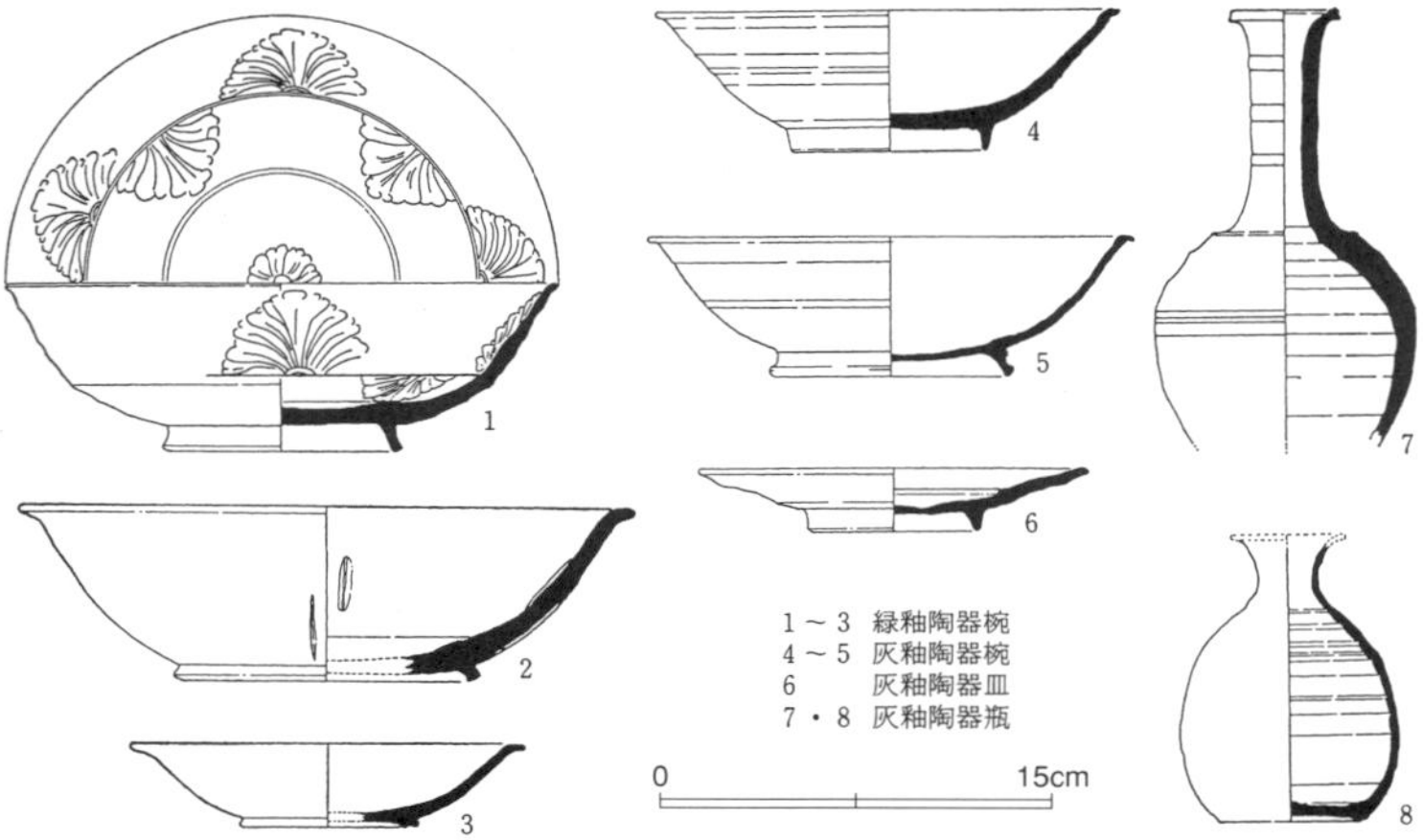

図83　施釉陶器

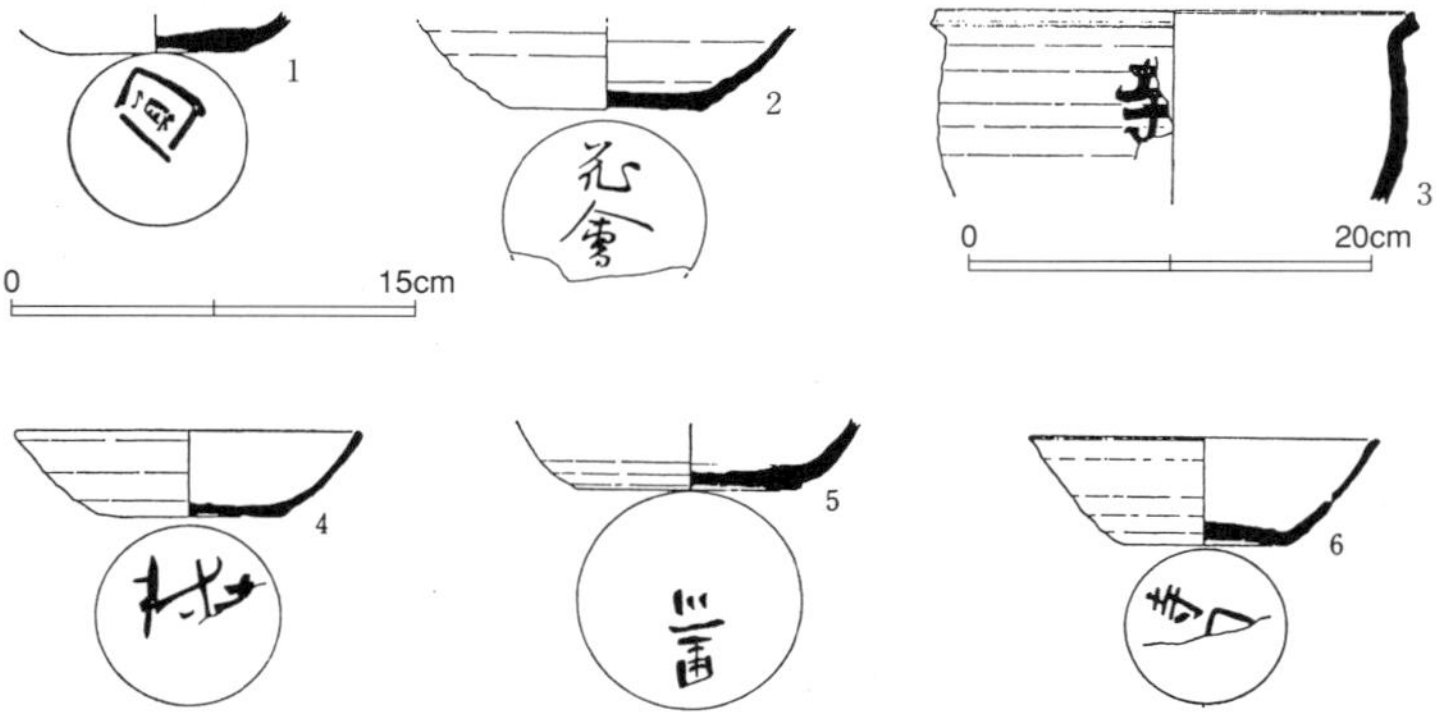

図84　墨書土器

のである。体部に稜をもち底部には高さ一㌢の付高台をもつ。内外面ほぼ均一に緑色の釉が施されている。花文は線彫りで描かれており、底部中央に一個の花文を描き、体部には稜の内側の沈線に接して上下に各四個の半花文を互い違いに配している。他に類を見ないほどの逸品である。

灰釉陶器は段皿、椀、瓶が出土している。このうち注口部のみの破片であるが、これは浄瓶《じょうへい》とよばれるもので、塔跡東斜面から発見されたものである。これらは、すべて東海地方で生産され多賀城へ搬入されたものである。

墨書土器　六点が出土している。「寺」は、須恵器甕の体部に記されており、その他は須恵器杯の底部に記されている。「花會」は仏教の儀式の一つである。

泥　塔　粘土を型に入れてつくった高さ八㌢内外の塔で、中に経文を入れて焼き固めたものである。発掘された泥塔の数は、二六九四個にのぼり、その大部分は講堂跡から出土している。

陶　塔　塔と金堂かとみられるものがあり、一〇〇点を超す破片が出土している。塔の破片資料としては、基壇、初層の壁体、最上層の壁体、屋根とみられるものがある。基壇の大きさは一辺約二六㌢、初層の高さは約三〇㌢である。

仏　像　木の心に粘土を付けて作った塑像である。台座の蓮弁、吉祥天ないしは弁財天の頭部、衣文の裾部、短甲の一部などの破片が出土している。

Ⅵ　古代都市多賀城の建設

1　多賀城周辺の遺跡調査

多賀城跡の周辺には、広い範囲にわたって遺跡が所在しており、多賀城市教育委員会や宮城県教育委員会による発掘調査によって、古代の道路跡をはじめとする奈良・平安時代の遺跡が数多く発見され、多賀城の周辺に街並みが形成されていたことが明らかとなった。ここでは、多賀城周辺のいわゆる「国府域」の実体について述べることとする。

大路の発見

多賀城周辺地域で発掘調査が進められているなか、一九八三（昭和五十八）年の山王遺跡東町浦地区で幅約一二メートルの東西大路が発掘された。山王遺跡は多賀城跡の西を流れる砂押川の西側一帯、沖積地に広く所在する遺跡である。

大路が発見された場所は、多賀城南門跡から直線距離で約一二〇〇メートルのところに位置する。その後、その東側延長線上の第八次調査や多賀前地区の調査においても検出され、直線的に多賀城の前面に延びていることが明らかになった。

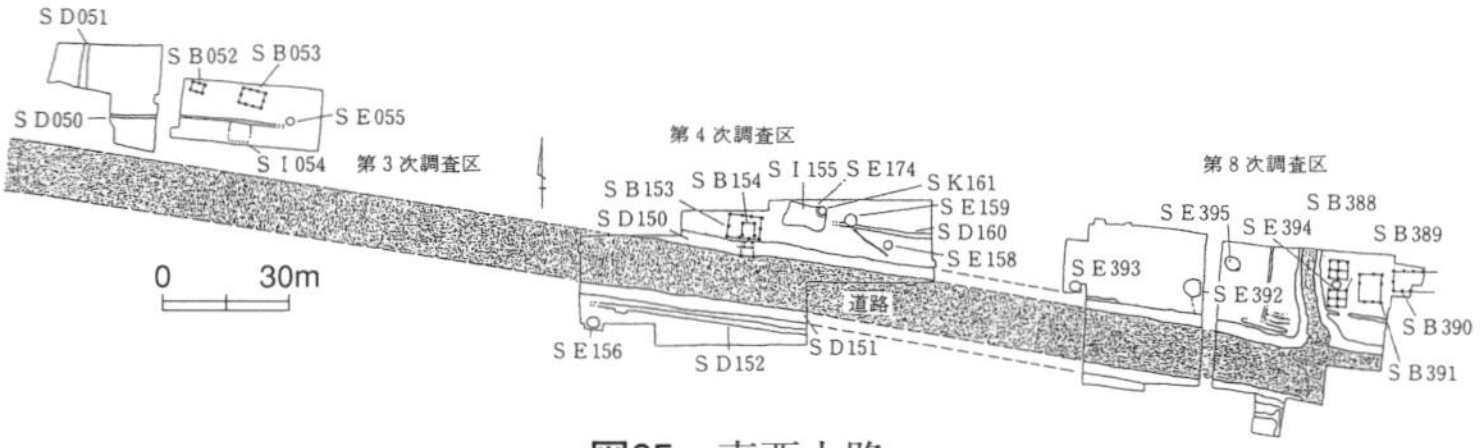

図85　東西大路

図86　小路の交差点（山王遺跡八幡地区）

この東西大路の発見により、多賀城南門へ通じる南北大路の存在が想定された。多賀城跡の南面一帯に所在する市川橋《いちかわばし》遺跡の発掘調査は、一九七九（昭和五十四）年から開発に対応する調査としてほぼ毎年のように行われてきている。そのようななか、一九九三（平成五）年に政庁と多賀城南門を結ぶ中軸線の延長線上においてトレンチによる遺構確認調査が行われ、南北大路と見られる遺構の痕跡が確認された。さらにその後に行われた県道泉・塩釜線関連調査（一九九五～一九九八年）、城南土地区画整理事業関連調査（一九九七～二〇〇二年）の事前調査によって、想定されたとおり南北大路が検出されたのである。路幅は、建設時は一七～一八メートルであったが、後に二三メートルに拡幅されていることも明らかになった。

小路による方格地割と範囲

多賀城の城外には、東西・南北大路を基点にして小路が建設されている。小路は大路に平行あるいは直交してお

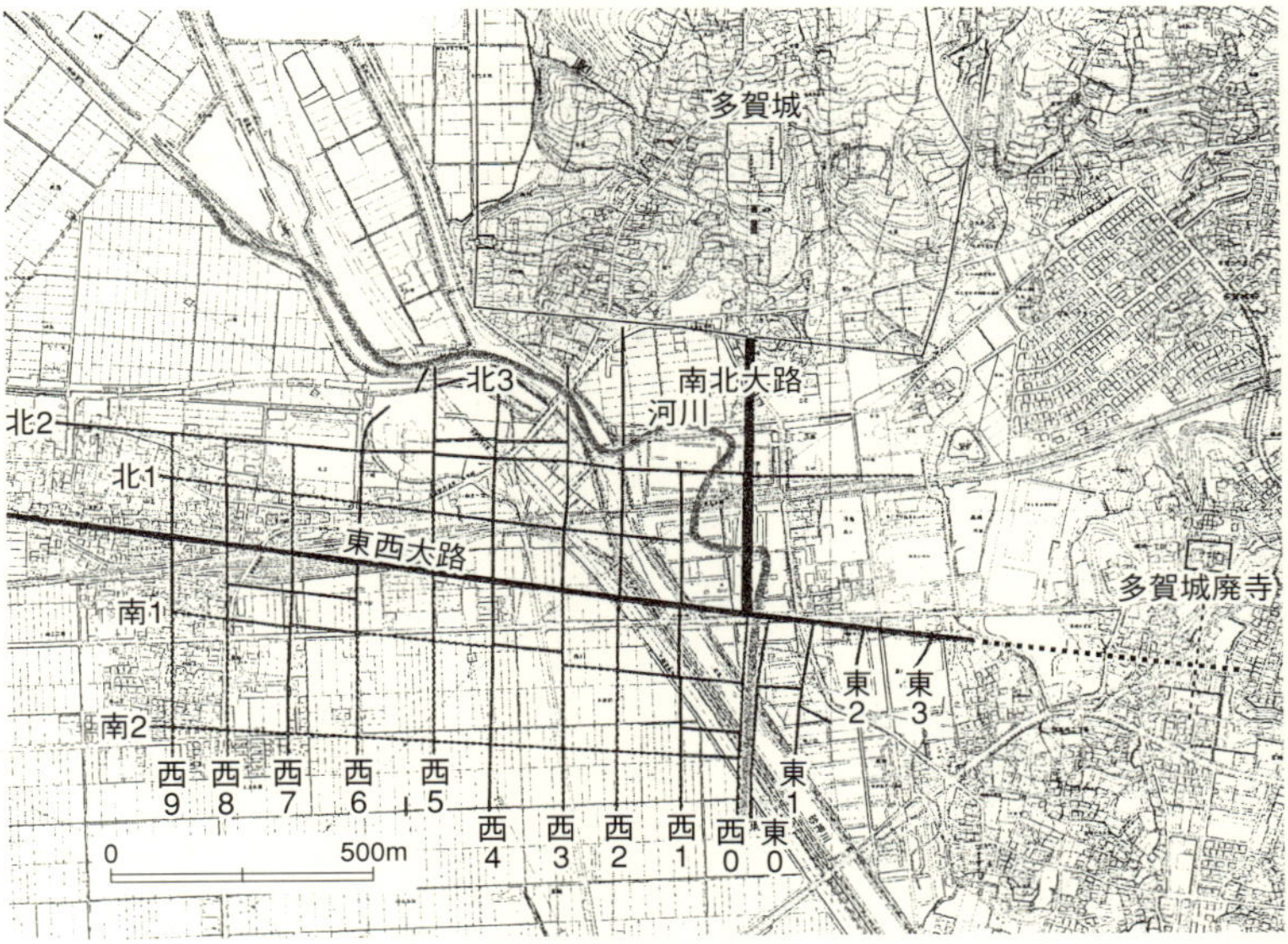

図87　国府域内の方格地割り図

り、全体としては碁盤目状に配されている様相がみられる。しかし、区画の形態についてみると、南北大路は政庁中軸線上に造られており北で一度四分東へ傾く方位をもつのに対して、東西大路は南北大路に直交せず東で七～八度南へ傾く方位で造られているため、区画は平行四辺形となっている。

　東西小路は大路の北で三条、南で二条検出されている。南北小路は大路の西で九条、東で三条が確認されている。小路間の距離は一一〇～一四〇メートルとばらつきが認められている。その範囲は東西約一七〇〇メートル、南北約九〇〇メートルに及んでいるが、この街並みの範囲はさらに東西方向や南方に延びることが想定される。

　道路の名称については、当時のよび名が不明であるため、両大路を東西大路・南北大路とよび、小路については大路に近いものから順に番号を付けて北1、北2……、南1、南2……、西1、西2……、東1、東2……とよぶことにする。

　東西小路の路幅は、側溝心々間で計ると一・六メートル～七・六メートルで、時期や場所によってかなりのばらつきがみられるが、三～六メートルのものが多い。また、北3道路については、東で一四～一八度北に傾き、南1道路は、東1道路と「T」字状に接続し、やや南に下がったところから約三二度南に傾いてつづいている。このように、方格地割の規制に当てはまらない道路もある。

　南北小路の路幅は、側溝心々間で計ると二・三メートル～九・三メートルでこれもばらつきをもつが、四メートル～六メートルのものが多い。

道路の年代

　東西大路は、山王遺跡東町浦地区、同多賀前地区、市川橋遺跡城南地区で検出されている。城南地区の調査では、多賀城南門から約五五〇メートルの地点で南北大路との交差点が見つかり、さらにその東方二五〇メートル地点から一一〇メートルにわたって確認されている。多賀前地区では九時期の変遷があり、一貫して路幅が一二メートル前後である。最も古いA期は八世紀後半、B期は九世紀初頭、C期は九世紀前半に造られたものと考えられている。F期の側溝には十世紀前葉に降下した灰白色火山灰が堆積しており、最終のI期は十世紀後半代の遺物を含む堆積層に覆われていることから、十世紀後半には廃絶したと考えられる。

　大路交差点部分では、大路両側の側溝の切り合いから五時期の変遷が認められた。側溝は、新しいほど北側に造り替えられている。南北大路との取り付き部分についてみると、A・B期は南北大路を貫通して北側溝が造られており、東側の河川に流されていたと考えられる。その後、最終期には北側溝は南北大路の西側溝に連結する形態をと

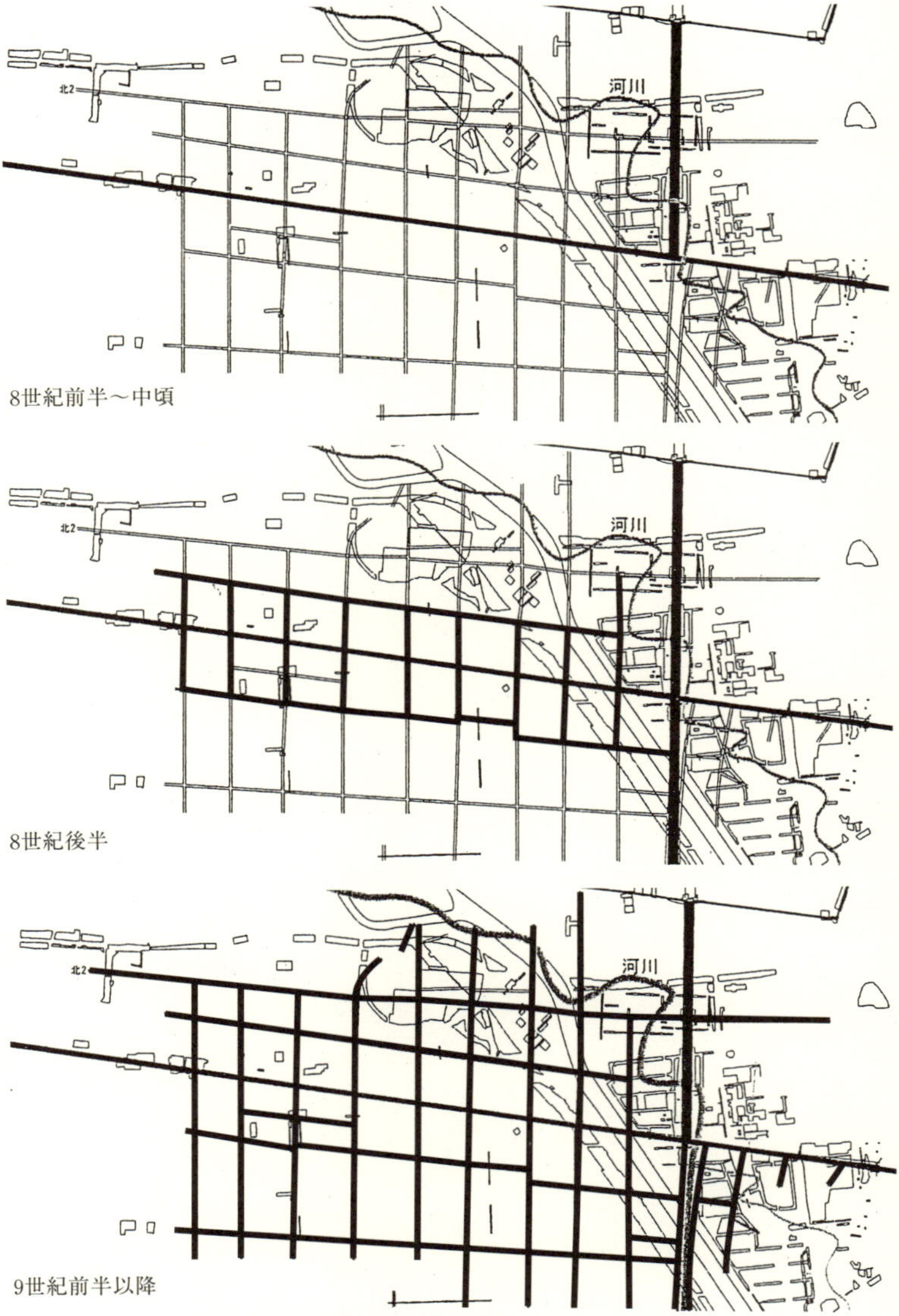

図88　街並み道跡変遷図（実線が整備されたところ）

る。

　交差点から東方で確認された東西大路は、北側溝が極端に広く造られている状況が認められ、この部分に大路を横断する溝跡とそれに架けられた橋が発見された。側溝の変遷から六時期にわたる道路が確認され、四時期目の側溝から「延暦」銘の木簡が出土していることから、道路の創建が延暦年間（七八二～八〇五）以前にさかのぼることは明らかである。この道路の創建にあたるA期の上限年代を示す資料がないため、報告書では延長線上にある多賀前地区の東西大路の成果と、C区とした調査地区内の遺構が八世紀中葉をさかのぼるものは見出せないとの理由から、上限年代を八世紀後葉としているが、根拠はない。なお、五期目の側溝に灰白色火山灰が堆積しており、十世紀後半には廃絶していると考えられる。

　南北大路は、多賀城政庁中軸線上に位置し、多賀城南門から城下に延びる中心道路で、都の朱雀大路に当たる。以下、平面的に路面が検出された二地点の調査成果から大路の年代について述べていく。

　はじめに、多賀城南門から約二〇〇メートルの場所では、大路跡が約一三メートルにわたって確認されている。路面は河川等による浸食により残存状態は悪いが、東西両側溝の調査によって、Ⅰ期とⅡ期に大きく分けられる。路幅は側溝心々間でⅠ期が約一六・九と一七・七メートル、Ⅱ期は約二三・八メートルである。Ⅱ期の西側溝は六度の掘り返しが認められ、その古い時期の側溝から非ロクロ調整の土師器などが出土しており、八世紀中葉～後葉頃と考えられている。Ⅱ期最終期の西側溝堆積層の中位には十世紀前葉に降下した灰白色火山灰が自然堆積しており、十世紀後半頃にはほとんど埋没していたとみられる。

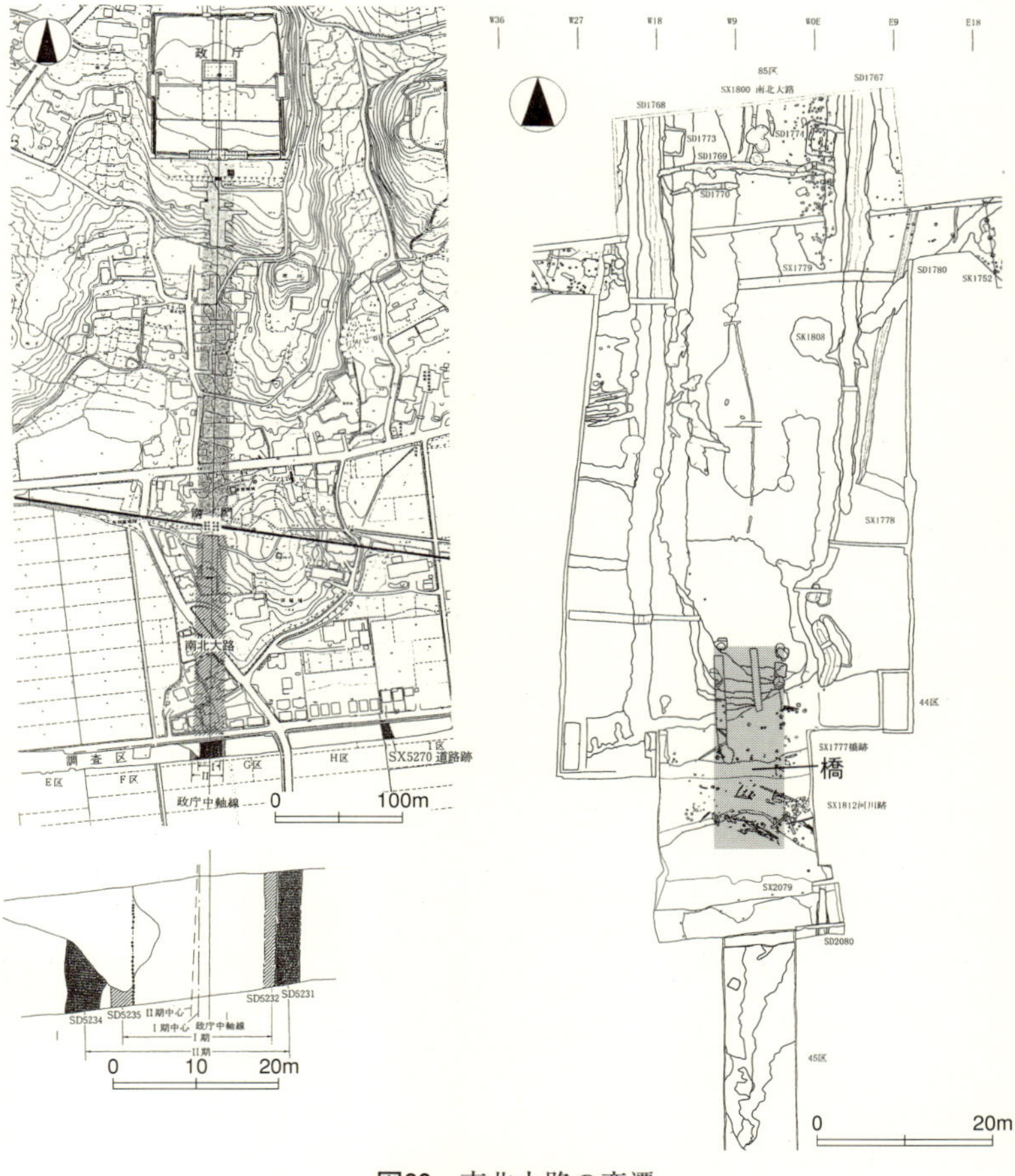

図89　南北大路の変遷

Ⅰ期の年代については、Ⅱ期の上限が八世紀後半頃とすると、八世紀後半からこれ以前の年代が与えられる。したがって、Ⅰ期大路の造営は、少なくとも八世紀中葉頃まではさかのぼると考えることができ、さらに、東側溝では三時期の変遷が認められることからも、Ⅰ期大路が多賀城創建期に施設されたと考えることもできる。

図90　橋脚　南北大路を横断する河川に打ち込まれた橋脚検出のようす

南北大路と橋

多賀城南門から南へ約三三〇《メートル》の地点からおよそ六六《メートル》にわたって南北大路が検出された。東西両側に幅二～二・五《メートル》の側溝をもち、側溝は六時期の変遷が認められた。二期目の側溝から「延暦十年」の木簡が出土しており、四期目の埋土に十世紀前葉頃に降下した灰白色火山灰が堆積している。また、三期目の路面が大きく削り取られた痕跡や砂の堆積状況から、大規模に水の作用を受けたことが想定された。これは、おそらく八六九（貞観十一）年に起こった地震による津波などの痕跡と考えられる。路幅は、側溝心々間で一期が一七・六《メートル》、二期には一期の側溝を整地して約二三《メートル》に拡幅している。三期以降も路幅は維持されている。

ところで、この南北大路は多賀城南門から約三〇五《メートル》付近で一度分断されている。ここは、大路を横切る河川が通じており、以前から河川の流路となっていたようである。そこに架けられた橋の橋脚が六四本発見された。橋脚は径三〇～四〇センチの丸太材を打ち込んで橋桁五間、梁行二間で構築されており、幅約七メートル、長さ約二一メートルの規模を有する。橋の桁行中央間が広く路面に親柱の柱穴が検出されたことから、高欄《こうらん》が取り付く反橋《そりばし》と想定される。橋脚の数から何度か架け替えられたと思われる。また、岸辺に板状の材木や細い杭が打ち込まれていることから、護岸されていたとみられる。

さらに、橋とみられる遺構は、大路中軸線上の東西大路交差点の南約四〇メートルのところにも発見されている。この橋跡は、「天平宝字三年」銘の木簡が出土した奈良時代の河川跡を埋めて整地した層を掘り込んだ東西大溝に施設されたものである。大溝の幅は七・五～八・五メートルで、深さは約一・六メートルである。橋脚は径約三〇センチの丸太材を打ち込んで構築しており、桁行三間（六・五メートル）、梁行一間（四メートル）の規模をもつ。北岸には細い杭を打ち込み、横木を渡した護岸のためのしがらみが施されている。

八世紀後半頃には、南北大路線上に位置する河川が埋められて路面として整地され、大路交差点以南にも南北大路が造成されたものと思われる。その中軸線上に架けられた橋がそのことを物語っている。

地割の基準方位

多賀城の城下に造られた区画道路の方位については、前述したように真北方向をとる政庁中軸線に一致する南北大路の方位と、多賀城南門から五町の地点で交叉する東西大路の方位がある。

南北大路は、多賀城の正門である多賀城南門へ直接通じる朱雀大路としての性格をもっており、多賀城の中心である政庁の中軸線上に計画、設計されたものである。一方、東西大路は、南北大路と直交せず東で七~八度南へ偏する方向をとる。この方位は、多賀城南辺築地と同方位であることから、築地を基準に建造されたと考えられてきた。しかし、多賀城南辺築地も何らかの基準にもとづいて築造されたものと思われる。このことについては、以下のようにとらえてみたい。

多賀城創建の段階で城下の地割りに対する基準方位が検討、計画され、東西軸は当時すでに集落が形成されていた自然堤防上に地形に沿って造られていた道路の方位を基準とした。この街並みは、方格地割りによる都市であり、都の条坊制をモデルにした街割りが行われ、都市の規制により再編されたものである。多賀城の正面に位置する南辺築地は、東西軸である東西大路に添って設計されたものと考える。付属寺院である多賀城廃寺（観音寺）の主要伽藍の中軸線が、多賀城南辺築地方位に対して直交していることが指摘されているが、このことも同様に城下の地割り基準にもとづいて設計され、設置されたものと考えられよう。したがって、東西大路は、多賀城廃寺（観音寺）までは通じていたものと想定される。

城外の方格地割りの年代については、これまで八世紀後半頃とされているが、南北大路の調査によって大路の造営が八世紀中葉頃までさかのぼると考えられてきており、さらに多賀城が創建されて間もなく着手した可能性も考えられる。

2　古代都市の誕生

これまで述べてきたように、多賀城の南面一帯から西方の自然堤防上には、東西・南北大路を基準とする方格地割りの道路が配置され、整然とした街並みが造られた。多賀城南門へ直進する朱雀大路ともいえる最大規模の南北大路と長さ二一メートル、幅七メートルの高欄を備えた橋の景観、東の丘陵上には瓦屋根の堂宇と金色に輝く三重塔が放つ荘厳な佇まい、このような景観はまさに都市（都市空間ともいう）とよぶに相応しい内容をもっている。以下にその内容の一端を紹介する。

区画敷地内のようす

城下に施行された方格地割りは、いわゆる都市計画事業であり、土地利用の制限がともなう地域の再編という性格をもつ。多賀城が築造されるのにともなって、その周辺地域の再編が行われ、それまで自然堤防上に営まれていた集落は強制的に移転させられるなどの影響を受け、新たな政策体制のなかに呑み込まれてしまったのであろう。いつの時代も同じである。

土地再編をともなう都市計画事業においては、その第一段階としての土地区割りは比較的短期間で施行されるものと思われるが、多賀城の周辺に施行された一二〇〇年前の都市計画は、ある程度の期間を要したと想定せざるを得ないものがある。それは、東西小路の方向が二つの方位をもつからである。東西大路がつくられて、間もない時期に施設された小路は、大路両側の一町区画の小路（北1、南1道路）で、両者は平行する方位をもっているが、その外側の小路である北2・南2道路は南北大路と直交する方位をもっている。これは、時間差に起因するものなのではないだろうか。

区画内の構成については、調査が部分的なこともあり概略的になってしまうが、大規模な建物が多くみられる区画と、小規模な建物で構成される区画に分けられる。前者は、大路に沿った区画に多く、後者については基本的に掘立柱建物で構成され、竪穴住居はきわめて少ない。また、区画意

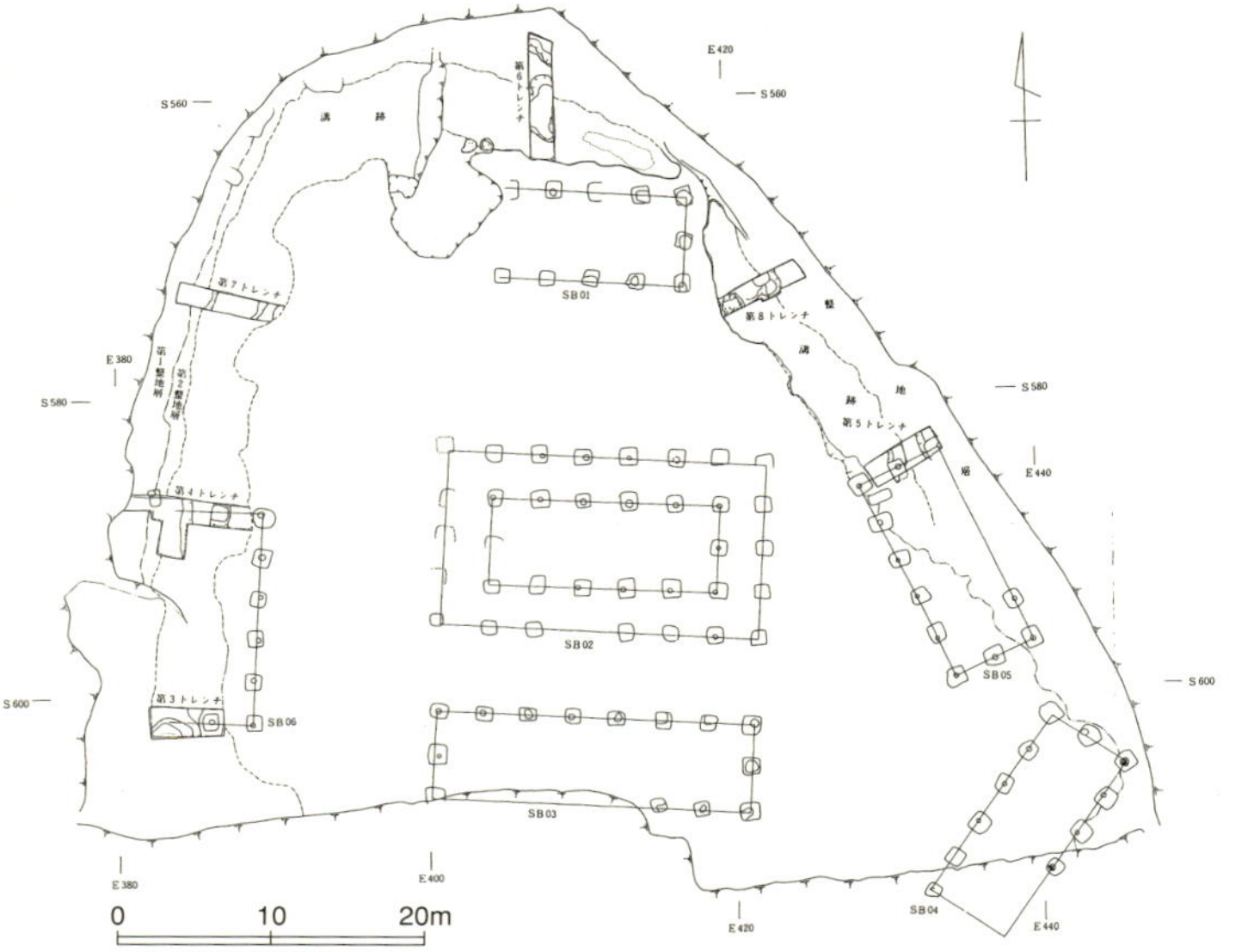

図91　館前遺跡遺構図

識が希薄な部分も存在しており、低湿地部分は居住地域に適していないことから、生産地域やその他の目的で利用されているところもある。

（一）国司の館

多賀城に近接する小高い台地状の地形をもつ館前遺跡や市川橋遺跡の大臣宮《おとどのみや》地区から、計画性に富んだ建物群や大規模な建物跡が発見され、方格地割りが検出される以前から多賀城の南面地域には、上級役人である国司の館《たち》跡が所在していたと考えられていた。

館前遺跡　多賀城南辺築地の東南隅部から南約二〇〇《メートル》の小高い台地上にあり、桁行七間、梁行四間の四面庇付き建物を中心に六棟の建物群が発見された。詳細は次章に譲るが、遺跡の位置や遺構の状況、配置等から国司の館跡と考えられる。年代は、九世紀前半とみられる。

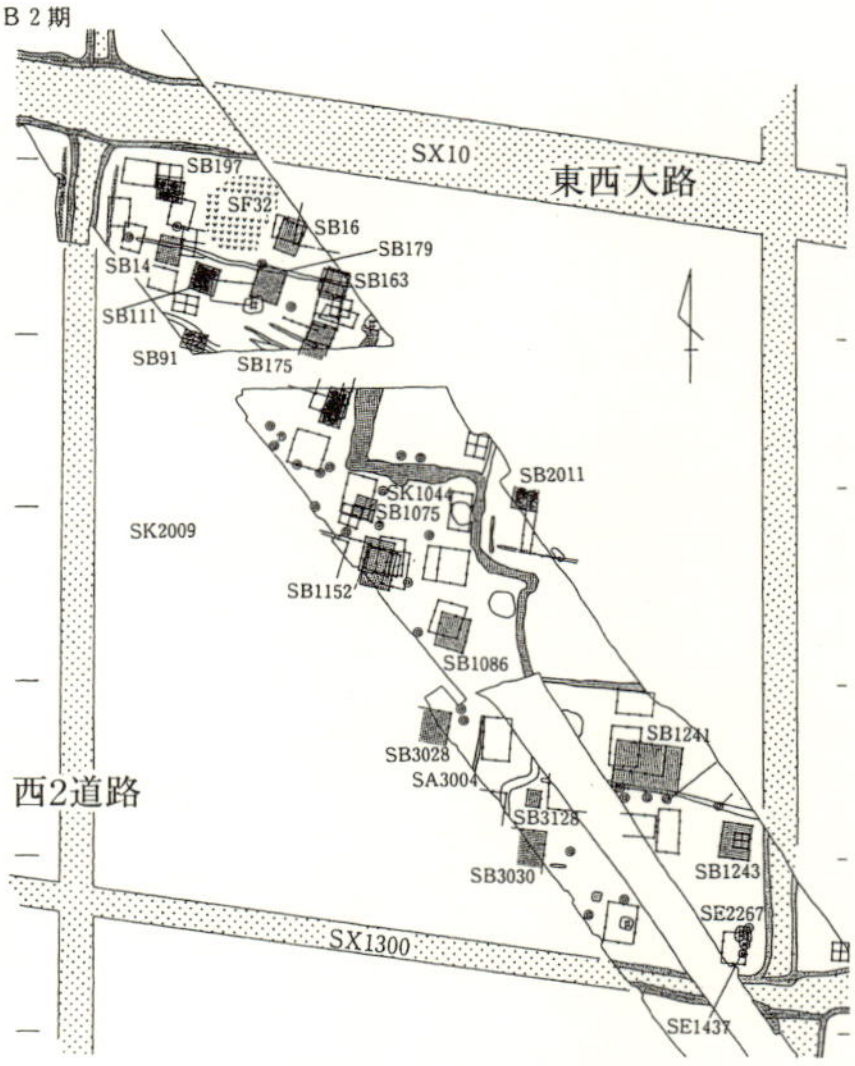

図92　南1・西2遺構図

市川橋遺跡大臣宮地区

多賀城南門の真南約三五〇メートルに位置し、低い台地状の地形は鉄道や道路により削平されているものの、九世紀後半から十世紀前半頃の掘立柱建物が発見されている。なお、ここには、かつて石の祠が祭られており、「大臣宮」と刻まれた石柱が建てられていた。大臣宮について記録されている『安永風土記御用書出』によれば、河原左大臣源《みなもとの》融《とおる》を祀ったとされている。源融は、八六四（貞観六）年陸奥出羽按察使《あぜち》に任命された人物である。

次に、方格地割り内の東西大路に面する区画のなかに国司の館跡とみられる遺構が検出されているので、以下に紹介する。なお、区画の名称については、大路を基準にして東西大路から・南北大路からの順によぶことにする。

南1・西2

南北一三九メートル、東西一一八メートルの区画で、中央部を北から南に向かって流れる遣り水状の遺構があり、その周辺には庇付きの建物や刳抜きの枠をもった井戸も見つかっている。出土遺物には、白磁、青磁、長沙窯系黄釉褐彩などの中国産の陶磁器とともに、灰釉陶器・緑釉陶器といった国産陶磁器類が多量に見つかっている。また、供膳用の土器が一括して廃棄

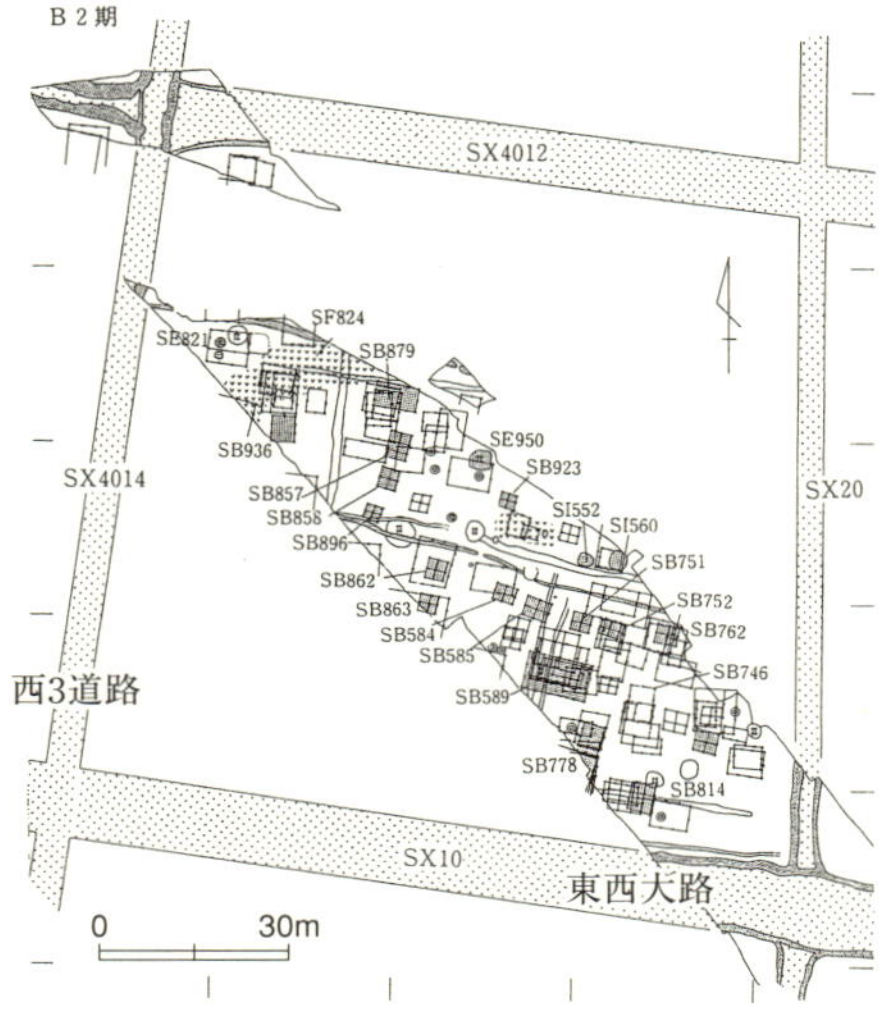

図93　北１・西３遺構図

されている。そのなかに「宮城」「賀美」「亘理」「守」などの墨書土器も出土している。おそらく国守館《くにのかみのたち》跡と考えられる。

北1・西3

南北一二四メートル、東西一〇九メートルの区画で、二条の材木塀によってさらに東西に細長い三つの区画に分けられている。東西大路に面した区画には、三面に庇の付いた東西棟建物を中心として、北側にはこれを囲むように八棟の総柱建物が発見されている。中央部の区画についてみると、桁行二間または三間、梁行二間の掘立柱建物や総柱建物、貯蔵施設とみられる竪穴遺構、井戸、供膳用の土器の一括廃棄などが確認され、空閑地は耕作地として利用されている。出土遺物は、南1・西2の区画と同様に高級な陶磁器が出土している。

北1・西7

山王遺跡の千刈田《せんがりた》地区であり、南北一二五メートル、東西一二二メートルと推定される区画で、東西大路に面している。区画の中央やや西寄りに桁行九間、梁行四間の四面庇付建物を主屋とする建物群が発見されている。その南西には刳抜きの井戸枠をもつ大型の井戸も検出されている。出土遺物には、多数の日常生活用具の他灰釉陶器・緑釉陶器、中国産の青磁水注、褐釉陶器などの奢侈品が発見され、供膳用の土器の一

図94　国守館の主屋（山王遺跡千刈田地区）

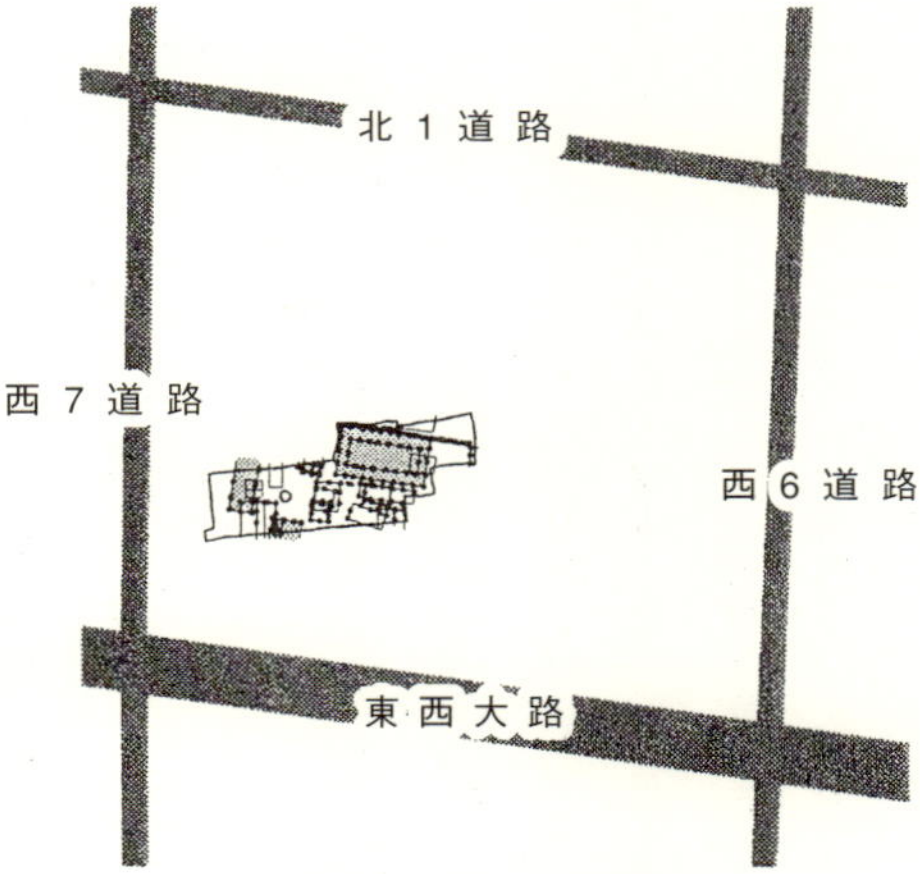

図95　北１・西７遺構図

括廃棄なども確認されている。また、四面庇付建物の柱穴から「右大臣殿餞《せん》馬《ば》収文《しゅうもん》」と墨書された題簽軸《だいせんじく》木簡が出土したことから、国守館跡と考えられる。この遺構の年代は、十世紀前半頃とみられる。

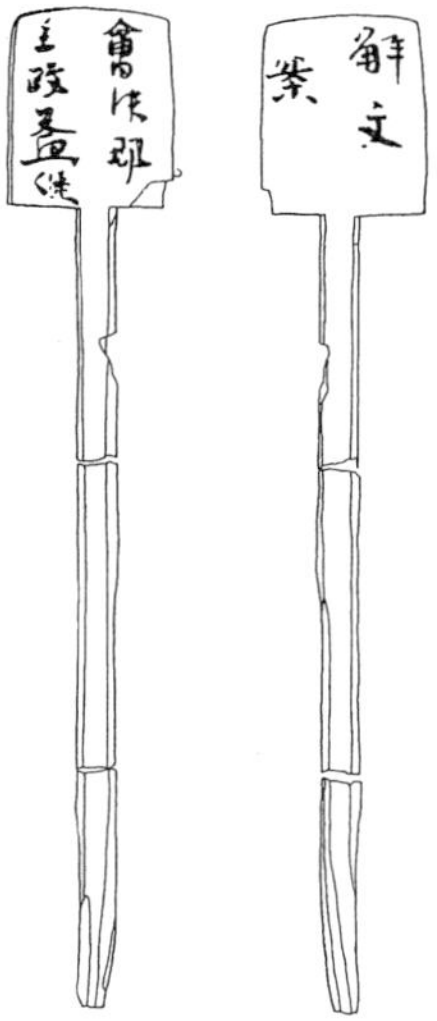

図96　題箋軸木簡

(二) 郡の事務機関

多賀城外郭南辺築地から約三五〇メートル南方の伏石地区から一点の題箋軸木簡が出土した。木簡は九世紀前半の井戸から出土したもので、一面に「解《げ》文《ぶみ》案」、片面に「会津郡主政《しゆせい》益継」と記されている。「解」は上級の役職や官庁宛に出す文書で、主政は郡司のなかで大領《だいりよう》・少領《しようりよう》に次ぐ職である。これは郡の内部的な文書の案で、この題箋軸木簡が会津郡の郡家ではなく、多賀城の城下で発見されたことから、主政益継がここで案文を作成し保管していたものと思われる。このことから、多賀城に近い城下の一画に会津郡の郡家に関連する施設があったものと推測される。

(三) 修理所

多賀城南門から南へ約二〇〇メートル、南北大路から東側に通じる北2道路を約五〇メートル進んだ道路南側溝から木簡が出土した。長さ三五・七センチ、幅六・九センチ、厚さ〇・七センチの短冊形で、下端が欠損している。木簡のオモテ面に「修理所」と書かれており、さらにその下には「馬庭《ばば》」の文字も見える。その内容は、兵士が「馬庭」の修理・造作のために「修理所」から派遣されたというものである。「修理所」は、文字どおり施設の造営や修復を目的に設置されたものと考えられる。このような施設の存在について、多賀城では初めて確認されたことになる。なお、年代的には新しいが、文献史料上では「東大寺修理所」(『文徳実録』)、「観世音寺修理所」（『平安遺文二』）などが確認できる。

一方「馬庭」については、諸史料によれば人名、地名、場所などいくつかの意味をもつ。本資料は、その内容により出土地の周辺に馬庭があったことが想定されることから、場所を指すものと考えられる。南北大路の東、北2道路の周辺には水田が広がっており、居住域としては適さない場所である。このような場所に「馬庭」が設置されたのであろう。

〔釈文〕
・「修理所　送兵士□馬庭事□卅□□□
　火長［　］　鳥取部敷成□　丈部子醜麻呂　□部
　阿刀部廣守　磯部　□　矢田部田公□　□和部□□〔成カ〕
・「鳥取部□□〔麻カ〕
　□□〔丈部カ〕［　］　□部□□
　大伴［　］　□〔丈カ〕部綿麻呂
　占部浦子麻呂

図97　「修理所」と書かれた木簡

（四）大型建物群・特殊建物の意味するもの

南北大路と東西大路の交差点の北側、南北大路に面する東西両側の区画は、北1道路が造られておらず、東西一町、南北二町の規模をもっている。ここは、河川が南北大路を横断して蛇行しており、そのため北1道路は造ることができなかったものと思われる。しかし、ここからは他の区画に例をみない遺構が発見されている。

まず、南北大路の東側においては、桁行一一間、梁行二間の南北棟建物が南北に二棟、柱筋を揃えて整然と並んで検出され、さらに約二〇メートルの

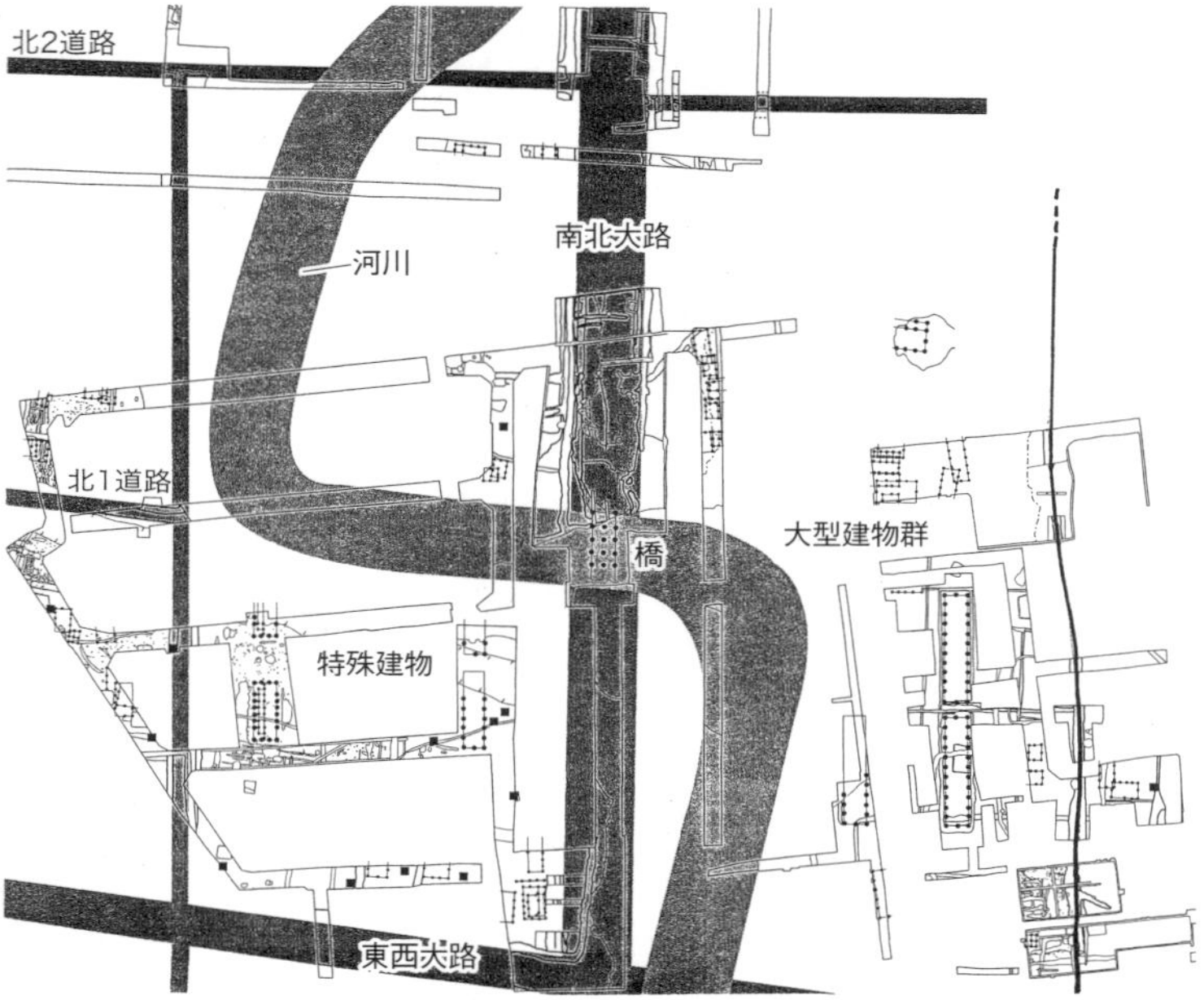

図98　南北大路沿いの区画

間隔をおいて同じような建物が配置していたと推測される。城外最大の大型建物群である。また、大路の西側においては、桁行八間、梁行二間の南北棟建物や桁行七間、梁行三間の南北棟建物で二条の「側柱内柱列」をともなう特殊建物が発見されている。

このように、他の区画とは明らかに異なる様相をもっているのである。南北大路を挟んだ両側の地区の性格についてであるが、大路交差点という交通の要衝に位置しており、水運として利用された河川に隣接する東側の区域は、都市の機能の一つである「市」ととらえておきたい。大型建物群は、それを構成する施設と考える。また、西側の特殊建物については、性格を示す出土遺物等が発見されていないため不明であるが、側柱の南北一間目の両端の柱間が広いこと、「側柱内柱列」が棟通り下よりやや西側にあって、その両端は北妻・西妻に接していることから、床張りされた廐舎のような構造が想像される。この区域の北に位置する北2道路の側溝から「馬庭」と記された木簡や区画の南側、東西大路の南側の道路側溝から

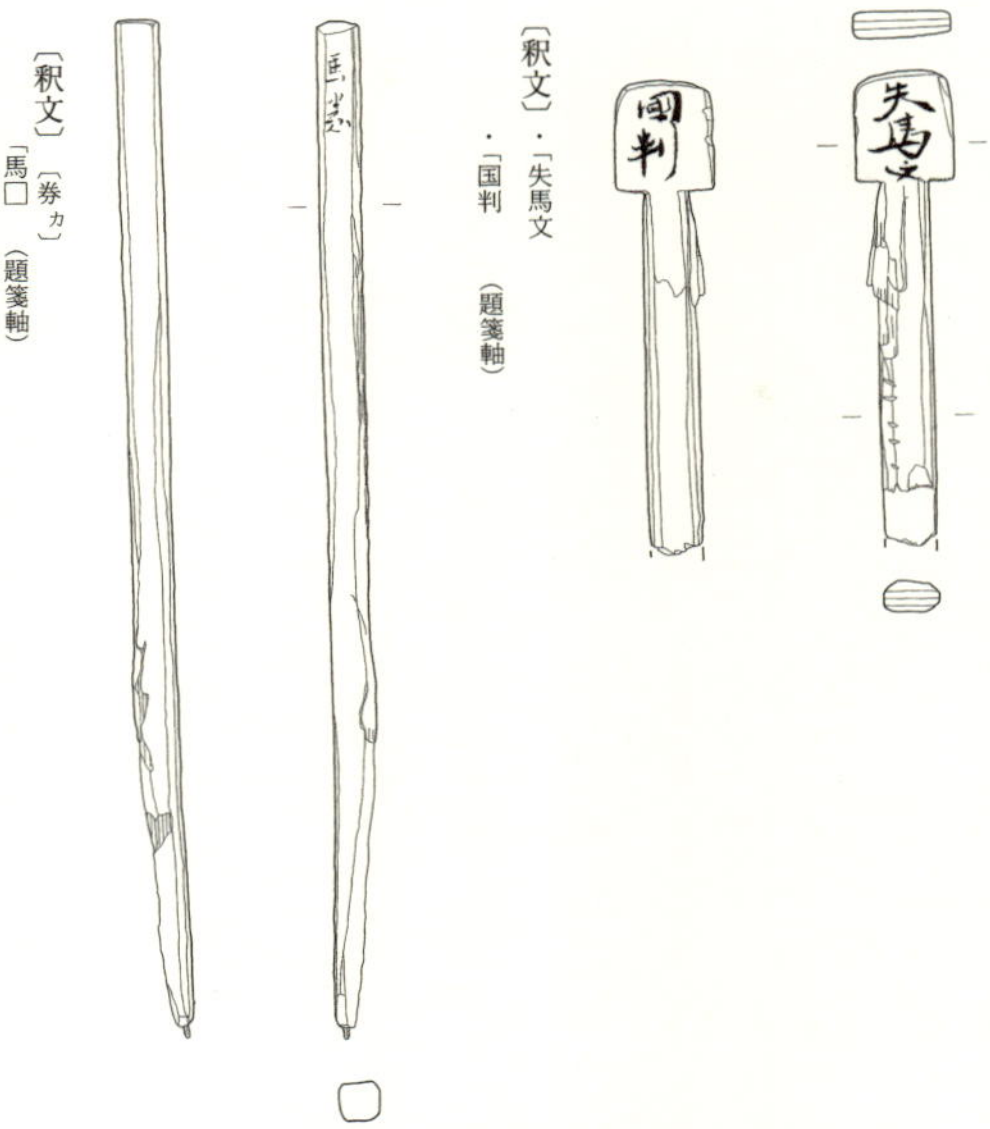

図99　馬にかかわる木簡

「馬券」、「失馬文」と記された題箋軸木簡が出土していることから、馬にかかわる区画の可能性が考えられる。

（五）工　房

街並みのなかから漆作業や鍛冶工房にかかわる遺物、骨角器の未製品などが出土しており、さまざまな工房が置かれていたことが推定できる。多賀前地区の東西大路に面した南区からは、漆付着土器や漆の漉《こ》し布・漆紙文書・漆刷毛などの遺物、また鉄滓《てっさい》、鞴《ふいご》の羽口《はぐち》・送風管・砥石などの鍛冶関係の遺物がまとまって出土している。さらに、河川跡からは解体の痕跡が認められる馬や牛をはじめとする多量の獣骨が出土している。これらの骨や角を利用した骨角製品の製作も行われていたものと思われる。

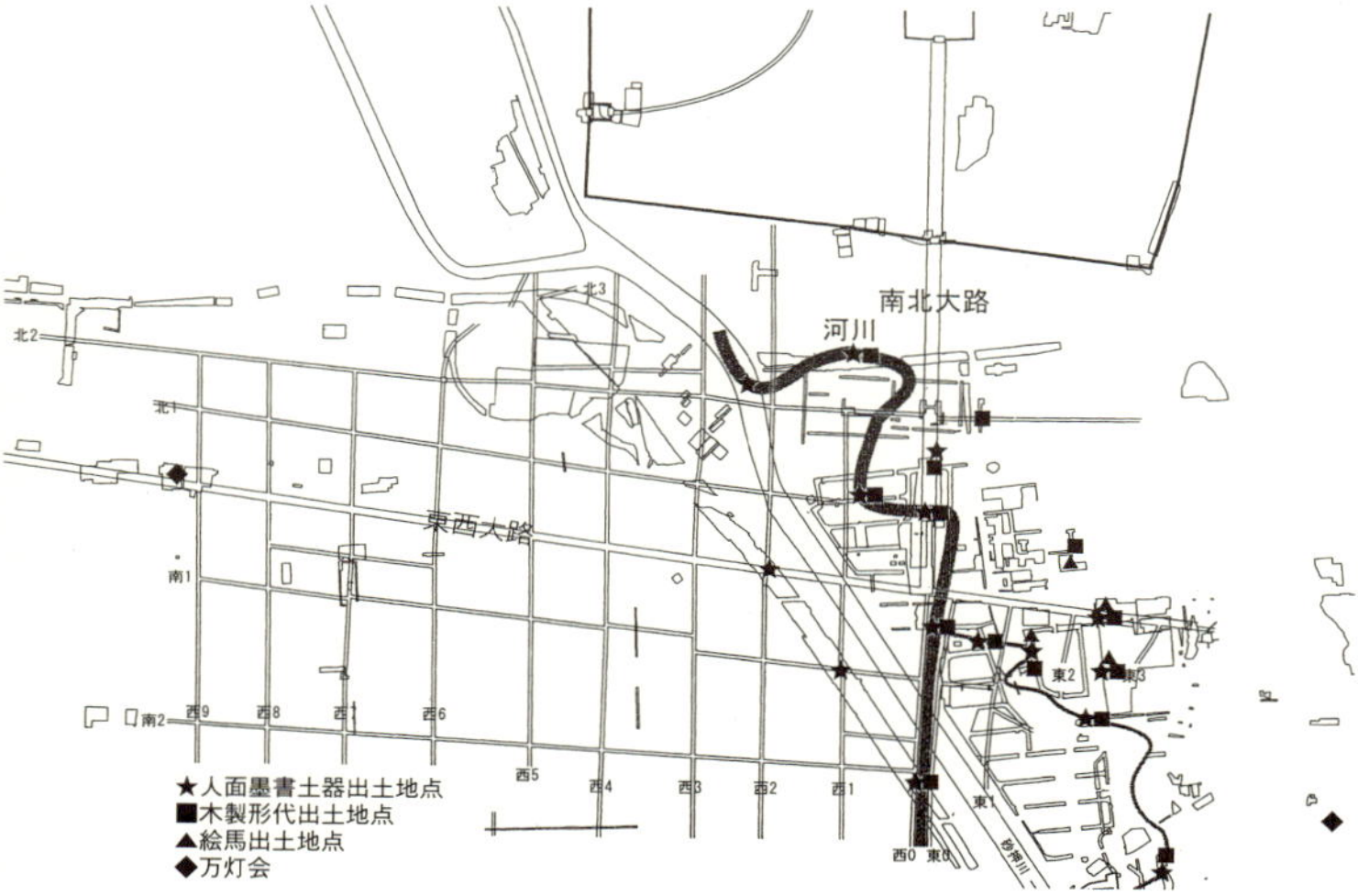

図100　祭祀遺物出土分布図

(六) 祭　祀

多賀城の城下から、まつりやまじない等に使用されたさまざまな祭祀遺物が多数出土している。また、万灯会《まんとうえ》等の仏教行事を思わせる遺物もあり、以下に簡単に紹介する。

祭祀遺物の出土分布については、図100に示したように、調査区全域にわたっているが、東西大路などの道路側溝や河川からの出土がとくに多い。祓や占いなどの祭祀に使った人面墨書土器、人形や馬形・鳥形等の木製形代《かたしろ》、斎串《いぐし》、陽物《ようぶつ》、土馬、卜骨《ぼっこつ》、絵馬など多種多様にわたっている。

人面墨書土器

土器に墨で人の顔を描くものをいうが、その描き方はさまざまで、多くは眉・目・鼻・口・耳・口髭・顎髭などの顔の要素を描いている。また、顔の輪郭を表すものもあり、一面から四面を描くものが多い。土師器の甕に描かれるのがほとんどであるが、須恵

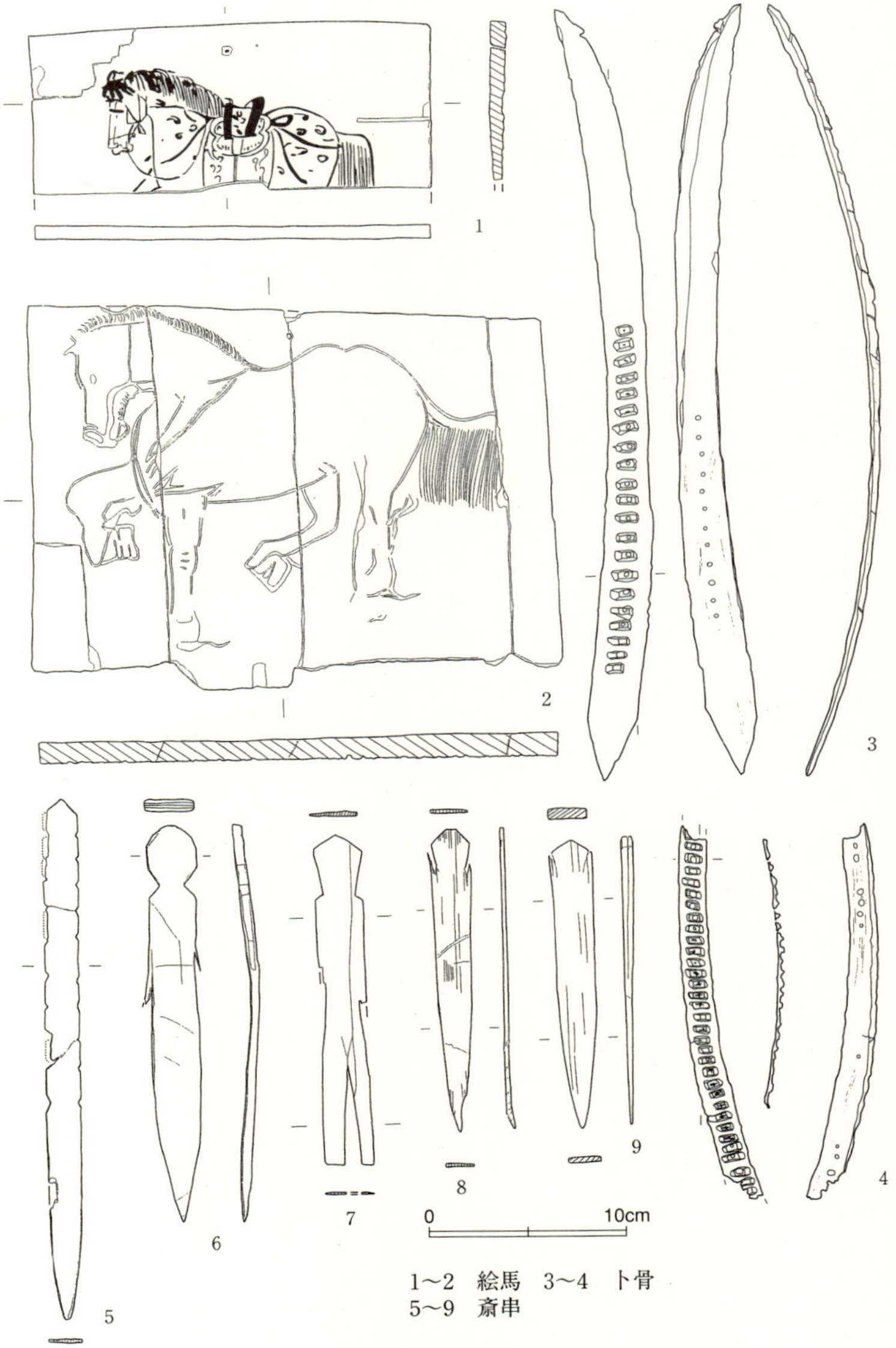

1～2　絵馬　3～4　卜骨
5～9　斎串

図101　祭祀関連遺物

図102　人面墨書土器

図103　水辺の祭祀のようす

器の杯を利用しているものもみられる。

これまでの調査で出土している人面墨書土器は、管見によれば約三〇〇点を上回っており、今後の調査でさらに増加するものとみられる。このような人面墨書土器は、身の穢れを土器に封じ込めて水に流す儀式に使われたと考えられている。多賀城周辺においても、とくに城下を流れる河川から数多く発見されていることから、「水辺の祭祀」（図103）としての性格をよく表しているものと思われる。

木製形代　人の形を表した人形のほか馬・鳥・蛇・舟・刀子などを象ったものがある。人形は短冊形の薄板を加工して頭・胴・手・足を表現しており、墨で顔を描いたものもある。人間の身代わりとして穢れや災いを背負って、水に流されるものといわれている。

斎　串　短冊形の薄い板の先端を剣先形に尖らせ、上端部は尖頭形か台形状に加工して地面に突き刺して使われるもので、祭りの場で人面墨書土器や人形とともに使われていたことが知られている。

卜　骨　亀の甲や獣の骨を焼き、そのひび割れのようすをみて吉凶を占うものである。多賀城の城下でも河川跡から五〇点を上回る卜骨が出土しているが、なかには未製品とみられるものもある。馬と牛の肋骨を半截したものが多いが、鹿の肩甲骨もみられる。

(七)　万灯会

多賀城の城下において、万灯会が行われたとみられる遺構が発見されている。万灯会とは、多数の灯明をともして仏を供養する法会で、『続日本紀』の記録にも認められる仏教行事である。それによれば、七四四（天平十六）年十二月に聖武天皇が金鐘寺《こんしゅじ》と朱雀大路で一万灯を、また七四六（天平十八）年には金鐘寺で一万五千七百余りをともし、盧舎那仏《るしゃなぶつ》を供養したと記されている。

この法会に使用されたとみられる土器が高崎遺跡と山王遺跡から発見されている。

高崎遺跡の例　多賀城廃寺跡の西南約五〇〇メートルの井戸尻地区に位置する。一九七一（昭和四十六）年と一九九四（平成六）年に同一地点で発掘調査が行われ、およそ二〇〇〇点に及ぶ土器が三度にわたって廃棄されたことが明らかになった（図104）。年代は、十世紀前半に降った灰白色火山灰層の下で二回、上で一回であったが、土器の年代に違いが認められず、いずれも油煙状の付着物がみられることから、短期間に廃棄されたものと考えられている。

図104　高崎遺跡から出土した大量の土器

山王遺跡の例　山王遺跡については前述しているが、東町浦地区の東西大路の北一〇メートルに位置する土壙から、二〇〇点以上の土器が重なり合って出土している。土器の内面には井戸尻地区と同じように、油煙状の付着物が認められ、さらに「観音寺」と墨書された土器が発見されたのである。都で行われていたのと同じ仏教行事が、多賀城の城下の主要道路である東西大路で、多賀城付属寺院の主催により執り行われていたことを証するものと考えられる。

3　出土文字資料

多賀城周辺からは、多量の文字資料が発見されている。これまでの調査で発見されている豊富な文字資料のうちから、注目される資料について紹介する。

漆紙文書

山王遺跡と市川橋遺跡から出土している。山王遺跡一・二号文書は、一〇次調査でＳＤ１８０溝跡から発見されたものである。

一号文書は漆付着面に人名を列挙し、その後につづけて、

×件□人従□麻呂来×
×戸里戸主神人マ千×

とあり、正倉院文書の「陸奥国戸口損益帳」と共通する表記がみられる。戸口損益帳とは、戸籍作成にあたり前年籍との戸口の異動を記したもので、戸籍と密接に関連した帳簿として中央へ戸籍とともに提出されたものである。本文書はその帳簿作成のための下書きのような性格―草案と考えられる。また、紙背文書にあたるオモテ面には「×□王敬×」の文字が読める。これは、東大寺の盧舎那仏建立に際して、陸奥国から黄金九百両を貢献したことで有名な百済王敬福《くだらのこにきしきょうふく》（当時陸奥守）とみて間違いないであろう。

三号文書は、一七次調査でＳＤ４２０河川跡から出土したものである。文書は直径二五センチのフタ紙に復元することができた。文字はフタ紙のオモテ面で確認された。この文書は計帳《けいちょう》とみられるものである。計帳とは、戸籍と並んで古代の律令政府が人民を掌握するために作成した文書である。戸籍が六年ごとに作られ、班田収受《はんでんしゅうじゅ》を行ったり氏姓を正したりする原簿とされたのに対し、計帳は課役（調《ちょう》・庸《よう》・雑徭《ぞうよう》など）を徴発するための台帳で、毎年作成された。

この計帳の年代については、九行目の下の注記部分に見える「割附驛家里《うまやのさと》戸主丈部祢麻呂為戸」の記載から、郡里制（七〇一～七一四年）および郷里制（七一五～七四〇年）の下でのものとみなすことができる。したがって、この計帳は七四〇

3号文書

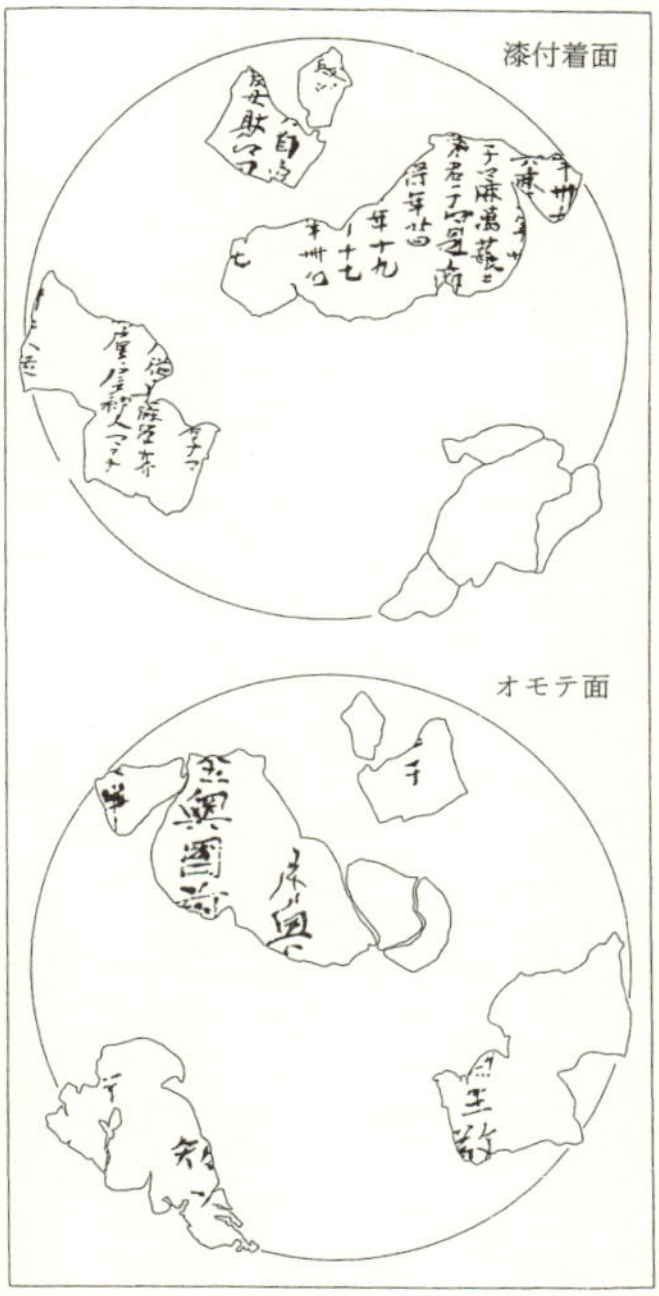

1号文書

4号文書

図105　多賀城周辺出土の漆紙文書

（天平十二）年以前のものと考えられる。駅家経営の実態を示す資料として貴重なものである。

四号文書は、三号文書と同じ一七次調査のSK５４２２土壙から出土したもので、土師器杯の内面に付着した状態のまま検出された。この土師器杯はロクロ調整を行わない丸底の杯で、外面は体部と底部の境に明瞭な段をもち、段の上部をヨコナデ、下部を手持ちヘラケズリし、内面は全面をヘラミガキして黒色処理したものである。オモテ面文字は方約一・四センチの大きさで、二行に書かれた行間が約三センチで行書体とみられるのに対して、漆付着面の文書は、文字の大きさが方約〇・八センチで行間も一・五〜一・六チセンと小さく楷書体である。漆付着面の文書が一次文書で、オモテ面の文書が二次文書とみられる。この文書は、一次文書が国府に保管された計帳様文書とすれば、二次文書中の出挙《すいこ》・借貸も国府にかかわるものかと推測される。なお、この土師器杯は、八世紀前葉頃に位置づけされるもので、多賀城創建期に相当する時期のものと思われる。

山王遺跡多賀前地区の調査で四点の漆紙文書が出土している。そのうちの一つに『古文孝経孔氏伝《こぶんこうきょうこうしでん》』とみられる文書が発見されている。『孝経』は、官人養成機関の大学・国学で教授される必修科目である。律令官人として出仕する者は、必ず身につけるべき教養書とされていた。この文書のウルシ面には計帳の断簡とみられる記載があり、紙背文書とは考えられない。したがって、『古文孝経孔氏伝』が紙背文書とみられ、書写されたものと考えられる。

この他に山王遺跡からは、およそ三〇点の漆紙文書が出土しており、発掘調査の進展によりさらに増加するものと思われる。

市川橋遺跡からは、二〇点の漆紙文書が発見されている。文書の内容を知りうるものは少ないが、城南地区から出土した一三点の漆紙文書について、年代を知りうるものは次のとおりである。

①文書に紀年を有するもの
宝亀三年（七七二）――六号文書
宝亀年間（七七〇〜七八一）か――一二号文書
延暦九年（七九〇）――七号文書
弘仁九年（八一八）――四号文書
②文書の内容により年代が推定できるもの
宝亀二年（七七一）以降――二号文書
大同年間（八〇六〜八一〇）――三・一一号
弘仁十四年（八二三）以前――九号文書

年代を知りうる文書の作成年代は、七七〇年頃から八二〇年頃までに収まり、他の文書や遺構の年代を考えるうえで参考になるものである。

木簡　市川橋遺跡から一二〇〇点を超える木簡が出土しているほか、山王遺跡からも二四点の木簡が発見されており、多賀城跡の出土数をはるかに凌いでいる。年代的には、延暦年間以降のものが主体を占めている。出土遺構としては、道路側溝や河川跡、溝跡が多い。主な資料をいくつか紹介する。

図106の1は、市川橋遺跡から出土したもので、南北大路の西側、北2道路の北の地点で、西から東に大きく蛇行して流れる河川跡から発見された。『杜《と》家《か》立成《りつせい》雑書《ぞうしよ》要略《ようりやく》』の書名や本文を記す習書木簡である。短冊型の形状で、片側の側面が欠損しているが、ほぼ完形である。長さ三六センチ、幅三・六センチ、厚さ六ミリで長さは天平尺の一尺二寸に成形されている。文字は墨が濃く、遺存状態がきわめて良好であり、一面に書かれている一八文字がすべて明瞭に判読できる。『杜家立成雑書要略』は、唐伝来の書簡の模範文例集で、写本は中国ではすでに失われており、伝わっていない。現存する写本は正倉院宝物として伝わる光明皇后の筆になるものが唯一である。年代は、共伴した土器の年代から八世紀中頃のものとみられる。

同2は、井戸跡（ＳＥ９４８）から出土した木簡で、上部の左右に切り込みを入れ、頭部をやや圭頭状にしている。オモテ面に「五斗黒舂《こくしよう》」と記されている。「黒舂」は「黒舂米」の略で、籾から黒米（玄米）に舂いたものを意味するとみられ、通常は黒米と表記されている。本木簡は黒舂米五斗＝一俵に付けたものである。なお、多賀城跡大畑地区の調査（第六〇次）においても、井戸跡（ＳＥ２１０１）から「黒舂米一斗」と記され

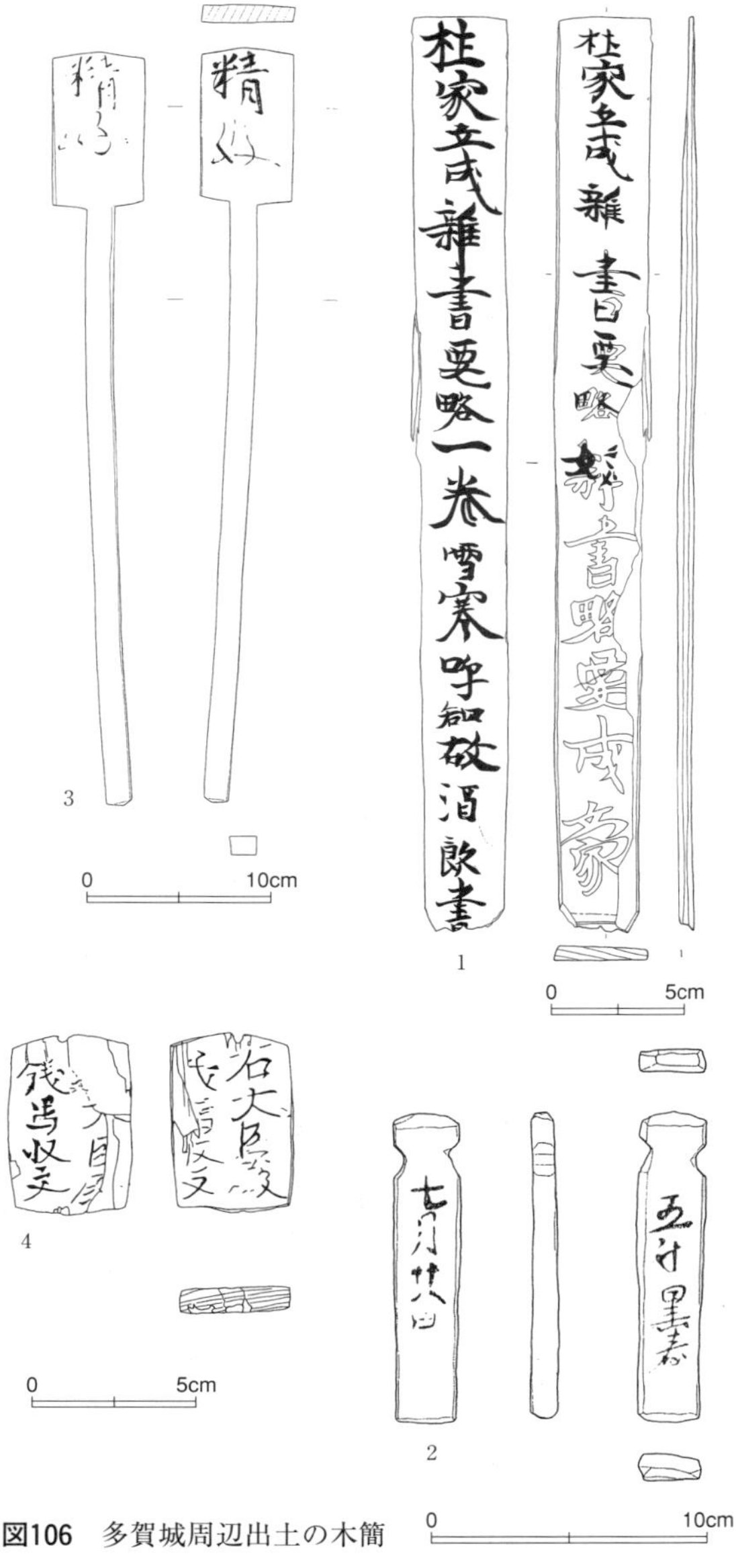

図106　多賀城周辺出土の木簡

た木簡が出土している。木簡の年代は、出土した土器の年代から八世紀末~九世紀前葉頃とみられる。

同3は、西1道路西側溝のF期から出土したもので、灰白色火山灰降下以降の時期にあたり、十世紀前半以降の年代が与えられる。題籤軸木簡で完形である。題籤部は長さ七・九センチ、幅四・六センチ、厚さ〇・八センチ、軸部は長さ三一・七センチ、幅一・三センチ、厚さ一センチである。題箋部の両面に「精《せい》好《ごう》」と記されている。「精好」の語は、良質な絹を述べる際に使用される例が多く見受けられることから、本木簡も十世紀前半以降の絹に関する文書の題箋軸と考えられる。

同4は、山王遺跡千刈田地区から出土したもので、この木簡の発見によって、国守館跡と性格づけられたものである。これは、題箋軸木簡で軸部が根本から欠損している。題箋部はほぼ完全な形で残っているが、両面の保存状態はあまり良好ではない。しかし、題箋両面の内容が同文であるため、完全な釈文を付すことができた。「右大臣」は太政官の長官で左大臣に次ぐ重職である。「餞」は『新撰字鏡』（現存する最古の字書）によれば、「馬乃鼻牟介《うまのはなむけ》」と訓んでいる。したがって、「餞馬」は餞別のための馬のことである。「収文」は通常、諸国の貢納物に対する中央の役所の受取状のこととして用いている。

当時、陸奥国の按察使は大納言までは兼任しているが、右大臣に昇進すると、按察使の職を辞するのが常であった。そこで、陸奥国守は東北の最高行政官「按察使」が右大臣に昇進するにあたって、餞別として陸奥国の最高の贈り物である馬を進上したと考えられる。その収文（受取状）が陸奥国司宛に送付され、その一連の文書に題箋を付して保管していたのであろう。およそ一町四方の敷地をもち、主屋である四面庇付建物跡や高級な出土品が共伴するこの区画は、陸奥国守の邸宅と性格づけられている。

墨書土器

調査区のほぼ全域から発見されており、多賀城跡の出土数と比較すると圧倒的に城外周辺遺跡からの出土が多い。多賀城跡からは一五五点の墨書土器が確認されているが、城外南面の市川橋遺跡からは約三一九〇点を

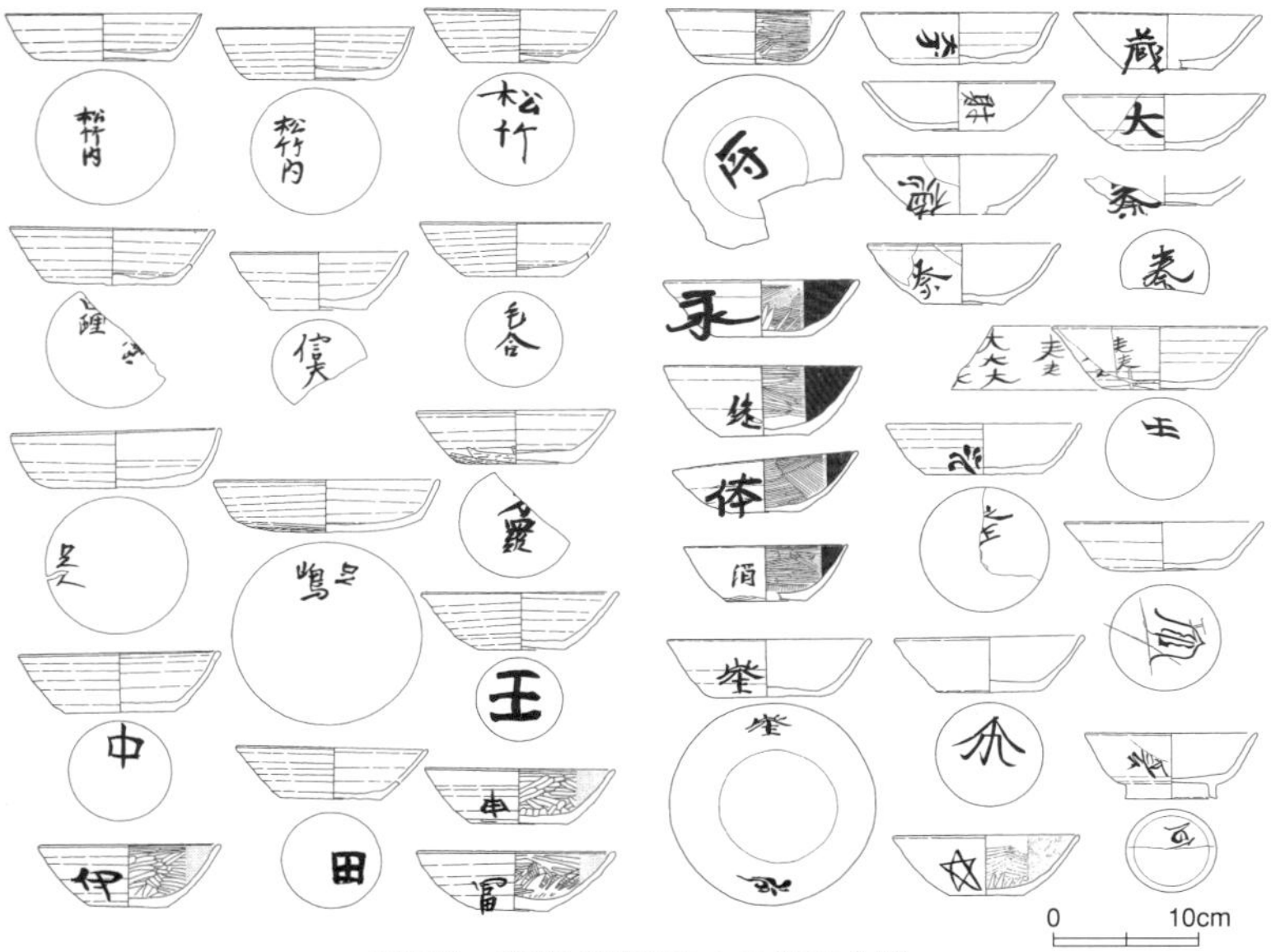

図107　多賀城周辺出土の墨書土器

数え最も多い出土数をもっている。山王遺跡からは約九〇〇点が出土しており、高崎遺跡を含んだ城外の街並み一帯からの出土数は約四二四〇点で、宮城県内の出土墨書土器の約八〇％を占めている。この出土数だけみても多賀城周辺遺跡の特異性をうかがうことができる。記載された文字の種類、内容はじつに多種多彩である。紙幅の関係上、詳しく述べることができないので、多賀城下の墨書土器の特徴について簡単に述べる。

土器の年代については、八世紀半ばから十世紀前半にわたっており、九世紀代に多い。器種としては、杯類がほとんどであるが蓋や甕に書かれている例もみられる。記載される部位については、体部外面と底部に書かれているものがほとんどである。文字は、一文字と二文字の墨書が圧倒的に多い。「日理《わたり》」「下野」「尾張」「宇多」「信夫」など地名を示すもの、「厨」「駅」など施設名を表す

図108　漆沙冠出土状況

もの、「火長」「兵」など職名、「秦」「継益」「足人」「嶋足」など人名・姓を記したものなどがある。多数出土している文字としては、一文字では「伊」「上」「田」「王」「奈」「南」「中」「厨」「秦」などがあり、二文字以上では「松竹内」「松竹」「毛合」「中成」「舎人」などがある。

さらに、「福」「富」「万福」「吉」などの吉祥句や五芒星「☆」の魔除け記号も出土している。また、則天文字の「埊」（地）、「𤯔」（人）などもみられる。そのうち地を表す「埊」には体部に絵模様がともなう特徴が認められる。その他にも食物や用途を表したり、日付や習書などじつに多種多様な様相をみることができる。

その他の出土遺物

街並みのなかからは、生活のようすを示すさまざまな遺物が出土しているが、土師器や須恵器などの土器に次いで多いのは、木製の皿・椀・杯などの挽物類や漆器である。ほかには曲物や刳物もみられる。

方格地割り内からの出土遺物は、そこで生活している階層や性格が反映されることから、住宅遺構の規模とともに都市内の構造を検討するうえで重要である。当時の高級品である緑釉陶器や灰釉陶器のほかに中国産陶磁器等の奢侈品も発見されている。上級役人の服飾である漆沙冠《しつしゃかん》や、腰帯の飾りなども出土している。

さらに、役人や兵士が使用したとみられる刀や鉄鏃、刀子のほかに馬具や横笛も出土している。

4　わが国第二の古代都市

これまで述べてきたように、多賀城跡と多賀城廃寺跡は、一九二二（大正十一）年に国の史跡として指定されてから今日まで、学術的な目的による発掘調査や環境整備が行われてきており、他の多くの遺跡にくらべて早くから保存の措置が講じられてきた。奈良の都である平城京の平城宮跡や九州の大宰府跡とともに、わが国の古代を代表する遺跡として取り扱われてきた経緯をみることができる。

昭和三十年代から四十年代の発掘調査で、それまで抱いていた多賀城のイメージを一変させる成果が挙げられた。多賀城は、創建当初から陸奥国の国府として、鎮守府も併置され、出羽国をも管轄するなど、東北における中心的役割をもつ重要な機関として設置されたことが判明したのである。さらに、多賀城以北に設置された城柵官衙の中核としての役割を果たしていたことも明らかになった。

その後、五〇年代に入って多賀城周辺部の調査が行われると、古代の遺構が相次いで検出され、東西大路と南北大路を基準とする道路によって、

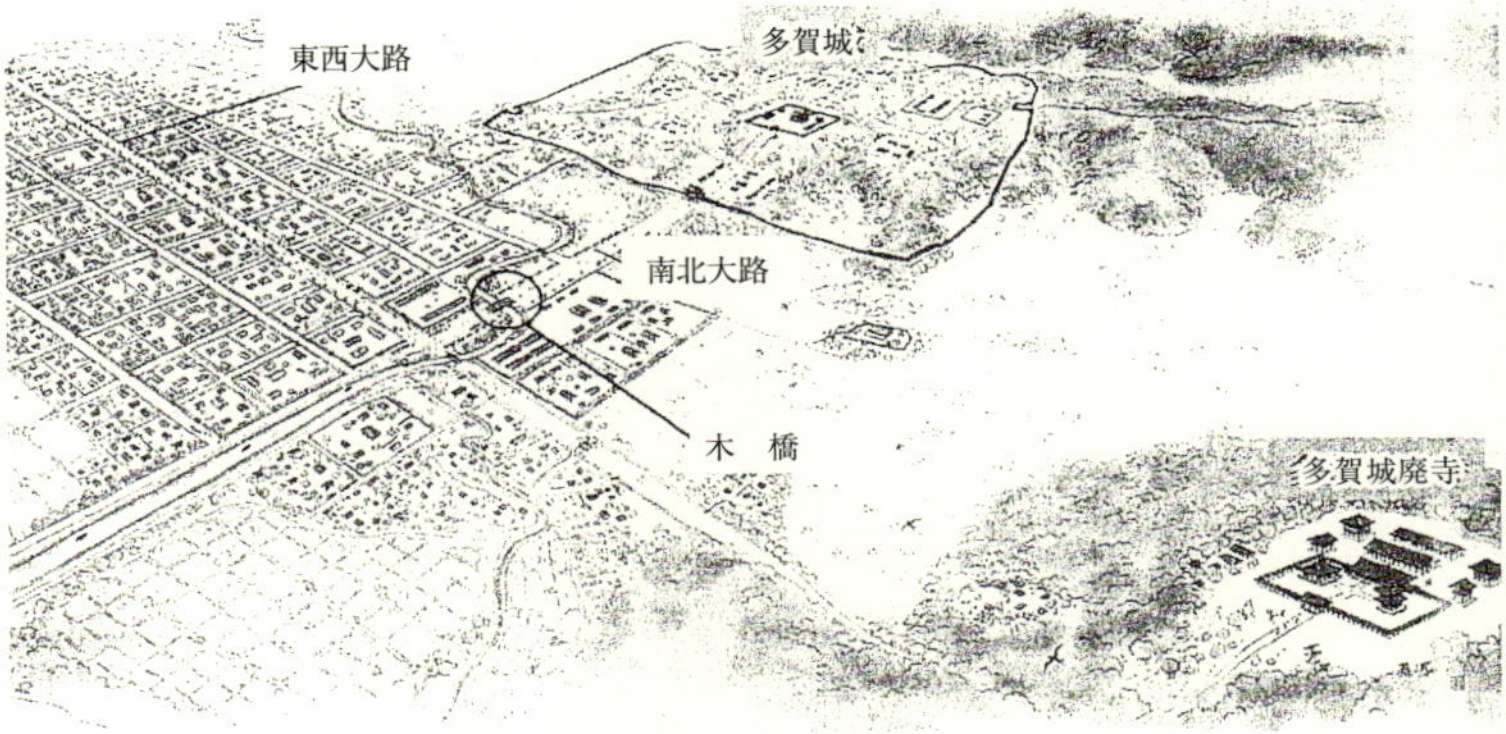

図109　古代都市の復元イラスト

およそ一町四方に区画される街並みの存在が明確になってきた。当時の街並みのようすを再現すると、以下のようになると考えられる。

東西大路に沿った区画には、国司の館などの屋敷が建ち並び、南北大路を横断する河川には幅七メートル、長さ二一メートルの大橋が架かる。運河として改修された川から物資が陸揚げされて、大路の東側の区域では市が開かれている。また、南北大路正面に見える多賀城南門に近い北2道路の周辺に兵士が集合して点呼がとられ、馬庭の修理が始まろうとしている。大路交差点の西側にある厩舎の前では、都から帰ってきたばかりの馬から鞍が外されて、川面で馬具の掃除が行われている。また、川や大路の側溝などの水辺では時折祓いや祈りの祭祀が営まれ、東西大路では万灯会が執り行われている。

街並みのなかには鍛冶工房や漆工房もあり、挽物や曲物などの製品、骨角製品を製作した工房などもあったと考えられる。

このような多賀城の城下のようすは、都市とよぶに相応しい景観と内容をもっていると思われ、方格地割りは、都城の条坊制をモデルにして計画されたものと考えられる。

多賀城の城下に造られた方格地割りの街並みは、強制的な都市計画事業であり、多賀城の建設とともに東北に対する律令制支配の浸透を意味していると考える。多賀城は、都に次ぐ古代第二の都市であった。

Ⅶ　追加指定された遺跡

特別史跡である「多賀城跡附寺跡」は、その周辺部に展開する国府域も含めた広い範囲でとらえるべきものと考える。そのため、関連する遺跡の重要性を主張しそのつど保存協議が行われており、そのうちのいくつかの遺跡は追加指定され、保存されている。そのどれもが当初は未指定の埋蔵文化財包蔵地であり、開発行為が原因の発掘調査によって重要性が認められた遺跡である。本書の刊行目的からはややそれるかもしれないが、これら追加指定を受けた遺跡について、行政的にさまざまな問題を抱えながらも保存に行き着いた経緯などを踏まえながら、簡単に記述し、記録に留めておきたい。

1　館前遺跡

遺跡概要　多賀城跡の外郭南辺築地の東南隅部から真南約二〇〇メートル、低湿地の中に浮かぶ小高い台地上に立地している。開発面積一万三八〇〇平方メートルの宅地造成計画にともない発掘調査が行われた。

調査成果として、国司館跡とみられる九世紀前半頃の四面庇付建物跡を主屋とする建物群六棟が発見された（図91参照）。一九八〇（昭和五十五）年三月二十四日に一万三八〇平方《メートル》が史跡指定を受けた。

保存経緯　多賀城市にとって初めての単独調査として一九七九（昭和五十四）年四月から十一月まで調査を実施。開発を前提とした事前調査であったため、開発工事と同時並行で発掘調査を行った。中世の館跡とみられていた遺跡の台地上から大規模な建物跡の柱穴が検出され、政庁正殿に匹敵する四面庇付建物跡を中心とする六棟の建物群が発見された。古代の建物群が多賀城の城外で発見されたのは初めてのことであり、関係者や関係機関が連日見学に訪れ、多賀城に密接に関連する重要な遺跡として県教育委員会、文化庁と遺跡の保存協議が行われた。その結果、指定保存の方針が示されたため、開発業者に対して工事の中止と保存に対する協力要請を申し入れた。発掘調査は途中から指定保存のための調査に変更して再開し、あくまで開発を主張する業者と何度か軋轢が生じたものの、粘り強く話し合いを重ね遺跡の重要性について理解をいただき、開発を断念していただいて遺跡を追加指定することになったのである。開発される目前で短期間で遺跡を保存することができた。これは国、県、市がそれぞれ役割を果たした好例である。

2　市川橋遺跡—多賀城跡南面地域

遺跡概要　多賀城南辺築地の南側一帯の沖積地で都市計画道路玉川・岩切線の境界までの範囲に広がる。対象面積が二六〇〇平方《メートル》の宅地開発計画にともない調査された。その成果として、九世紀から十一世紀に及ぶ建物跡、堀

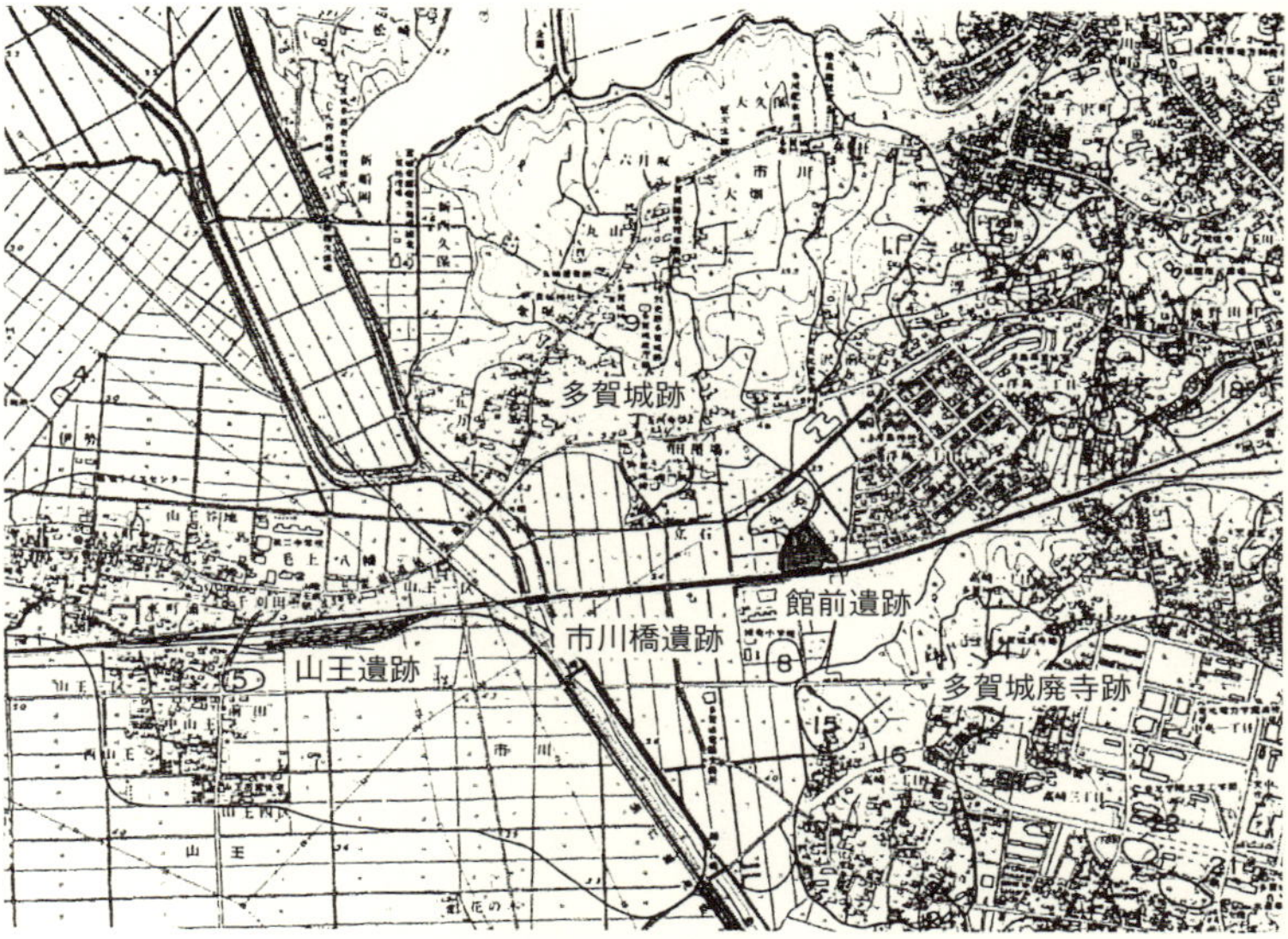

図110　多賀城跡と周辺遺跡の位置

河、南北道路跡などの遺構が発見され、城外にも多賀城関連の遺構が存在することが明らかとなった。

一九八四（昭和五十九）年三月二十七日に八万七〇〇〇平方メートルが史跡指定を受けた。

保存経緯

多賀城跡の指定線が外郭南辺築地であるため、県は早くから特別史跡を補完するゾーンとして追加指定したいと考えていたが、同地域は、現況水田地帯ではあるが、市街化区域であり第一種住居専用地域とされているため、将来特別史跡地内の地域住民の移転先として有力な候補地となっていたところである。そこを追加指定することについては、当然のことながら市教委文化財担当課と都市計画、税務担当部局との攻防が行われ、ついには市議会で追加指定に反対の決議が行われた。しかし、文化財側としては地権者への説明会や戸別訪問を重ねながら、特別史跡にとって保存の必要性を説明し、協力をお願いして歩いた。結果的に地権者のおよそ八五％の同意書を得て追加指定が行われた。また、指定申請を行うに当たり、指定地域南側に計画されていた都市計画道路のルート変更も行われている。

一件の宅地開発計画が提出され、近い将来宅地造成計画が発生することが予測されたため、発掘調査の迅速な対応が急務となり、多賀城跡の発掘調査機関である県の多賀城跡調査研究所の協力を得て、調査が行われた。一九八〇（昭和五十五）年の調査から四年の歳月を経て、多賀城跡の南正面が面的に拡大して保護されることになった。

3　柏木遺跡

遺跡概要

多賀城跡の東南約四キロの低丘陵南斜面に立地する。多賀城跡の西から南へ貫流する砂押川の河口に近い。開発面積四万平方メートルの宅地造成計画にともない調査された。製錬炉、木炭窯、鍛冶工房跡、粘土採掘土壙などの鉄生産に関する遺構が発見され、年代は八世紀前半で、多賀城創建にかかわる製鉄所跡であることがわかった。

一九九〇（平成二）年六月二十八日に三七五八平方メートルが史跡指定された。

保存経緯

一九八六（昭和六十一）年四月に民間業者から開発計画が提示されたことから、現地踏査を行った。丘陵部から土器片と鉄滓が採集されたため、開発区域を丘陵部と沖積地に分けて試掘調査を実施することにし、同年八月に沖積地、翌年六月に丘陵部の試掘調査を行った。この調査で製鉄炉、木炭窯が発見された。そのため、発掘調査について開発業者と再三にわたって協議が行われ、工区分けを行って一九八七

図111　発掘調査時の柏木遺跡

（昭和六十二）年八月から発掘調査が実施された。

調査の結果、丘陵上位に製錬炉四基、斜面に木炭窯六基、平坦面に鍛冶工房跡三棟、粘土採掘土壙等が発見され、多賀城との関連性を強くもつ生産遺跡であることが想定されたことから、文化庁、県と遺構の保存について協議を行い、開発業者に保存協議を申し入れた。調査は、継続して行う必要があるため、一九八八（昭和六十三）年一月以降の調査費用は国庫補助事業として実施し、原因者負担の調査をうち切った。発掘調査は三月末で終了したが、生産遺構であるため、供給先との関連性を決定づけるための調査研究が必要とされ、遺構年代の考察、鉄滓や砂鉄等の化学分析に時間を要した。国の機関や大学等の研究者の協力を得て、複数の分析結果にもとづき、柏木製鉄遺跡と多賀城との関連が明らかにされたことから、およそ三年の歳月を経て指定された。

4　山王遺跡千刈田地区「国守館跡」

遺跡概要　東西に細長い自然堤防上に所在する山王遺跡のほぼ中央部、ＪＲ陸前山王駅の北側に隣接し、北東約五〇〇メートルに多賀城跡が位置する。駅前のマンション建設計画にともない調査された。その結果、四面庇付建物跡を主屋とする掘立柱建物群と井戸跡、土器埋納土壙等が発見された。多量の施釉陶器、中国産の陶磁器などが出土し、「右大臣殿　餞馬収文」と墨書された題箋軸木簡の発見から国守館跡とされた。一九九三（平成五）年九月二十二日に一四六二平方メートルが史跡指定を受けた。

保存経緯　調査は、マンション建設を前提とした本調査であったが、国守館跡とみられる遺構・遺物が発見されたことから、県の指導もあり急遽保存協議が行われた。

当該地は、ＪＲ東北本線陸前山王駅前であるため、駅前開発計画の起爆的な意味合いもあり、一階に商業施設を兼ね備えた高層住宅として地域住民からも期待され、早期着工が望まれていた。さらに、マンション建設業者は設計にもとづきすでに建設資材を調達していた。そのようなことから、保存することはきわめて困難な状況であったが、県の粘り強い指導と建設業者との度重なる話し合いの結果、マンション建設を中止し遺跡が保存されることになったのである。なお、追加指定するための関連調査が、一九九二（平成四）年に三カ所で実施されている。

Ⅷ　文化財を活かしたまちづくり

文化財保護法は、「文化財を保存し、且つ、その活用を図り、もって国民の文化的向上に資するとともに、世界文化の進歩に貢献すること」（第一条）を目的として、政府・地方公共団体は「文化財がわが国の歴史、文化等の正しい理解のため欠くことのできないものであり、且つ、将来の文化の向上発展の基礎をなすものであることを認識し」、「その保存が適切に行われるように、周到の注意をもってこの法律の趣旨の徹底に努めなければならない」（第三条）としている。

そのためには、文化財を確実に保存し、将来に伝えることだけでは十分ではなく、国民がその多様な価値を認識し、幅広く享受することができるよう、積極的に公開・活用する必要がある。そして国と地方公共団体は、それぞれ具体的な施策をもってその推進にあたることが求められる（『埋蔵文化財の保存と活用（報告）』二〇〇七年二月一日　文化庁刊行より抜粋）。

特別史跡などの指定史跡については、従来管理団体である市町村が土地の公有化を行い、「現状保存」を前提とした管理を行ってきた。多賀城跡についても同様で、一九六三（昭和三十八）年か

図112　整備された南北大路

ら現在まで継続して公有化を進めてきており、特別史跡全体面積（一〇七万平方キロ）のほぼ五〇%の土地公有化が終了している。そして、発掘調査が終了した主要な場所については、随時環境整備が行われ史跡公園として開放されてきている。

新たな活用を目指して

多賀城跡周辺部の指定地域の拡大や、社会情勢の変化などの諸要素から特別史跡の積極的な整備活用策の必要性が生じてきたため、一九八五～八七（昭和六十～六十二）年度までの三カ年計画で、特別史跡の将来像を明らかにし、発掘調査、研究、整備、公有地化、管理の諸事業がスムーズに行われるよう総合的な事業計画などの方針を定めた「特別史跡多賀城跡附寺跡第二次保存管理計画書」を作成した。

さらに、一九九五・九六（平成七・八）年度には、多賀城跡立体復元整備事業を前提として、特別史跡を取り巻く周辺都市計画事業と共同して積極的な管理活用を行うための具体的な方針、都市公園整備計画との一体的な整備、広域的な活用視点、そして総体的な運営を盛り込んだ「特別史跡多賀城跡建物復元等管理活用計画書」を作成した。この計画書は、文化財のみならず「史都多賀城」として多賀城市の位置づけを踏まえた上で、その周辺都市計画事業まで含めた管理活用計画とし、本市のまちづくり計画の一環として盛り込もうとしたものである。したがって、本計画策定にあたっては庁内の関係部局の横断的な連携と調整を図りながら検討を重ねて行ったことから、その後に策定された各種計画書には本計画書の趣旨・内容が活かされている。

千年越しの都市計画

多賀城の城外に造られた街並み（古代都市多賀城）の痕跡を現代の都市計画に再現することになった。前章で述べたように、多賀城の周辺地域には、多賀城政庁から真南に延びる南北大路と東西大路を基準として一町四方の方格地割りが行われた街が造られていたのである。

図113　漏刻のモニュメント

多賀城跡の南面地域に計画されている、市の中央公園（都市公園）と民間施行の城南土地区画整理事業地内に、古代の街並み（都市計画）の基準となる「南北大路」が復元されることになった。これは、まさに管理活用計画書のなかに謳われている『大路による歴史の復元と都市軸の創生』である。一千年の時を越えて、平成の街に奈良時代の街並みのシンボルであった大路が甦った。さらに、同地内に記念碑として「漏刻」が設置されており、新たな歴史を刻んでいる。

多賀城跡を取り巻く周辺地域内には、文化財と都市計画が共存しており、これらの協調、融合を図りながら『共生』していくことが、多賀城市のまちづくりの核となる「文化財を活かしたまちづくり」へと繋がっていくものと確信するものである。

多賀城市埋蔵文化財調査センター

住　　所　〒985－0873　宮城県多賀城市中央２－27－１
交　　通　多賀城駅より徒歩５分、国府多賀城駅より徒歩20分。
問い合せ　電話022-368-0134　FAX022-368-0132
開館時間　午前９時～午後４時30分
休 館 日　毎週月曜日（祝日等を除く）、祝祭日の翌日（土日の場合を除く）、年始年末
観 覧 料　無料

東北歴史博物館

住　　所　〒985－0862　宮城県多賀城市高崎１－22－１
交　　通　国府多賀城駅より徒歩１分、多賀城駅より徒歩25分。
問い合せ　電話022-368-0101　FAX022-368-0103
開館時間　午前９時30分～午後５時（発券は午後４時30分まで）
休 館 日　毎週月曜日（祝日等を除く）、年始年末
観 覧 料　個人　一般400円、小・中・高校生無料
　　　　　団体　一般320円、小・中・高校生無料
　　　　　※団体は20名以上。上記は常設展の場合。

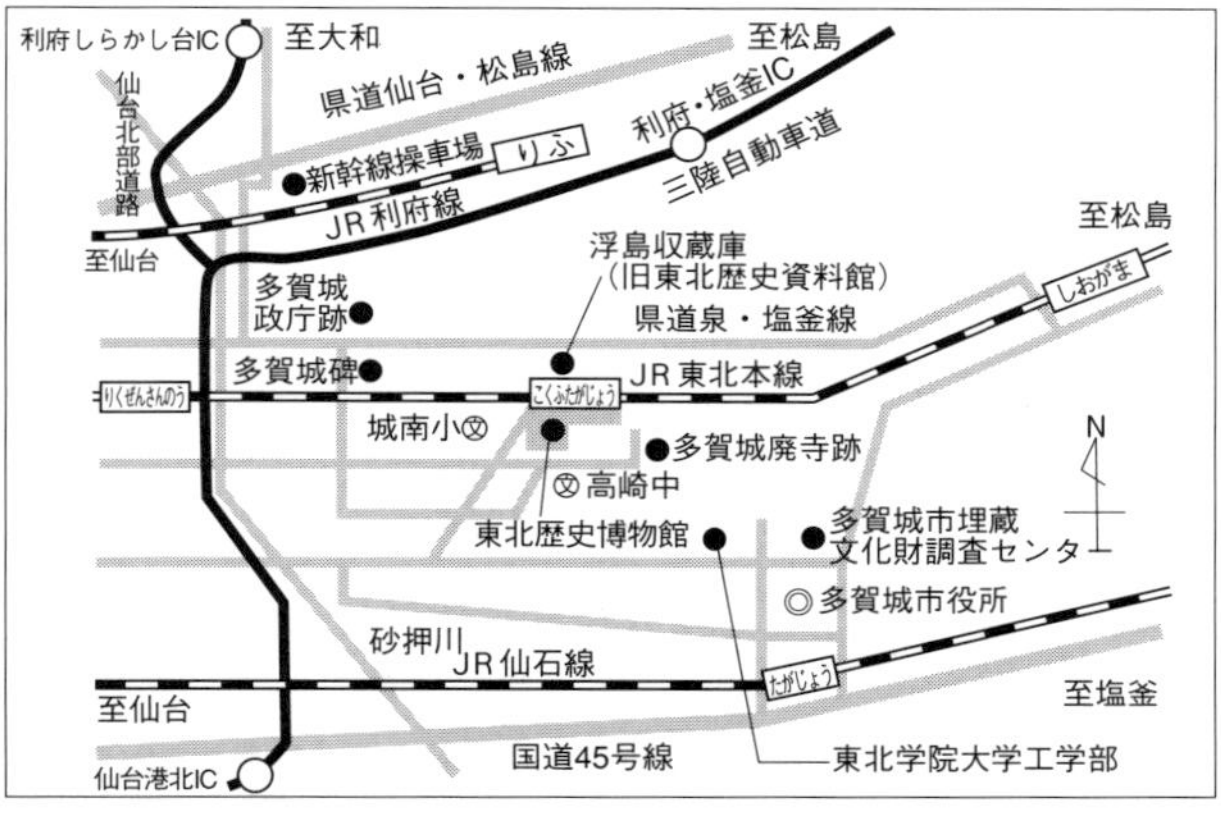

参考文献

青木和夫　一九七四『日本の歴史5　古代豪族』小学館
青木和夫・稲岡耕二・笹山晴生・白藤禮幸校注　一九九〇『続日本紀二』新日本古典文学大系　岩波書店
青木和夫・岡田茂弘編　二〇〇六『古代を考える　多賀城と古代東北』吉川弘文館
今泉隆雄　二〇〇一「多賀城の創建―郡山遺跡から多賀城へ―」『条里制・古代都市研究』通巻一七号　条里制・古代都市研究会
石松好雄・桑原滋郎　一九八五『大宰府と多賀城』古代日本を発掘する4　岩波書店
岡田茂弘　一九八五『東日本における古代城柵遺跡の研究』昭和五九年度科学研究費補助金総合研究（A）研究成果報告書
岡田茂弘　二〇〇四「多賀城廃寺の再検討」『東北歴史博物館研究紀要5』
熊谷公男　二〇〇〇「養老四年の蝦夷の反乱と多賀城の創建」『国立歴史民俗博物館研究報告』第八四集
熊谷公男　二〇〇四『蝦夷の地と古代国家』日本史リブレット　山川出版社
桑原滋郎　一九八四『多賀城跡』日本の美術　至文堂
桑原滋郎　二〇〇二「多賀城碑に関する2・3の疑問」『東北歴史博物館研究紀要3』
白鳥良一　一九八〇「多賀城跡出土土器の変遷」『研究紀要Ⅶ』宮城県多賀城跡調査研究所
鈴木孝行　二〇〇六「多賀城外の方格地割」『第三二回古代城柵官衙遺跡検討会資料集』
仙台市教育委員会　二〇〇五『郡山遺跡発掘調査報告書―総括編（一）―』仙台市文化財調査報告書第二八三集
多賀城市教育委員会　一九八〇『館前遺跡―昭和五四年度発掘調査報告―』多賀城市文化財調査報告書第一集
多賀城市教育委員会　一九八四『市川橋遺跡調査報告書―昭和五八年度発掘調査報告書―』多賀城市文化財調査報告書第五集

多賀城市教育委員会　一九八九『柏木遺跡Ⅰ—古代製鉄炉の発掘調査報告書—』多賀城市文化財調査報告書第一七集

多賀城市教育委員会　一九九一『山王遺跡—第九次発掘調査報告書—』多賀城市文化財調査報告書第二六集

多賀城市教育委員会　一九九五『高崎遺跡—第一一次調査報告書—』多賀城市文化財調査報告書第三七集

多賀城市教育委員会　一九九七『山王遺跡Ⅰ—仙塩道路建設に係る発掘調査報告書—』多賀城市文化財調査報告書第四五集

多賀城市教育委員会　一九九九『市川橋遺跡—第二三・二四次調査報告書—』多賀城市文化財調査報告書第五五集

多賀城市教育委員会　二〇〇一『市川橋遺跡—城南土地区画整理事業に係る発掘調査報告書Ⅰ—』多賀城市文化財調査報告書第六〇集

多賀城市教育委員会　二〇〇三『市川橋遺跡—城南土地区画整理事業に係る発掘調査報告書Ⅱ—』多賀城市文化財調査報告書第七〇集

多賀城市教育委員会　二〇〇四『市川橋遺跡—城南土地区画整理事業に係る発掘調査報告書Ⅲ—』多賀城市文化財調査報告書第七五集

多賀城市教育委員会　二〇〇五『市川橋遺跡—第四五次調査報告書—』多賀城市文化財調査報告書第七六集

高倉敏明　一九七二「多賀城周辺の計画的地割りについて」『条里制研究　第八号』条里制研究会

多賀城市　一九九七『多賀城市史第一巻　原始・古代・中世』

多賀城市　一九九一『多賀城市史第四巻　考古資料』

平川南　一九九三「多賀城の創建年代—木簡の検討を中心として—」『国立歴史民俗博物館研究報告』第五〇集

古川雅清　一九七九「東北地方古代城柵官衙の外郭施設—所謂「櫓」跡について—」『研究紀要Ⅵ』宮城県多賀城跡調査研究所

三塚源五郎　一九三七『多賀城六百年史』（財）宮城縣教育會

宮城県教育委員会・多賀城町　一九七〇『多賀城跡調査報告Ⅰ　多賀城廃寺跡』吉川弘文館
宮城県教育委員会・宮城県多賀城跡調査研究所　一九八二『多賀城跡　政庁跡　本文編』
宮城県教育委員会　一九九五『山王遺跡Ⅱ―多賀前地区遺構編―』宮城県文化財調査報告書第一六七集
宮城県教育委員会　一九九六『山王遺跡Ⅳ―多賀前地区考察編―』宮城県文化財調査報告書第一七一集
宮城県教育委員会　二〇〇一『市川橋遺跡の調査―県道『泉―塩釜線』関連調査報告書Ⅲ―』宮城県文化財調査報告書第一八四集
宮城県多賀城跡調査研究所　一九八〇～二〇〇七『多賀城跡』宮城県多賀城跡調査研究所年報一九七九～二〇〇六

あとがき

昭和五十四年四月一日、文化財専門職員として多賀城市に招かれてから間もなく三〇年の歳月を迎えようとしている。この間、文化財行政を取り巻く環境はなかなか厳しいものであったが、その時々の喜怒哀楽を感じながらここまで経ってきたと想うと感慨もひとしおである。考古学で飯を食ってきた身であるから、過去を振り返るのは得意ではあるが。

さて、本書は古代東北の行政・軍事の中心的役割を果たした多賀城跡と付属寺院多賀城廃寺跡、それに周辺部のいわゆる国府域の調査成果を加えた内容を集録したが、これまで長期間にわたる調査成果を十分に取り込んでいるとは思ってはいない。とくに、多賀城跡の調査研究については、先学学兄によって数多くの論文や論考が発表されているところである。また、遺跡の考古学的調査においても、多賀城跡の調査研究は、東北の古代城柵官衙遺跡をはじめとする遺跡調査の指導的役割を担ってきたといえる。したがって、遺跡の調査成果の考察はつねに多賀城の調査結果に準じて検討され、位置づけされてきた。

多賀城の周辺遺跡の調査が進展するに当たり、いつの頃からか多賀城を外から見直してみたいと思うようになり、近年の調査成果によって城下の街並みが明らかになるにつれ、その思いはいよいよ現実になったと思われる。多賀城の周辺部に方格地割りの計画的街並みが造られ、都市的な空間が形成されていたことが判明したこと、これは二十数年間市内の埋蔵文化財発掘調査を実施してきた私たちにとって最大の成果である。

その成果を本書で十分取り上げられたかどうかは、甚だ疑問である。また、考古学的に明らかにされていないことに関しては、定説とされていることにとらわれず私見を述べているが、この点に関しては御批正をこうものである。

最後になりましたが、拙著をなすにあたって、写真等の資料の借用・掲載については、宮城県教育委員会、東北歴史博物館、仙台市教育委員会、大崎市教育委員会、大仙市教育委員会、奈良文化財研究所、多賀城市教育委員会のご協力を頂いた。深くお礼を申し上げます。

菊池徹夫
坂井秀弥　企画・監修「日本の遺跡」

30　多賀城跡《たがじょうあと》

■著者略歴■

高倉敏明（たかくら・としあき）

1951年、宮城県生まれ
東北学院大学文学部史学科考古学専攻卒業
現在、多賀城市市民経済部商工観光課長
主要論文等
『国見町史1　通史・民俗』（共著）国見町　1977年
『多賀城市史　第4巻　考古資料』（共著）多賀城市　1991年
「多賀城周辺の計画的地割について」『条里制研究　第8号』条里制研究会　1992年
「砂押川出土の「所謂四面の人面墨書土器」発見の経緯に関する調査」『阿部正光君追悼集』2000年
「館前遺跡の指定保存をめぐって」『宮城考古学第8号』宮城県考古学会　2006年

2008年9月5日発行

著　者　高倉　敏明
発行者　山脇　洋亮
印刷者　亜細亜印刷㈱

発行所　東京都千代田区飯田橋 4-4-8　東京中央ビル内　**(株)同成社**
TEL 03-3239-1467　振替 00140-0-20618

ISBN978-4-88621-452-2 C3321

シリーズ　日本の遺跡

菊池徹夫・坂井秀弥　企画・監修　　四六判・定価各1890円

【既刊】

①西都原古墳群　南九州屈指の大古墳群　北郷泰道
②吉野ヶ里遺跡　復元された弥生大集落　七田忠昭
③虎塚古墳　関東の彩色壁画古墳　鴨志田篤二
④六郷山と田染荘遺跡　九州国東の寺院と荘園遺跡　櫻井成昭
⑤瀬戸窯跡群　歴史を刻む日本の代表的窯跡群　藤澤良祐
⑥宇治遺跡群　藤原氏が残した平安王朝遺跡　杉本　宏
⑦今城塚と三島古墳群　摂津・淀川北岸の真の継体陵　森田克行
⑧加茂遺跡　大型建物をもつ畿内の弥生大集落　岡野慶隆
⑨伊勢斎宮跡　今に蘇る斎王の宮殿　泉　雄二
⑩白河郡衙遺跡群　古代東国行政の一大中心地　鈴木　功
⑪山陽道駅家跡　西日本を支えた古代の道と駅　岸本道昭
⑫秋田城跡　最北の古代城柵　伊藤武士
⑬常呂遺跡群　先史オホーツク沿岸の大遺跡群　武田　修
⑭両宮山古墳　二重濠をもつ吉備の首長墓　宇垣匡雅
⑮奥山荘城館遺跡　中世越後の荘園と館群　水澤幸一
⑯妻木晩田遺跡　甦る山陰弥生集落の大景観　高田健一
⑰宮畑遺跡　南東北の縄文大集落　斎藤義弘
⑱王塚・千坊山遺跡群　富山平野の弥生墳丘墓と古墳群　大野英子
⑲根城跡　陸奥の戦国大名南部氏の本拠地　佐々木浩一
⑳日根荘遺跡　和泉に残る中世荘園の景観　鈴木陽一
㉑昼飯大塚古墳　美濃最大の前方後円墳　中井正幸
㉒大知波峠廃寺跡　三河・遠江の古代山林寺院　後藤建一
㉓寺野東遺跡　環状盛土をもつ関東の縄文集落　江原・初山
㉔長者ケ原遺跡　縄文時代北陸の玉作集落　木島・寺﨑・山岸
㉕侍塚古墳と那須国造碑　下野の前方後方墳と古代石碑　眞保昌弘
㉖名護屋城跡　文禄・慶長の役の軍事拠点　高瀬哲郎
㉗五稜郭　幕末対外政策の北の拠点　田原良信
㉘長崎出島　甦るオランダ商館　山口美由紀
㉙飛山城跡　下野の古代烽家と中世城館　今平利幸
㉚多賀城跡　古代国家の東北支配の要衝　高倉敏明

【続刊】

㉛志波城・徳丹城跡　古代陸奥国北端の二城柵　西野　修